종목왕 김정수의 경자나라

Investment Education Platform

With Kim Joung Soo

경제적 자유를 꿈꾸지만
잘못된 주식투자로 인해 큰 고통을 겪고 있는
개인투자자들을 위한 나침반

원금 손실 없는 주식투자를 목표로 하여
경제적 자유 달성 추구

www.kjnala.com

주식회사 주조

Tel 1668-4128
E-mail help@jujo.co.kr
Address 서울특별시 은평구 진관3로 32, B동 914호(진관동, 은평뉴타운파크앤타워)

종목선정
나에게
물어봐

* 차트출처 : 키움증권

* 이 책의 모든 정보는 투자 참고 자료이며,
투자 최종 책임은 책을 이용하는 본인에게 있습니다.

종목 선정 나에게 물어봐

1판 1쇄 발행 2021년 11월 11일
1판 16쇄 발행 2024년 8월 5일

지은이 김정수

편집 홍새솔
펴낸곳 하움출판사
펴낸이 문현광

주소 전라북도 군산시 수송로 315 하움출판사
이메일 haum1000@naver.com **홈페이지** haum.kr

ISBN 979-11-6440-858-0 (03320)

좋은 책을 만들겠습니다.
하움출판사는 독자 여러분의 의견에 항상 귀 기울이고 있습니다.

파본은 구입처에서 교환해 드립니다.

prologue

65세에 꿈과 희망을 이루다

평생 악순환의 굴레에서 헤매다

국민 대부분이 가난했던 어린 시절, 우리 집도 다르지 않았다. 고등학교 시절 수학여행을 가는 친구들과도 함께하지 못했다. 등록금을 제때 내지 못해 방과 후 교실 청소도 하였다. 대학교 시절에는 항상 추가 등록 마지막 날 간신히 등록금을 냈다. 그래도 어떻게 해서든 대학 졸업까지는 시켜 주시겠다며, 갖은 고생도 마다하지 않고 헌신적으로 지원해 주신 부모님 덕분에 졸업할 수 있었다. 졸업 후엔 은행에 취직하여 30년 동안 열심히 직장 생활을 하였다. 장남으로서 부모님도 전적으로 봉양하고 딸 셋을 대학교까지 보냈다.

직장 월급이 정기적으로 나와 열심히만 살면 모든 것이 잘될 줄 알았지만 현실은 녹록지 않았다. 기본 재산이 너무 없고 딸린 식구는 많아 늘 지출이 수입을 웃돌았다. 항상 마이너스 통장과 대출을 끼고 살았다. 부모님을 모시고 살았기에 아파트는 입주할 생각도 못하고 항상 방이 많은 단독 주택에 살았다. 아파트 공화국인 대한민국에서 자연스럽게 부를 축적할 기회조차 잡을 수가 없었다. 2011년 말엔 갑작스럽게 명예 퇴직금도 받지 못하고 강제 퇴직을 당했다. 하늘이 무너지는 듯했다. 강제 퇴직당하니 모든 사람이 등을 돌렸다. 평소 나를 생명의 은인이라고 부르던 사람들조차 나를 피했다. 차가운 겨울바람이 매섭게 부는 시베리아 벌판에 혼자서 서 있었다.

아! 12번 깡통의 피 말리는 고통

몇 달 동안 재취업을 시도하면서 무엇을 할까 고민하였다. 물론 오라는 데가 없어 재취업을 하지 못하였다. 마지막 수단으로 평생 한 번도 하지 않은 주식 투자를 하기로 하였다. 대학교 경영학과를 졸업한 후 대학원에서 경제학을 공부하였고, 30년간 은행에서 근무하여 나름 숫자에 밝으니 그나마 열심히 하면 될 것 같다는 자신감이 있었다. 투자금이 없어 살고 있던 전세를 월세로 전환하여 그 차액으로 투자를 시작했다. 주식 관련 책을 10여 권 읽고 자신만만하게 나섰다. 그러나 주식 시장은 나와 같은 초보 투자자를 먹잇감으로 기다리고 있었다.

1년 365일 하루 24시간, 오로지 주식만을 생각하면서 집중하였다. 어느 날은 꿈속에서까지 주식 거래를 하고 있었다. 그래도 상황은 나아지지 않았다. 수많은 실패와 좌절을 겪었다. 많은 기법을 시도하였으나 모두 실패하였다. 기법을 크게 바꾼 것만 12번이었다. 주가 하락으로 인한 담보 부족으로 깡통만 12번 찼다. 누적 손절매 금액이 11억 원에 이르렀다. 하루 최대 5억 4천만 원을 손절매한 적도 있었다. 급기야 코로나 사태로 인한 세계적인 주가 대폭락으로 3억 6천만 원의 손실을 보았다.

창밖으로 검은 아스팔트 바닥이 보였다. 나를 부르고 있었다.

죽고 싶어 죽는 것이 아니라 죽을 수밖에 없는 상황

처음에는 이익이 나도 세금 벌기도 힘들었다. 단타, 초단타도 2년 정도 하였으나 모두 실패하였다. 하루 최대 191건도 거래하였다. 그 당시 가치투자도 병행하여 시도하였으나 이 또한 실패하였다. 나에게 적합한 투자 패턴은 단기매매라는 것을 깨닫고 모델 개발에 집중하였다. 몇 년 전부터 이익이 제법 나기 시작하였다. 그러나 조금 할 만하면 외부 대형사고가 발생하여 깡통을 차고 또 찼다. 앙드레 토스콜라니가 “완전한 파산을 세 번 경험하기 전에는 스스로 투자자라고 하지 말라”라고 하였는데 나는 깡통을 12번 찼다. 하늘이 원망스러웠다. 하느님이 유독 나에게만 가혹한 시련을 주시는 것 같았다. 북 핵실험, 미·중 무역전쟁, 한·일 백색 전쟁, 코로나 사태 등을 겪으면서 항상 최악의 상황을 염두에 두고 대비하였다. 이같은 노력에도 불구하고, 코로나 사태로 인한 주가 대폭락은 내가 대비한 한계를 크게 넘어서는 것이었다. 아주 큰 손실을 보았다. 주식 투자를 하다가 극단적인 선택을 하는 사람들이 이해가 갔다. 내가 평생 모은 돈뿐만 아니라 남에게 빌린 돈까지 다 날리고 말았다. 그 당시 모든 것을 정리하면 내가 평생 갚아도 도저히 갚을 수 없는 아주 큰 빚만 남는 것이었다. 죽고 싶어서 죽는 것이 아니라 죽을 수밖에 없는 상황에 몰렸다.

지옥에서 천당으로

미래산업 정문술 회장님의 일화가 생각났다. 정문술 회장님은 공직생활을 하시다가 늦게 시작한 사업에서 거듭 실패를 맛보았다. 하지만 다름 아닌 죽기 위해 오른 산에서, 어떻게 하면 성공할 수 있을지 영감을 받았다고 한다. 그 즉시 산에서 내려와 다시 시작하여 크게 성공하셨다.

코로나 사태로 큰 손해를 보아서 투자할 수가 없어 두 달 이상을 매일 산에 올랐다. 내가 왜 또 실패하였는지 생각하고 또 생각하였다. 그리고 "하느님은 큰 선물을 주실 때는 큰 시련이라는 포장지에 싸서 주신다"라는 말을 상기하였다.

작년 6월 2일, 나의 단점을 보완하고 죽을 용기를 내어 다시 거래를 시작하였다. '또 실패하면 어떻게 하나?' 하는 걱정과 공포에 손이 벌벌 떨려서 마우스 클릭조차 하기 힘들었다. 가족들의 반대가 거셌다. '또 망하려고 하느냐, 한 방에 간다, 갈수록 까먹는 구조다, 평생 아르바이트나 하고 살아라, 주는 용돈이나 받고 조용히 지내라……' 등등. 그러나 나는 나의 꿈과 희망을 포기할 수 없었다. 나이와 관계없이 인간은 꿈과 희망이 없으면 죽은 목숨이라고 생각했다. 죽을 각오로 피를 말리면서 하루하루 주식거래를 하였다.

하늘이 도와서 6월 한 달, 5천 9백만 원을 벌었다. 그 후 손실 없이 시장 상황에 따라 많거나 작을 때는 있었지만, 꾸준히 이익을 냈다. 올해 들어 그렇게 꿈에서 그리던 이익이 크게 실현되기 시작하였다. 이익 실현의 자릿수가 바뀐 것이다. 1월에 드디어 꿈에서 그리던 실현이익 1억 원을 돌파하였다. 그 후 계속해서 월평균 1억 원 이상의 이익을 냈다. 4월에는 장이 좋아 2억 원을 돌파하였다. 주식 시장 문만 열면 하루 평균 5백만 원 이상 벌었다. 주식 시장이 지옥에서 천당으로 바뀐 것이다.

'주식 시장은 하수에게는 지옥이요, 고수에게는 천당이다'라는 말을 실감하였다.

65세에 드디어 경제적 자유를 얻다

2021년 6월까지 6개월 동안 9억 9천만 원을 벌고, 4월에는 역사적 최고이익 2억 4천만 원을 벌었다. 계속해서 월 1억 원 이상 벌어 2021년에 13억 원 이상을 벌었다. 그리고 앞으로도 계속 잘 벌 수 있다. 이제 악순환에서 벗어나 완전히 선순환 구조로 들어섰다. 비용보다 수익이 훨씬 많고, 돈이 돈을 버는 시스템으로 들어섰다. 평생 나를 괴롭혀 온 지긋지긋한 악순환의 굴레에서 벗어나 드디어 65세에 경제적 자유를 얻은 것이다. 설령 주가가 또다시 반 토막이 난다 해도 내가 투자한 원금보다도 많다. 그리고 또다시 망한다 한들 나는 언제든지 다시 재기할 수 있다. 모든 것을 빼앗겨도 배움은 남는다. 나는 이제 완전히 나의 필살기와 지적 능력으로 돈을 벌고 있다.

월 실현이익 2억 원을 돌파하니 세상이 달라 보였다. 월 실현이익 1억 원을 돌파할 때와는 느끼는 감정이 완전히 달랐다. 월평균 실현이익이 1억 원 이상이라 생각하니 에너지가 불타오르고 자신감이 넘쳐흘렀다.

한 달에 20만 달러(우리 돈 2억 2천만 원)를 번다면, 인생이 어떻게 바뀔 것 같은가? 어떤 차를 탈 것인가? 어떤 집에 살 것인가? 어떤 휴가를 떠날 것인가? 자녀를 어떤 학교에 보낼 것인가? 이 정도의 수입을 올릴 수 있다면 당신은 바로 백만장자의 지위를 누리게 된다.

_『부의 추월차선』 36p

국민 약골에서 국민 강골로

나는 어려서부터 몸이 무척 약하였다. 다른 아이들보다 항상 뒤처졌다. 초등학교 시절에는 운동회에 참석하지 못할 정도였다. 친구들과 축구를 하면 후보는 항상 내 몫이었다. 부상 선수가 나와야 간신히 백으로 들어갔다. 반에서 항상 맨 앞줄에 앉았다. 공부를 열심히 해야 하는 고3 때에도, 밤에 다리에 쥐가 나서 공부를 제대로 할 수가 없었다. 키도 대학교에 진학하고 나서야 컸다. 직장에서도 회식이 있는 날이면 술이 약해 다음날 근무를 제대로 하지 못했다. 자주 중간에 도망치다 보니 환영을 받지 못하였다.

주식을 하면서도 체력 부족을 실감했다. 몸과 마음을 100% 몰방하여 장기간 전력투구를 해야 하는데 체력이 고갈되었다. 체력 보강을 위해 2015년부터 헬스클럽에 등록하여 마지못해 나갔다. 그런데 하면 할수록 체력이 늘어나는 것을 느꼈다. 변화를 실감하기 시작한 것이다. 운동할 때 최고의 희열을 느끼는 나 자신을 발견하였다. 일주일에 3번 이상, 한 번에 2시간 이상씩 운동하였다. 그러다가 윗몸 일으키기에 재미를 붙여 꾸준히 하면서 횟수를 늘렸다. 처음에는 3번 하기도 힘들었다. 한 달에 1개씩 늘려서 6개월 만에 10개를 돌파하고, 계속하여 어느 날 100개를 돌파하였다. 그 후로는 늘어나는 단위가 달라졌다. 200개, 300개를 계속 돌파하더니 드디어 45도 각도에서 1000개를 돌파하였다. 윗몸 일으키기만 무려 한 시간 가까이 한 것이다. 성공 경험을 바탕으로 턱걸이에 도전하였다. 같은 요령으로 하여 20개를 돌파하였다. 고등학교 체력장 때도 몇 개 못하였는데…… 나 자신의 변화가 믿어지지 않았다.

다니던 헬스장을 옮기면서 처음으로 PT를 받았다. 바디 프로필을 찍어야겠다는 욕심이 생겼다. 이 자리를 빌려 허약한 나를 잘 지도해 주신 "M2 피트니스"의 Eddie 김용재 선생님께 진심으로 감사드린다.

65세에 바디 프로필을 찍다. 나, 모델님이야!

체중 감량을 위하여 건강식으로 식단을 바꾸었다. 닭 가슴살, 생선, 달걀, 바나나, 고구마, 단호박, 방울토마토 등이 주식이 되었다. 처음에는 적응하기가 너무 힘들었지만 2개월 정도 지나니 적응이 되었다. 계속 PT를 받고 몸을 만들면서 체중을 감소시켜 체지방을 떨어뜨렸다.

코로나 사태로 헬스장이 문을 닫으면서 위기에 봉착하였다. 6kg짜리 덤벨 두 개를 갖고 세 시간씩 방에서 하는 운동을 계속하면서 포기하지 않았다. 촬영 바로 전 한 달간, 좁은 방에서 운동만 하려니 미칠 지경이었다.

올해 1월 2일, 65세를 맞이하면서 드디어 바디 프로필을 찍었다. 너무너무 나 자신이 만족스러웠다. 젊은 사람들만 하는 바디 프로필을 65세에 찍다니! 주위의 많은 사람이 놀라워했다. 나에게 자극을 받아 운동을 시작한 분들도 많았다. 같은 헬스클럽의 한 20대 젊은이는 자기 아버지보다도 나이가 많은 내가 그런 사진을 찍었다고 감동하여 하루 세 갑씩 피우던 담배를 그날로 끊고 몸만들기에 들어갔다. 내가 선한 영향력을 미친 것 같아 너무 기뻤다.

100세의 도전

45도 각도에서 윗몸 일으키기 1111번, 팔굽혀펴기 111회, 턱걸이 20회, 평행봉 20회, 플랭크 20분 등은 나의 운동 기록이다. 국민 약골에서 벗어나, 나의 두 번째 꿈과 희망인 건강한 신체를 갖게 된 것이다. 가수 박진영은 60세 나이에 20세 때보다 더 춤을 잘 추기 위하여 열심히 운동한다고 했다. 나 또한 100세 나이에 60대보다 더 좋은 체력을 유지하는 것이 현재 나의 꿈과 희망이다. 100세가 넘어서도 건강하게 현역에서 활동하고 계시는 김형석 교수님도 수영장에 나가 수영을 자주 하신다. 나 또한 100세가 넘어서도 헬스클럽에 나와서 운동할 수 있는 체력을 유지하길 희망한다.

동학 개미의 영원한 고민, 종목 선정을 해결하기 위한 '나만의 필살기' OPEN

올해 들어 주식 시장이 조정을 받으면서, 작년에 승승장구하던 동학 개미들이 고전 중이다. 작년에는 어떤 종목이든지 사기만 하면 올랐다. 어딜 가든지 이익 난 이야기만 들렸다. 올해에는 분위기가 바뀌어 사방에서 물린 이야기만 들린다. 작년에 5억 원을 10억 원으로 만들었다가 올해 다 털리고 1억 원이 되었다는 이야기도 들었다. 주식 리딩방에 한 달에 150만 원 회비를 내고 종목을 구걸하고 있다는 이야기도 들었다. 개미들의 최대 약점은 스스로 종목을 고를 능력이 부족하다는 것이다.

나도 과거에 잘못된 종목 선정으로, 지수는 오르는데 내가 보유한 종목은 반대로 내려 하루에 5억 4천만 원을 손절매한 경험이 떠올랐다. 홀로서기를 하지 못하는 개미들을 위해 할 수 있는 일이 없을까 고민하다가, 나의 주특기인 종목 선정 필살기를 오픈하기로 결심했다. 나의 비법을 오픈하기까지 많은 고민이 있었다. 반대도 많았다. 그래도 내가 이렇게 12번 깡통을 차고 큰돈을 벌게 해 준 하나님께 감사드리고, 고통받는 개미들을 위하는 마음으로 오픈을 결정했다. 나는 그동안 5백만 개 이상의 차트를 보고, 5만 건 이상 거래하였다. 나 스스로 5만 개 이상의 종목을 선정하여 거래한 것이다. '복잡함'보다는 '단순함'의 이치를 깨달아 단순화에 성공하였다. 누구나 하루 만에 따라 할 수 있다.

잠깐의 시간을 들여 이 책을 읽고 난 후, 필자가 소개한 방법대로 계속하여 숙달되면 누구나 홀로서기를 할 수 있다. 여러분 모두가 경제적 자유를 획득할 수 있다.

손실 계좌 인증

[0856] 기간별 매매손익

기간별 매매손익 | 당일주문체결 | 일별주문체결 | 계좌수익률 조회(일별) | 계좌수익률 조회(월별) | 계좌투자수익률 상세조회 | 당일매매 종합평가

******** 김정수 ⊙종목별 ○일별 ○월별 ⊙역순 ○정순 조회기간 2019-02-28 ~ 2019-02-28 조회 다음

매매일자	종목명	구분	대출일자	보유수량	매입단가	매수수량	매도단가	매도수량	매수금액	매도금액	실현손익	손익률	수수료	이자
2019/02/28	골든센츄리	현금			2,297		1,085	656		711,760	-797,575	-52.91	40	
2019/02/28	헝셩그룹	현금			3,045		1,335	1,002		1,337,670	-1,717,811	-56.29	80	
2019/02/28	로스웰	반담	2017/11/17		2,963		1,700	450		765,000	-571,442	-42.84	40	426
2019/02/28	로스웰	융자	2017/11/07		2,240		1,700	1		1,700	-549	-24.50		4
2019/02/28	로스웰	융자	2017/11/02		2,380		1,700	1		1,700	-689	-28.94		4
2019/02/28	로스웰	현금			2,963		1,700	570		969,000	-723,286	-42.81	50	
2019/02/28	크리스탈신소재	융자	2017/12/21		2,275		1,665	1		1,665	-617	-27.12		3
2019/02/28	크리스탈신소재	융자	2017/11/16		2,525		1,665	1		1,665	-868	-34.37		4
2019/02/28	크리스탈신소재	반담	2017/06/05		3,736		1,665	35		58,275	-72,728	-55.61	3	50
2019/02/28	크리스탈신소재	반담	2017/05/19		3,736		1,665	331		551,115	-687,721	-55.60	27	401
2019/02/28	크리스탈신소재	현금			3,736		1,665	431		717,615	-894,976	-55.57	40	
2019/02/28	엘브이엠씨홀딩	융자	2018/05/24		4,735		2,970	214		635,580	-381,176	-37.61	36	1,526
2019/02/28	엘브이엠씨홀딩	융자	2018/05/03		5,050		2,970	198		588,060	-415,141	-41.51	33	1,506
2019/02/28	엘브이엠씨홀딩	융자	2018/04/25		5,500		2,970	184		546,480	-468,712	-46.31	31	1,525
2019/02/28	엘브이엠씨홀딩	융자	2018/03/23		5,350		2,970	184		546,480	-441,070	-44.80	31	1,483

	수량	거래금액	수수료	제세금	정산금액	이자	실현손익합계	총손익률
매도	213,103	532,733,418	29,399	1,597,149	531,106,870	322,752	-487,791,054	-47.89
매수	37,502	172,786,280	9,890	0	172,796,170			
합계	250,605	705,519,698	39,289	1,597,149	703,903,040			

⊙ 실현손익은 매매금액에 수수료, 이자, 제세금을 가감한 금액입니다.
(ETF제세금은 2016/8/8부터 포함)
⊙ 매도단가 항목은 '매도금액 / 매도수량'으로 계산된 단가입니다.
⊙ 현물투자전용계좌 조회 시 "수수료"는 부가세를 포함한 수수료금액입니다.
⊙ 00:00~02:00에는 잔고정리 및 이월작업으로 조회가 원활하게 되지 않을 수 있습니다.

해당화면은 특정기간동안 단순 매매체결내역을 기초로 만든 화면이기 때문에 참고자료로만 활용하여 주시기 바랍니다.

[TTC8706R] 조회가 완료되었습니다 (16:08:48)

[0856] 기간별 매매손익

기간별 매매손익 | 당일주문체결 | 일별주문체결 | 계좌수익률 조회(일별) | 계좌수익률 조회(월별) | 계좌투자수익률 상세조회 | 당일매매 종합평가

******** 김정수 ○종목별 ○일별 ⊙월별 ⊙역순 ○정순 조회기간 2020-03-01 ~ 2020-03-31 조회 다음

매매일자	매수금액	매도금액	실현손익	손익률	수수료	이자	제세금
2020/03	381,289,727	942,324,811	-332,529,962	-26.15	77,298	961,344	2,355,129

	수량	거래금액	수수료	제세금	정산금액	이자	실현손익합계	총손익률
매도	393,675	942,324,811	54,868	2,355,129	939,914,814	961,344	-332,529,962	-26.15
매수	105,225	381,289,727	22,430	0	381,312,157			
합계	498,900	1,323,614,538	77,298	2,355,129	1,321,226,971			

⊙ 실현손익은 매매금액에 수수료, 이자, 제세금을 가감한 금액입니다.
(ETF제세금은 2016/8/8부터 포함)
⊙ 매도단가 항목은 '매도금액 / 매도수량'으로 계산된 단가입니다.
⊙ 현물투자전용계좌 조회 시 "수수료"는 부가세를 포함한 수수료금액입니다.
⊙ 00:00~02:00에는 잔고정리 및 이월작업으로 조회가 원활하게 되지 않을 수 있습니다.

해당화면은 특정기간동안 단순 매매체결내역을 기초로 만든 화면이기 때문에 참고자료로만 활용하여 주시기 바랍니다.

[TTC8706R] 조회가 계속됩니다..다음버튼을 Click 하십시오. (16:23:38)

이익 계좌 인증

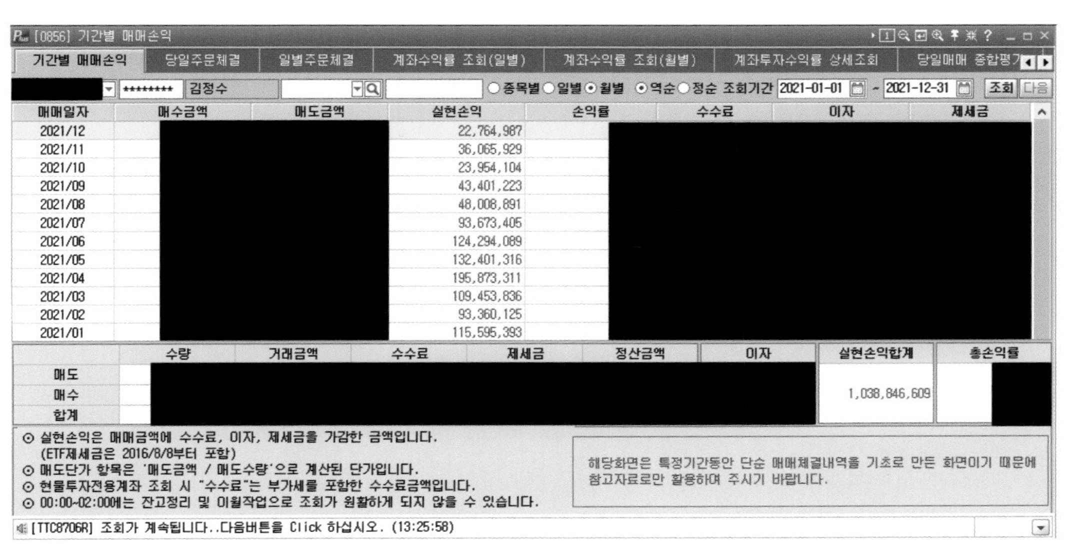

[0856] 기간별 매매손익

기간별 매매손익 | 당일주문체결 | 일별주문체결 | 계좌수익률 조회(일별) | 계좌수익률 조회(월별) | 계좌투자수익률 상세조회 | 당일매매 종합평가

******** 김정수 ○종목별 ○일별 ⊙월별 ⊙역순 ○정순 조회기간 2021-01-01 ~ 2021-12-31 조회 다음

매매일자	매수금액	매도금액	실현손익	손익률	수수료	이자	제세금
2021/12			22,764,987				
2021/11			36,065,929				
2021/10			23,954,104				
2021/09			43,401,223				
2021/08			48,008,891				
2021/07			93,673,405				
2021/06			124,294,089				
2021/05			132,401,316				
2021/04			195,873,311				
2021/03			109,453,836				
2021/02			93,360,125				
2021/01			115,595,393				

	수량	거래금액	수수료	제세금	정산금액	이자	실현손익합계	총손익률
매도								
매수							1,038,846,609	
합계								

⊙ 실현손익은 매매금액에 수수료, 이자, 제세금을 가감한 금액입니다.
(ETF제세금은 2016/8/8부터 포함)
⊙ 매도단가 항목은 '매도금액 / 매도수량'으로 계산된 단가입니다.
⊙ 현물투자전용계좌 조회 시 "수수료"는 부가세를 포함한 수수료금액입니다.
⊙ 00:00~02:00에는 잔고정리 및 이월작업으로 조회가 원활하게 되지 않을 수 있습니다.

해당화면은 특정기간동안 단순 매매체결내역을 기초로 만든 화면이기 때문에 참고자료로만 활용하여 주시기 바랍니다.

[TTC8706R] 조회가 계속됩니다..다음버튼을 Click 하십시오. (13:25:58)

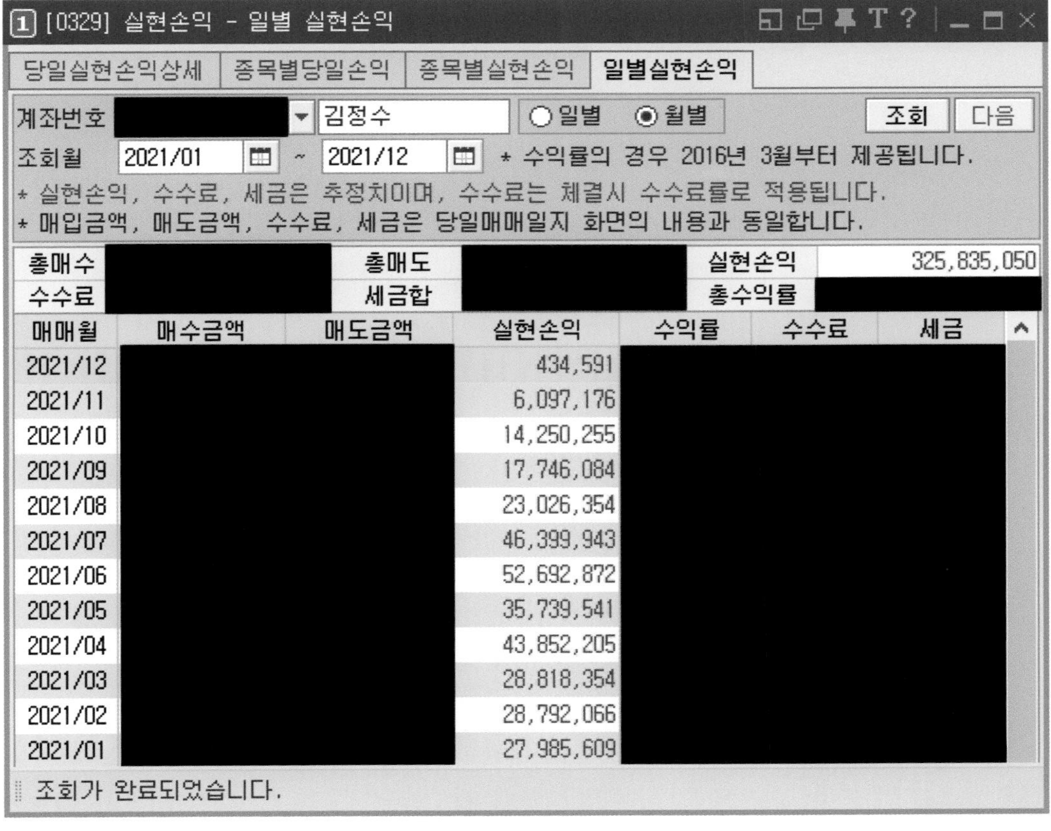

[0329] 실현손익 - 일별 실현손익

당일실현손익상세 | 종목별당일손익 | 종목별실현손익 | 일별실현손익

계좌번호 김정수 ○일별 ⊙월별 조회 다음

조회월 2021/01 ~ 2021/12 * 수익률의 경우 2016년 3월부터 제공됩니다.

* 실현손익, 수수료, 세금은 추정치이며, 수수료는 체결시 수수료률로 적용됩니다.
* 매입금액, 매도금액, 수수료, 세금은 당일매매일지 화면의 내용과 동일합니다.

총매수		총매도		실현손익	325,835,050
수수료		세금합		총수익률	

매매월	매수금액	매도금액	실현손익	수익률	수수료	세금
2021/12			434,591			
2021/11			6,097,176			
2021/10			14,250,255			
2021/09			17,746,084			
2021/08			23,026,354			
2021/07			46,399,943			
2021/06			52,692,872			
2021/05			35,739,541			
2021/04			43,852,205			
2021/03			28,818,354			
2021/02			28,792,066			
2021/01			27,985,609			

조회가 완료되었습니다.

목차

2 당신의 운명을 결정할 장대양봉과 장대음봉

3 12번 깡통 차게 만든 이런 종목 절대 사지 마라

4 큰돈 벌게 해준 이런 종목 반드시 사라

5 하루 만에 깨치는 종목 선정 필살기

1

개미의 영원한 숙제

종목 선정을 해결하다

1.

12번 깡통의 피 말리는 고통

12번 깡통의 역사

	시기	사유	지속기간	무거래기간	손실	추가투입자금
1	2012. 8.	종목 잘못 선정, 몰방	1년	1년	-5%	소액
2	2013. 12.	대주 거래 추세 상승 전환	3달	3달	소액	소액
3	2015. 7.	위안화 절하	2달	2달	거액	거액
4	2015. 12.	그리스 사태	2달	1달	소액	없음
5	2016. 2.	중국 증시 붕괴	2달	1달	소액	소액
6	2016. 10.	박근혜 대통령 탄핵	4달	2달	소액	거액
7	2017. 9.	북한 핵 실험	2달	6달	소액	없음
8	2018. 5.	미·중 무역 전쟁	2달	2달	소액	소액
9	2018. 7.	미·중 무역 전쟁 악화	2달	1달	소액	소액
10	2018. 10.	미·중 무역 전쟁 격화	3달	1달	거액	거액
11	2019. 8.	한·일 경제 전쟁	4달	1달	소액	없음
12	2020. 3.	코로나 사태	2달	3달	거액	거액

주가는 끊임없이 떨어지고, 평가손은 눈덩이처럼 불어나고, 손실률은 악마처럼 커지고, 예수금은 빠르게 줄어들고, 담보 부족으로 강제매도 당하는 것을 막기 위해 보유 주식을 마구잡이로 처분하고, 머리는 철퇴를 맞은 것처럼 지끈거리고, 위는 점점 쓰려오고, 온몸은 피 말리는 고통으로 바싹바싹 오그라들고, 다음날의 담보 부족 걱정으로 전신이 경련을 일으키며 마비되고, 언제 회복될지 모르는 주가지수를 피눈물 흘리면서 쳐다보고, 공포의 저승사자 발걸음 소리가 점점 가까워지고…… 아! 이 참담하고 처참한 피 말리는 고통을 어떻게 해야 하나? 내가 왜 이렇게 되었을까? 왜 사전에 이런 사태를 막지 못하였을까? 왜 위기가 계속 반복되는가?

_피 말리는 고통, 2017. 9. 25.

최악의 상황 공통점

전자금 홀딩으로 인한 이익 Zero

1 무거래 기간 동안 이익 Zero

2 반대 매매로 인한 잔고 강제 축소로 이익 Zero

대량 손절매로 인한 거액 손실 발생

1 2015년 7월 마지막 3일 못 버텨 3천 7백만 원 손해

2 2015년 12월 마지막 1일 못 버텨 8백만 원 손해

3 2016년 2월 마지막 3일 잘 버텨 4천 4백만 원 추가 손해 방지

4 2016년 11월 마지막 1일 못 버텨 8백만 원 손해

5 2017년 9월 마지막 3일 잘 버텨 5천만 원 추가 손해 방지

6 2018년 7월 마지막 2일 못 버텨 3백만 원 손해

7 2020년 3월 마지막 3일 못 버텨 356백만 원 손해

→ 버티고 버티다 마지막 3일 못 버티면 거액 손실 발생

버티는 순서

1 + 상태인 신용 종목 매도
2 + 상태인 현금 종목 매도
3 현금 예수금으로 -가 적은 신용 종목부터 상환
4 담보 부족액의 2.3배 신용 상환, 증거금률이 높은 종목부터 신용 상환
5 현금 예수금 고갈 시 -가 적은 종목부터 매도
6 현금 매수 종목 매도 시는 매도 자금 대출을 받아 신용 상환
7 담보 부족으로 불가피하게 매도하는 경우 손실률이 높은 신용 종목을 바로 매도하지 말고, 손실률이 적은 현금 종목을 매도한 후 매도자금 대출을 받아 신용 종목을 상환하여 손실 축소

최악의 상황 대비책

1 주가가 6일 이상 하락하면 신용 매수 금지
2 담보 비율 180% 이하이면 신용 매수 금지
3 지수 -2% 이상 급락 시 신용 매수 금지, 급락의 전조, 신용 매도, 현금 매수
4 지수 -3% 이상 초급락 시 잔고 축소, 1주씩만 거래
5 평가손 -24% 이상이면 현금으로만 거래
6 마지막 3일을 위하여 비상 자금 확보, 최소 현금 비중 20% 이상 유지
7 총 포지션의 최소 20% 이상을 현금 예수금으로 보유하고 있어야 위기에 안전
8 코로나 사태 이후 새로운 대비책: 총 잔고 대비 신용 비율 30% 이내로 운용, 대형 사고 발생하면 무조건 잔고 축소

신용 사용과 신용 미사용의 손익 비교

기간: 2012년~2020년 5월, 단위: 만 원

신용 사용		신용 미사용	
총이익	200,200	총이익의 50%	100,100
총손실	103,900	총손실	0
이익	96,300	이익	100,100
이자	25,800	이자	0
순이익	70,500	순이익	100,100
		무수익 기간 이익	32,000
		기회이익	20,700
총이익	**70,500**	**총이익**	**152,800**

결과적으로 신용을 미사용하는 경우가 신용을 사용하는 경우보다 2배의 이익을 실현한다. 신용을 사용하면 거액 손실은 물론이고, 담보 부족으로 상당 기간 투자 불가능 상황이 발생한다. 현금만 사용하는 경우엔 절대 투자 불가능 상황, 즉 무수익 기간이 발생하지 않는다. 또한, 신용을 사용하면 담보 부족으로 인한 잔고 강제 반대 매도로, 잔고가 축소되어 나중에 주가 반등 시 발생할 이익이 상실된다. 즉 기회이익이 감소한다.

그런데 왜 신용을 사용하는가?

1 신용의 달콤한 유혹을 이기지 못하였다. 눈앞에서 단기적으로 2배 이익 실현……

2 '멈추면 비로소 보이는 것들'이라고 했던가? 겪고 나서야 깨달았다.

3 탐욕에 눈이 멀어 조금이라도 빨리 더 많이 벌려고 했다. 지출은 많고 수익은 적고……

검객이 사용하면 자객의 심장을 찌르는 칼이라 할지라도, 서툰 자가 사용하면 오히려 자기 목숨을 해할 수 있다. 검투사는 반드시 죽는다. 과다한 신용을 사용한 자는 반드시 망한다.

코로나 사태로 인한 주가 대폭락의 교훈

❶ 주가는 내가 예상한 최악보다도 2단계 더 하락한다.

❷ 대형 사고, 대형 악재가 발생하면 무조건 잔고 축소를 해야 한다. 기회는 오고 또 온다. 탐욕에 눈이 멀어 곧 반등하겠지 하고 연연해서는 안 된다. 신용 과다 사용도 문제였지만, 더 큰 문제는 미련을 버리지 못하고 빨리 잔고 축소를 하지 않은 것이다. 그 후 매일 아침에 일어나면, 사건만 발생하면, '대형 사고? 잔고 축소?'를 무의식적으로 점검하고 있다.

❸ 항상 총 잔고 대비 신용 비율 30% 이내로 운용해야 한다. 신용 비율이 24%면 코로나 사태와 같은 대폭락이 와도 손절매 없이 버틸 수가 있다. 코로나 사태보다 주가가 더 떨어진다고 가정하고, 대형 사고가 터지면 손해를 보더라도 무조건 잔고를 과감히 축소해야 한다. 일단 큰 손해 없이 살아남아야 한다.

❹ 주식 시장은 영원하며 반드시 다시 반등한다. 블랙 먼데이, 블랙 스완 같은 대폭락은 항상 언제나 일어날 수 있다. 특히 과열된 시장에서는…… 폭등 뒤에는 폭락이 오고 폭락 뒤에는 폭등이 왔으며 전화위복의 기회를 늘 제공했다. 그때까지 살아남아 있어야 한다. 죽지 않고 살아만 있으면 기회는 반드시 다시 온다. 시장에서 강제로 퇴출당하면 끝이다. 재기의 기회가 없다.

최악의 상황 극복을 위한 나의 기도문

왜 나는 항상 최악의 상황을 겪어야만 간신히 깨달음을 얻는가?

그러나 지나고 보면 가장 힘들었던 순간이 자신을 가장 현명하게 만들어 주었다는 것을 깨닫게 된다. 인생에 있어서 가장 값진 교훈은 가장 힘들었던 순간을 통하여 얻게 된다. 최악의 상황을 경험해야 최선의 것을 깨달을 수 있다. 신은 작은 선물은 작은 고통으로, 큰 선물은 큰 고통으로 포장해서 주신다.

절망하지 말라

절망하지 말라. 절망하지 말고 희망을 가져라. '지금 이 고통'이 큰 교훈이 되어 훗날 '큰 성공의 발판'이 된다.

'지금 이 고통'이 훗날 나를 '영원한 챔피언'으로 살게 할 것이다. _무하마드 알리

'지금 이 고통'이 훗날 나를 '영원한 부자'로 살게 할 것이다. _불사조 김정수

나는 단지 지금, 이 순간이 힘들 뿐이다. 지금, 이 순간이 지나 상황이 좋아지면 지금 이렇게 힘들었던 것은 기억조차 나지 않는다. 힘들 때는 가장 힘들었을 때를 생각하라. 어려울 때는 가장 어려웠을 때를 생각하라. 자! 이 또한 지나가리라! 참고 버티고 견디면 반드시 기회는 온다. 살아만 있으면 기회는 반드시 온다. 반드시 밀물 때는 온다. 땅에서 망한 자 땅에서 일어나야 한다. 주식에서 망한 자 주식으로 일어나야 한다. 이 피 말리는 고통의 순간 없이 달콤한 미래는 없다. 이 순간에 뒤돌아서서 쓸데없이 감흥에 젖지 말자. 눈을 감지 말자. 괴로운 순간일수록 그 순간을 똑바로 바라보아야 한다. 눈앞을 보기 때문에 멀미를 심하게 느끼는 것이다. 30년 뒤에 서서 오늘의 이 피 말리는 고통을 똑바로 지켜보자.

미국 농구 황제 마이클 조던은 우리에게 이런 희망의 메시지를 전했다.

> 나는 코트 위에서 9000번 이상 슛을 놓쳤다. 나는 거의 300회의 시합에서 졌다. 나는 모든 이의 기대 속에서 승부를 결정지을 골을 26번이나 던졌다. 하지만 모두 실패했다. 나는 살면서 실패에 실패를 거듭했다. 그것이 내가 성공한 원인이다.

주식 투자를 함에 있어 실수와 실패는 늘 꼬리표처럼 따라다니기 마련이다. 누구나 실수와 실패는 한다. 중요한 건 그 실수와 실패를 성공으로 연결하는 능력이다. 주식 시장에서 실패하지 않고 성공한 거장은 아무도 없다. 이미 성공했거나 성공의 길을 걷는 어떤 누구도 실패의 함정을 피해 가지는 못한다. 실패를 인생의 가장 크고 중요한 교훈으로 봐야 한다. 긍정적인 태도, 난관을 견뎌내고 그것을 교훈으로 삼을 수 있는 능력…… 그것이 나를 성공으로 이끌 것이다.

훌륭한 음악가가 되고 싶다면 먼저 엉망인 음악을 만들어 보아야 한다. 훌륭한 예술가가 되고 싶다면 먼저 어설픈 예술을 많이 해봐야 한다. 훌륭한 투자자가 되고 싶다면 먼저 엉망인 투자 실수를 많이 해봐야 한다. 무모하고 오만한 투자 과정을 겪지 않고서는 지혜로운 투자가가 될 수 없다. 따라서 주식 투자의 올바른 방향성을 잡기 위해서는 무모함과 오만함을 반드시 거쳐야 한다. 무모함과 오만함은 결과적으로 보면 나쁜 것만은 아니다.

나는 무모함과 오만함 때문에 깡통을 거듭 찼다. 나의 재산목록 1호는 바로 그 깡통들이다. 12개의 깡통 덕분에 큰돈 벌고 성공했다.

그동안 성공하지 못한 이유

마지막 1%가 부족하였다. 물은 1℃가 부족하면 끓지 않는다. 100℃가 되어야 끓는다. 물한 방울이 부족하면 컵은 넘치지 않는다. 한 방울의 물이 컵을 넘치게 한다. 에디슨도 1만 번 실패 후 전구를 발명하였다. 샌더스도 1009번 실패 후 1010번째에 켄터키프라이드치킨 제조 방법 판매에 성공하였다. 비행기가 이륙하기 위해서는 첫째, 절대 속력 300km 이상이어야 하며 둘째, 절대 거리 1.8km 이상을 달려야 한다. 이 두 가지를 모두 충족해야만 비행기가 떠오른다. 간절한 목표를 설정하고 절대 노력하고 절대 시간을 투자해야 성공할 수 있다. 그러면 원하는 모든 것을 얻을 수 있다.

나는 그동안 조금만 더 갔으면 정상에 도달할 수 있었는데, 조금만 더 했으면 성공할 수 있었는데, 항상 정상의 턱 밑에서 좌절하고 실패하고 나락으로 떨어졌다. 실력 부족, 운 부족, 자금 부족으로 실패의 실패를 거듭하였다. 나는 이제 수많은 실패와 좌절 끝에

1. 몰입의 1만 시간을 돌파하였다.
2. 에디슨의 1만 건을 돌파하였다.
3. 연수익률 20% 이상의 필살기 자동 시스템을 구축하는 데 성공하였다.
4. 최악의 상황에서도 내 계좌가 회복된다는 것을 검증하였다.

나의 최대 약점은 손절매하지 못하는 것

나의 최대 약점은 손절매하지 못하는 것이다.

도대체 어떻게 해야 손절매를 기계적으로 할 수 있을까? 그동안 주식 투자 관련 서적에 나온 모든 방법을 시도해 보았다. 매입가, 손절매 예상가, -5% 손절매, -10% 손절매, 매일 번 돈의 50% 손절매…… 여러 가지 방법을 강구하였으나 모두 실패하였다. 그 결과 최악의 상황을 맞이하였고, 대형 사고를 당하였다. 손절매에 대한 심리 관리도, 다짐도 무수히 했다. 그러나 모두 실패했다. 이대로 가다간 정말 끝이 없다. 희망이 없다. 자금이 모두 묶여

서 6개월 동안 아무것도 하지 못한 적도 있다.

나의 마지막 선택은 '손절매 없는 주식 투자'였다. 나의 최대 약점을 최대 강점으로 만들고자 하는 목숨 건 시도였다. 나는 적당량의 베팅 조절로 '무손절매'가 최고의 손절매라는 최고수의 경지에 도전하였다. 처음부터 손절매하지 않는다는 투자 전략으로 시장을 바라보았다.

1 처음부터 손절매하지 않을 종목에만 진입한다. 즉, 물려도 살아날 수 있는 종목만 진입한다.
2 처음부터 하락을 염두에 두고 철저한 분할 매수 전략을 실행한다.
3 손절매를 당하지 않도록 최악의 상황에 대비한 철저하고 안전한 자금 관리를 한다.
4 손절매는 세력이 이탈한 경우에만 한다.

계좌에 손실이 가득하더라도 손절매 없이 포기하지 않는다면 실망하긴 아직 이르다. 현재 손실의 상황이 미래의 상황이라고 단정 지을 수 없다. 내 눈앞에 보이는 모니터의 파란 마이너스가 불과 며칠 후, 몇 개월 후 빨간 플러스 계좌로 바뀔 수 있다는 긍정적인 마인드와 시각을 유지하자. 늘 그렇듯이 단지 지금, 이 순간이 힘들 뿐이다. 시간이 조금 지나 상황이 좋아지면 그때는 언제 그랬냐는 듯이 생각조차 나지 않는다.

주식 속담에 "천장 3일, 바닥 100일"이라는 명언이 있다. 최선의 대응 시간은 짧고 고통의 시간은 길다. 주식 투자의 대부분은 기다리는 것이다. 또한 '인내'와 '기다림'은 주식 투자의 최고 성공 비책이다. 인내 없이 주식 시장에서 살아남을 수 있는 사람은 단연코 절대 없다. 주식 투자에서 인내란 '역전'이고 '상황의 반전'이다. 가장 중요한 버팀목이다. 역전의 순간, 상황의 반전이 나에게 가장 짜릿함을 느끼게 했고 커다란 수익을 주었다. 역전의 순간, 상황의 반전이 올 때까지 참고 버티고 견디고 기다려라.

항상 최악의 상황에 대비

전쟁이라는 것은 항상 최악의 상황을 염두에 두어야 한다. 그렇게 하지 않고 자신감에 충만하여 몰방하다 보면 바로 죽을 수도 있다. 이기기보다 지지 않는 싸움을 해야 한다. 진정한 고수는 수익을 잘 내는 사람이 아니라 크게 잃지 않는 사람이다. 진정한 고수는 목숨을 걸고 승부를 걸어야 하는 그 순간에 승부를 걸지 않는다. 목숨을 걸고 승부하는 것은 도박사다. 진정한 고수는 오늘 최선을 다하다가 목숨을 잃기보다는, 물러서서 내일을 기약하는 사람이다.

주식 투자의 본질은 분석력과 예측력 싸움이 아니다. 주식 투자는 위험을 다스리고 제거해 나가는 게임이다. 위험 관리가 처음이자 끝이다. 해박한 지식과 빠른 정보로 남을 이기는 게 능사가 아니다. 언제 닥칠지 모를 위험에 항상 대비하고, 그 위험을 극복하고 자신을 통제하는 기술을 스스로 터득해 가야 한다. 주식 투자자는 자신의 매매에 대하여 책임을 져야 하고, 그 결과에 따라서 돈이 왔다 갔다 하며 가족의 생계는 물론 자신의 목숨까지도 걸어야 하기 때문이다.

주식 시장에서의 실패는 비참함과 파멸, 바로 자살이다. 죽고 싶어서 죽는 것이 아니라, 죽을 수밖에 없기 때문에 죽는 것이다. 그래서 항상 최악의 상황에 대비해야 한다.

2.

잘못된 종목 선정으로 하루에 5억 4천만 원 손절매하다

지수는 오르는데 내 종목은…

	16. 7. 21.	17. 9. 26.	
지수	708.21	637.36	−10.0%
평가손 비율	19.93	40.40	−20.5%
괴리			−10.5%
	17. 9. 26.	17. 11. 24.	
지수	637.36	792.74	+24.4%
평가손 비율	40.40	31.50	+ 8.9%
괴리			− 15.5%
	17. 6. 9.	17. 12. 31.	
지수	674.15	798.42	+ 18.4%
평가손 비율	27.9	32.77	− 4.9%
괴리			−23.3%

내려갈 때는 10.5% 더 내려가고 올라갈 때는 15.5% 덜 올라가서 지수(코스닥 지수)와 평가손의 괴리가 -23%에서 -26%에 달하였다. 지수가 회복하여 급등하는데도 평가손은 줄지 않고 오히려 더 느는 현상이 발생한 것이다.

원인은 실력 부족에서 비롯된 잘못된 종목 선정이었다. 물린 종목 모두를 철저하게 분석하였다. 그리고 원인을 찾아내었다. 역사적 고점에 진입한 종목이 많아 고점에서 원위치까지 계속 하락하느라 지수 상승에도 불구하고 같이 반등하지 못하고 지속 하락하였다. 물린 대부분이 뒤에서 살펴볼 「12번 깡통 차게 만든 이런 종목 절대 사지 마라」에 해당하는 종목이었다.

만약 지수 상승과 같이 반등하였으면 물린 종목 대부분을 정리하고 자금 회전을 시켜 수익이 발생할 수 있었다. 자금이 모두 물려 6개월 동안 아무것도 하지 못하고 그저 쳐다보기만 하였다. 고민에 고민을 거듭한 결과 고점에서 물린 것을 손해 보고 털지 못하면 영영 기회가 없을 것으로 판단하였다. 1년 이상을 망설이고 망설였다. 결국, 2019년 2월 28일 결행하여 하루에 5억 4천만 원의 손실을 보고 손절매하여 정리하였다.

주가 폭락으로 인한 담보 부족도 아닌데 이렇게 큰 손절매를 스스로 내가 감행하다니…… 팔다리를 자르면 죽을 목숨은 살린다더니……

흘러내리는 피눈물

두 눈에서 저절로 눈물이 흘러내렸다. 코가 막혀 숨을 쉴 수가 없었다. 이미 다 말라 버린 입술이 벌어진 채 다물어지지 않았다. 심장은 오래전에 폭발한 것 같았고, 온몸의 피가 거꾸로 도는 것을 느꼈다. 사지가 오그라들어 손가락 하나 까딱할 수가 없었다. 양다리의 힘이 빠져 한 걸음도 내디딜 수가 없었다.

최악의 상황을 스스로 만들고 쫓기는 짐승처럼 울부짖으며 손절매하다니…… 수십 번 연속 수익을 냈지만 단 한 번의 실패로 시장에서 영원히 사라진 고수가 숱하다는 말이 가리키는 사람이 바로 '나'라는 생각이 나를 점점 가라앉게 했다. 대낮인데도 불구하고 창밖이 컴컴하였다. 창밖으로 보이는 검은 아스팔트가 나를 부르고 있었다. 죽고 싶어 죽는 것이 아니라, 죽을 수밖에 없는 상황이 되었다. 다시는 똑같은 실수를 반복하지 않으리라 맹세하고 또 하였다. 아무리 정신을 차리고 움직이려고 해도 할 수가 없었다. 손가락 하나 까딱거릴 수도 없었다. 한 발자국도 뗄 수가 없었다.

냉동인간처럼 모든 것이 얼어붙었다. 어떤 명언과 위로도 들리지 않았다.

좌절과 절망 속 기도

한동안의 폭풍과 격정이 지나간 후에, 내가 평소 후원을 해왔던 남미 페루에 계신 신부님의 메시지가 떠올랐다. 늘 자신을 희생해 가시면서 사목 활동을 하시기에, 내가 몹시 존경해 왔던 분이다.

사랑하는 하느님께서 반드시 다른 문 하나를 열어 주실 것입니다. 더는 나아갈 수 없다고 주저앉아 계신 분들, 한 걸음만 더 나아가 보시기 바랍니다. 거기 사랑의 하나님께서 기다리고 계실 것입니다. 바로 거기서 새로운 길이 시작될 것입니다.

그래! 한 걸음만 더 나아가 보자고 결심했다. 내가 이렇게 자의적으로 손절매한 것은 앞으로 더 나아가기 위함인데 여기서 주저앉으면 안 된다. 나 자신에게 용기를 주고 또 주었다. 고통 없이 얻는 것은 없다(no pain, no gain)고 외쳤다. 좌절과 절망의 시간 속에서도 나는 기도를 하고 또 했다.

'신이시여, 제발 이번 한 번만 저를 살려 주십시오!' 성서, 불교 경전, 코란 등을 조각조각 읽어 보았을 뿐, 종교도 없는 내가 나의 신께 눈물로 호소했다. 제발 저를 살려 달라고!

나를 살린 '꿈과 희망'

평소 좋아하는 문구도 되새겼다. "신이 우리에게 더 큰 선물을 주고자 할 때는 더 큰 고통으로 선물을 포장한다." 이 모든 것은 신이 나에게 더 큰 선물을 주고자 하는 더 큰 고통이었다고 생각하자. 이 고통이 훗날 나를 큰 성공으로 이끌 것이다. 나에게는 나만의 '꿈과 희망'이 있지 않은가? 인간이 갖는 영원한 기쁨은 '꿈과 희망'이다. '꿈과 희망'이 없다면 개, 돼지와 같은 동물과 다름이 없다. 모든 것을 잃어도 '꿈과 희망'만은 꼭 쥐고 있어야 한다. 모든 것을 빼앗겨도 실력은 남는다.

나는 어차피 100세 이상 건강하게 살 것이다. 살아만 있으면 기회는 오고 또 온다. '꿈과 희망'을 포기하지 말자. '꿈과 희망'을 놓지 말자. '꿈과 희망'이란, 그 끈을 놓지 않는 한 내 앞에 펼쳐진 모든 역경을 딛고 일어설 수 있게 해주는 힘의 원천인 '생명수'와 같은 것이다. '꿈과 희망'은 절망의 낭떠러지 앞에 서 있는 나에게 새로운 길을 보여 줄 것이다. 그리고 그 새로운 길을 걸어갈 수 있는 '의지와 용기'를 줄 것이다. '꿈과 희망'이 나를 살릴 것이다.

나는 그동안 악순환의 고리에 있었다. 원바닥, 판바닥 대비 100% 이상 상승한 고점에서 물린 것이 많다 보니, 투자 한도가 적었고, 수익이 적었고, 월 지출액은 계속 나가고, 벌어도 투자 한도는 늘지 않고, 주가가 폭락하면서 평가손이 더 확대되고, 투자 한도는 더 줄고, 주가가 또 폭락하면 투자 한도는 또 줄고, 수익은 더 줄고…… 그러나 나는 나의 치명적인 문제점을 알아냈고 이번에 큰 손실을 보았지만 모두 해결하였다. 또한, 검증된 데이터도 갖게 되었다. 이제 과거의 잘못을 치유하기 위한 시간이 필요했다. 2019년 한 해만 버티고 치유하면 모든 것이 해결된다. 나의 '꿈과 희망'을 이룰 수 있다. '꿈과 희망'을 품고, 참고 버티고 견디고 기다리자. 인내하자!

그러나 치유 도중 미·중 무역전쟁 격화, 한·일 경제전쟁, 코로나 사태로 또다시 더 큰 내상을 입었다. 주식 투자는 어쩔 수 없이 고독·고생·고통이라는 삼고와 함께하게 될 것이라고 하더니 산 넘어 산이었다. 더 높은 산이 기다리고 있었다.

3.

좋은 종목 하나 주세요

공부하지 않는 개미

코로나 사태로 인한 주가 대폭락으로 많은 동학 개미들이 주식 시장에 새로이 진입하였다. 코스피가 -44%, 코스닥이 -55% 하락하였으니 이보다 더 좋은 기회가 없다고 판단한 것이다. 주가는 대폭락 후 반드시 다시 상승한다는 것을, 과거의 경험을 통해 깨달았으리라.

새로이 진입한 동학 개미들은 과거 개미들보다 많은 주식 공부를 하였다. 그 결과 작년에는 좋은 성과를 내었다. 그러나 안타깝게도 아직도 많은 개미가 공부를 게을리하고 있다. 작년 주가 급등기에 거둔 성과를 초심자의 행운이 아닌 본인의 실력이라 믿고 있다. 그러다 보니 올해 주가가 조정을 받으면서 여기저기서 고통의 소리가 들린다.

주식 시장에 발을 담그고 투자에 나서는 순간부터 주식 투자자는 학력, 경력, 나이, 직업, 성별 등 모든 것을 떠나 순진한 초보 투자자가 될 뿐이다. 처음 몇 차례는 운이 좋아 작년과 같이 수익을 낼 수 있지만, 머지않아 그 수익이 손실로 역전되는 경험을 하게 된다. 실제로 작년에는 투자 원금의 2배를 만들었다가 올해 반의반 토막이 난 사례도 있다.

미국에서 전설적인 수익률을 기록한 마젤란 펀드의 피터 린치는 '투자 이야기'에서 이런 말을 했다.

> 여러분은 사전에 준비 없이 주식에 투자했다가 돈을 잃은 사람이 얼마나 많은지 알면 기겁을 할 것이다. 하지만 이런 일은 항상 일어난다. 평생 주식 투자라고는 해 보지 않은 사람이 갑자기 거액의 퇴직금을 타자마자 무작정 주식에 투자하는 경우도 많다. 운전하기 전에 운전학원에서 교육을 받는 것처럼 주식 투자에도 교육이 필요하다. 교통법규를 모르거나 주차 연습을 하지 않은 초보 운전자를 고속도로에 내보내지 않는 것과 같다. …… 주식은 상당히 민주적이다. 편견도 없고 누구의 소유가 되든지 전혀 상관하지 않는다.

역사는 반복된다고 하였다. 오래전 피터 린치가 한 이야기가 지금도 똑같이 일어나고 있다.

공부하지 않는 개미의 투자 방식도 다양하다.

1 어떤 소문만을 듣고 매수하는 묻지마 투자
2 종목에 대한 분석 능력 없이 오로지 직관에 의존하는 감각 투자
3 TV 등 증권 전문가의 정보에 의지해 추천주를 매수하는 투자
4 주식 리딩방에 거액 수수료를 지급하고 추천 종목을 매수하는 투자
5 유튜브에서 유료 또는 무료 추천 종목을 보고 매수하는 투자

주식 투자에는 정답이 없다. 꿩 잡는 것이 매다. 가끔은 오답이 정답이 된다. 주식 투자 기법에는 만 가지가 있으며 한 가지 기법도 만 사람이 하면 만 가지 결과가 나온다. 방법을 떠나서 어떻게든 '꾸준한 이익'만 내면 된다. 꾸준하게 이익을 낼 수 있느냐가 핵심이다. 그

러나 공부하지 않고서 꾸준히 이익을 낼 수 있는 방법은 없다.

왜 공부하지 않는가? 특별한 노력 없이 쉽게 돈을 벌려고 하기 때문이다. 아울러 조급함에 지름길로 가고자 하는 욕구와 최단기간 내에 돈을 벌려고 하는 욕구가 강하기 때문이다. 주식 시장에서 돈을 벌기 위해서는 끊임없이 인내하고 노력해야 한다. 제임스 와트는 증기 기관차를 완성하는 데 20년을 보냈다. 윌리엄 하비는 8년 동안 피땀 흘려 일해서 사람의 몸속에서 피가 어떻게 순환하는지 증명하였다. 그러나 의료계에서 그가 옳다는 것을 인정하기까지는 20년이 더 걸렸다.

주식 매매 그리고 인생은 마라톤보다도 더 긴 여정이다. 조급과 탐욕이 자신을 실패하게 만든다. 인내와 기다림, 피나는 공부와 노력만이 꾸준한 이익을 가져다 준다.

공부하기에는 너무나 많은 투자 방법

요사이 동학 개미들의 새로운 주식 시장 진입으로 주식 인구가 많이 늘었다. 이에 따라 관련 산업도 호황을 누리고 있다. 책방에 가면 새로운 책들이 넘쳐난다. 증권 방송도 호황이고 유튜브, 주식 리딩방 등등 모든 주체가 돈을 벌려고 왕성하게 활동하고 있다. 저마다 자기가 최고라고 외친다.

막상 공부하려니 막막하다. 무엇을 먼저 해야 하는지도 모르겠다. 한 권의 책에서도 10가지 이상, 많게는 300개의 기법을 소개하기도 한다. 한 가지 기법도 만 사람이 하면 만 가지 결과가 나온다는데, 기법만 총망라해도 만 가지가 넘는다. 공부할 내용도 다양하다. 기업 재무제표 분석, 가치투자 분석, 기술적 분석, 차트 분석, 보조지표 등등…… 이름만 들어도 벌써 포기하고 싶은 마음이 가득해진다.

투자 유형도 다양하다. 현재 상황을 객관적으로 판단하고 자신의 성격, 투자 금액, 투자 기간, 목표 수익률, 손실 감당 범위 등을 고려하여 자신에게 가장 알맞은 투자 유형을 결정해야 한다. 투자 유형에는 크게 **초단타 매매자(초단기 투자자) · 단타 매매자(단기 투자자) · 쇼트 트렌드 트레이더(추세 단기 투자자) · 스윙 트레이더(단기 매매자) · 중기 투자자, 장기 투자자** 등이 있다. 분석 방법으로는 **가치 분석 위주 · 기술적 분석 위주 · 가치 분석과 기술적 분석 병행** 등이 있다.

주식 투자 공부 방법

1 책방에서 주식 관련 책 10권을 사서 읽는다. 2권은 기본 이론서, 3권은 가치투자 방법, 5권은 기술적 분석 관련 서적으로 고른다.

2 자기 투자 금액의 3%만 가지고 스캘핑, 데이 트레이딩을 6개월 이상 한다. 아울러 투자 금액의 3%로 장기 투자도 한다.

3 스캘핑, 데이 트레이딩이 잘되면 투자금을 조금씩 늘린다. 잘되지 않으면 쇼트트렌드 트레이딩이나, 스윙으로 옮겨 3%만 갖고 한다.

4 장기 투자가 잘 맞으면 장기 투자 전문으로 계속 나아간다. 축하할 일이다. 나도 처음엔 단타와 아울러 장기 투자도 소액으로 시도하였다. 그러나 장기 투자는 한국 상황과 맞지 않는다고 결론을 내리고 포기했다.

5 수많은 투자 유형과 기법 중 비교적 자기에게 잘 맞는 기법을 발견하거나 개발하였으면 이제는 다른 데 한눈팔지 말고 이것에만 집중해야 한다. 그것을 계속 연구하고 개발하고 수정하고 보완하여 자신만의 필살기를 만들어야 한다. 나도 나의 모델을 크게 12번 수정하였다.

나도 처음에는 단타를 주로 했다. 실력을 늘리기 위해 하루에 191건도 거래해 보았다. 2

년 이상 하였으나 나에게는 맞지 않는다고 판단하여 스윙으로 옮겼다. 단타는 이론적으로는 리스크도 적고 쉽게 벌 것 같은데, 막상 해 보면 너무너무 어렵다. 벌어도 하루에 세금 이상 벌기가 힘들었고 열 번 잘하다가 한 번 잘못하여 물리면 큰 손해를 보았다.

차트를 공부해야 하는 이유

차트는 주도 세력이 돈을 갖고 그리는 그림이다. 종목마다 주도 세력이 다르므로 차트 모습 역시 모두 다르게 나타난다. 시장 상황, 주가의 위치, 시간과 기간에 따라 같은 주도 세력이 그리는 그림도 그때그때 다르다. 주도 세력이 표현하는 차트의 기술은 정말로 대단하다. 개미들이 선호하는 보조지표까지도 조절한다. 이 예술품인 차트를 보면서 세력의 의중을 이해해야, 세력에게 당하지 않고 세력을 이용할 수 있다. 세력의 의중을 모르면 번번이 당한다. 그러나 세력의 의중을 알면 큰돈 벌 수 있다. 정말이다. 나도 세력의 의중을 알기 시작하면서부터 큰돈 벌기 시작했다.

차트, 약일까? 독일까?

차트 신봉론자와 차트 무용론자

가치 분석에 통달한 사람: 차트가 필요 없다. (예 워런 버핏)

차트 분석에 통달한 사람: 가치 분석이 필요 없다. (예 단타에 능한 재야 고수)

그러나 극과 극은 통한다.

차트는 왜 실전에서 통하지 않을까? 같은 차트를 놓고 많은 사람이 공유하기 때문이다. 차트는 세력이 돈으로 그리는 그림이다. 당신의 눈은 당신 편이 아니다. 당신의 눈은 세력편이다. 차트를 보는 눈이 당신의 눈이 아니라 세력의 눈이기 때문이다. 차트는 세력이 당신을 유혹하기 위한 도구다. 세력의 미끼다.

세력의 특징

1 매집은 충분히, 그리고 싸게

2 상승은 빠르게, 그리고 가볍게

세력의 관점에서 분석해야 한다. 상승 각도는 가파르고, 눌림목은 완만하고 길다. 최선의 대응 시간은 짧고, 번민의 시간은 길다. 마지막 고점 시간은 10분을 넘어가지 않는다. 나머지는 다 번민의 시간이다.

세력과 개미 투자자의 관계

❶ 심리선 이탈로 공포를 느끼게 하고 물량을 던지게 한다. 심리선의 종류는 단타들의 손절, 단기 이동평균선(5·10·20일선), 박스권 하단선, 추세 하단선 등이다.

❷ 속임수 양봉은 주로 고점이 아닌 곳에서 나타나며, 급등하는 양봉 구간에서 추격매수하는 개미들의 손실을 유도한다. 학습효과를 일으켜 이후 실제 급등 시 추격을 못 하게 하려는 목적이다. 긴꼬리 형태의 속임수 양봉을 만든 후 이후 크게 상승한다(예 2015년 10월 1일, 데코앤이 시가 3%, 고가 30%, 종가 7%, 그 후 1,500원이 5,000원까지 상승). 요즈음도 이런 종목은 너무나 많다. 역사는 반복된다.

❸ 기간 조정은 개미들의 최대 약점 중의 하나인 인내, 기다림을 하지 못하게 한다. 지루하게 시간을 끌면서 횡보 구간을 만들고 다시는 상승하지 못할 것 같은 분위기를 만든다. 지치고 지친 개미들이 포기하게 만든다. 기간 조정의 기간은 장세, 종목 특성, 세력의 의도

와 능력에 따라 다르다.

> 차트에서 무엇을 읽어야 하나?
>
> 1 개미들의 고통
>
> 2 세력들의 매집(진입)과 이탈

차트를 읽는 핵심은 '봉'보다 '면'을 보는 것이다. 바둑도 고수들은 수 하나하나가 아닌 '판' 전체를 보고 바둑을 둔다. 주식도 '봉' 하나하나보다는 시야를 넓혀서 '면' 전체를 보고, 앞으로 전체 그림이 어떻게 변할지를 예상하라. 시각 자체가 달라진다. 2차원의 세계에서 3차원의 세계로 시야가 넓어진다.

큰돈 벌게 하는 차트

장기 투자를 하지 않는 한 차트를 공부해야 한다. 특히 초단타 투자자, 데이 트레이더, 스윙 투자자는 공부를 더 해야 한다. 운영 자금이 적은 사람도 차트를 공부해야 한다. 적은 돈으로 돈을 벌기 위해서는 실시간으로 변하는 가격에서 변곡점을 찾아 이익을 내야 하고, 이익을 극대화하기 위해서는 차트 공부가 꼭 필요하다. 나도 한때는 차트를 무시했다. 그러나 차트 속에 담긴 의미를 읽기 시작하면서부터 차트를 더욱더 열심히 공부했다. 지금은 차트 덕분에 큰돈을 벌고 있다.

❶ 차트는 언제나 내용이 투명하고 공정하다. 차트를 기술적 분석이라고 경시하는 사람들이 많다. '차트는 과거의 기록이다, 그래서 미래를 알 수 없다, 불필요하다, 쓸데없는 짓이다……' 그러나 그것은 차트로 돈을 못 벌어본 사람들의 이야기다. 분봉 차트, 특히 캔들볼륨 차트를 보라. 초 단위, 분 단위로 의사를 표시하고 있다. 그것이 모여 일봉·주봉·월봉을 만들며 역사를 기록한다. 그리고 역사는 반복된다.

❷ 변하는 것은 차트가 아니라 투자자의 마음이다. 차트는 항상 '과거+현재'이다. 다른 것은 다 속여도 기록은 못 속인다. 차트의 변함없는 모습은 언제나 진실을 말한다. 변하는 것은 차트를 해석하는 인간의 마음뿐이다. 차트를 이용하여 돈을 벌면 좋은 것이라고, 돈을 잃으면 속임수라고 말한다. 똑같은 차트를 놓고 돈을 벌고 못 벌고는 차트를 보는 사람의 능력 차이일 뿐이다.

❸ 차트를 알면 자신의 마음을 통제할 수 있다. 일봉 차트에서 위꼬리는 음봉이든 양봉이든 좋지 않다. 특히 음봉이면서 장 초반에 긴 위꼬리를 다는 경우는 더 좋지 않다. 세력이 털려고 하는구나 하고 멀리해야 한다. 이처럼 차트를 알면 흥분된 마음을 억누를 수가 있다. 주식을 대하는 마음이 겸손해지고 공손해진다. 투자한 것이 잘못되면 금방 알아차리고 손실을 최소화하게 된다. 앞으로의 투자 행동과 투자 방향 그리고 투자 방법에 대한 계획도 다시 세울 수 있다. 이처럼 차트의 의미를 읽을 수 있게 되면 마음이 여유로워진다.

❹ 차트를 분석하는 능력에도 실력 차이가 크다. 차트는 기록되는 순간 모든 사람이 똑같이 공유하게 된다. 고수나 하수, 투자금이 많은 사람이나 적은 사람, 단타나 장타 모든 사람이 똑같은 차트를 본다. 그런데 어떤 사람은 벌고 어떤 사람은 잃는다. 차트를 분석하는 능력은 쉽게 얻을 수 있는 것이 아니다. 상당 기간 공부하고 실전 투자하여 경험을 쌓아야 읽히기 시작한다. 나는 과거 9년 동안 5백만 개 이상의 차트를 보았으며, 지금도 하루에 1000개 이상의 차트를 보고 있다. 차트를 보는 순간 1초 안에 본인이 원하는 차트인지를 파악하게 되면 그때부터는 돈이 저절로 들어온다.

❺ 차트를 보고 자신만의 매매 방법을 찾아야 한다. 주식 기법 책에는 한 권에 최소 10가지 기법이 있고, 모두 합치면 만 가지를 훌쩍 넘어간다. 바닷가 백사장에서 진주 찾듯, 그중에서 자신만의 기법을 찾아야 한다. 개인의 성격, 취향, 특성, 버릇, 인내심 등이 다르므로 나에게 맞는 매매 방법을 찾아야 한다. 차트에서 나만의 매매 방법을 찾고 특화하여 필살기

로 만드는 순간, 주식 시장은 지옥에서 천국으로 변한다.

❻ 실행하지 못하면 영원히 돈을 벌 수 없다. 차트를 보고 '언제까지 기다릴 것인가?', '언제, 얼마의 가격에 사고, 팔 것인가?' 하는 문제를 결정해야 한다. 워런 버핏 같은 가치 투자자들은 차트를 볼 필요가 없다. 그러나 일반 기술적 분석 투자자들은 차트를 보고 결정을 하고 실행을 해야 한다. 투자를 실행하지 않고 돈 버는 방법은 없다. 투자를 실행해야 돈을 벌든 잃든 한다. 보고 있기만 해서는 아무 일도 일어나지 않는다.

❼ 완벽한 차트는 없다. 무조건 돈을 벌게 해주는 완벽한 차트는 없다. 완벽한 기법도 없다. 아무리 좋은 차트, 기법도 확률 70~80%다. 그런데 남은 20~30%가 아주 치명적인 손해를 가져온다. 이것을 보완해 주는 것이 '인내와 기다림'이다. 뒤에 소개하는 필자의 차트를 보면 너무나 평범하고 단순하여 믿어지지 않을 것이다. 매매는 복잡한 차트로는 발 빠르게 대응할 수 없으므로 최대한 단순화한 것이다. 이렇게 최대한 단순화해도 애매한 경우가 많다. 차트가 복잡하면 할수록 더욱더 애매해진다.

나는 차트에 있는 모든 보조지표를 다 지우고, 머릿속의 기억만 활용하여 향후 며칠 동안의 주가를 예측해 보았다. 그런데 신기하게도 그동안 보조지표에 의지하던 나의 습관이 깨끗하게 사라져 버린 것을 발견하였다. 더 나아가 앞으로의 차트가 어떻게 만들어질지 그림을 그릴 수 있게 되었다. 그 차이는 엄청났다. 나 자신만의 동물적 느낌, 감, 촉이 발현된 것이다. 과거에 연연하지 않고 스스로 미래를 그려 나아갈 수 있게 되었다.

인간의 본성과 심리 관리

탐욕

탐욕이란 원하는 것에 욕심을 내고 집착하는 것을 말한다. 탐욕이란 우리 인간 사회와 인간에게 내재된 본능이다. 이 탐욕을 긍정적 에너지로 쓰면 자신의 성공에 큰 도움이 된다. 만약 어긋난 탐욕에 휘둘리면 큰 파멸을 맞게 된다. 어떤 직업을 가진 사람이든 개인의 발전을 위해 올바른 탐욕은 필요하다. 만약 탐욕이라는 마음이 없었다면 이 좋은 세상은 오지 않았을 것이다. 특히, 주식 투자자로서 탐욕의 마음이 없다면 그 어떤 성공도 할 수가 없다. 그런데 주식 투자자들의 탐욕은 정말 한도 끝도 없는 듯하다. 항상 부족하다고 생각한다. 평소에는 '연수익률 10%도 충분하다'라고 생각하다가도, 막상 모니터 앞에 앉으면 주식 시장의 모든 돈을 다 먹으려고 한다. 그래서 추격매수로 상투를 잡고 장대음봉에 과감히 매수한다. '신은 상투를 잡은 투자자와 하락장에서 매수하는 투자자를 용서하지 않는다'라는 말이 있다. 왜냐하면, 신은 탐욕으로 눈먼 자를 경멸하기 때문이다.

공포

주식 투자는 위험을 감수하지 않고서는 단 1원의 돈도 벌 수 없다. 그런데 주식을 일단 사고 난 후부터는 미래의 불확실성 때문에 항상 불안을 안고 있어야 한다. 주가가 폭락할 때 느끼는 공포감은 경험해 보지 않은 사람은 모른다. 심리학적으로 주가가 올라갈 때 느끼는 희열보다 떨어질 때 느끼는 공포감이 3배에 이른다고 한다. 왜냐하면, 주가는 오를 때는 굼벵이처럼 비실비실 오르지만 떨어질 때는 폭포수처럼 떨어지기 때문이다. 특히 미수나 신용을 사용했으면 손실이 몇 배로 커지기 때문에 공포감은 이루 말할 수 없다. 이 엄청난 공포와 압박을 이겨낸 후에야 진정한 수익을 내는 투자자가 된다.

조급

평소에 성격이 느긋하고 인내심이 큰 사람도 주식만 하면 성격이 급해진다. 특히 모니터 앞에만 앉으면 더욱 그렇다. 본인이 만든 매매 원칙을 반드시 지키겠다고 백번 천번 맹세했건만 움직이는 시세 앞에서 무너지기 시작한다. 매수 자리가 아닌데 매수하고, 매수 적기가 아닌데 매수하고, 매수 시간대가 아닌데 매수하고, 이익 실현 때가 안 되었는데 팔고 만다. '기다려라, 또 기다려라, 죽도록 기다려라!' 다짐했건만 지키질 못한다. 이 조급한 마음을 이기고, 매매 원칙을 목숨을 걸고 지켜야만 꾸준한 수익을 내는 투자자가 된다. 특히, 지금의 처지가 어려울수록 조급한 생각과 마음을 버려야 한다. 그래야만 다시 성공할 수 있다.

조급하지 말자! 불사조 김정수. 처음에는 미약하나 끝은 창대하리라. 지금 비록 뒤에 있지만 언젠가는 반드시 앞으로 나갈 것이다. 지금 비록 수익이 미약하지만 앞으로 반드시 창대할 것이다. 주식 시장은 영원하니 조급하지 마라! 기회는 오고 또 온다. 단지 지금 조금 느리게 갈 뿐이다. 느린 것이 빠른 것이며 꿈을 갖고 크고 길게 멀리 봐라! 흘러가는 시간의 흐름 속에서 언젠가는 가속도가 붙는다. 내가 하는 주식 투자가 상승 탄력이 붙을 때까지 인내하자. 와신상담! 10년, 20년도 늦지 않다. 영원불멸을 위해 참고 또 참자. 기다리고 또 기다리자! 여지까지 65년을 참아 왔는데 몇 년을 더 못 참나? 참고 버티고 견디고 기다려라! 그동안 얼마나 비참하고 처참하고 참담한 일들을 치욕과 수모를 당하면서, 배신당하면서, 자존심 다 상하고 피눈물 흘리면서 겪었던가! 기다리고 또 기다리자. 죽도록 기다리자! '꿈과 희망'의 달성은 '인내와 기다림'에서 시작되고 완성된다.

_조급한 마음을 다스리기 위한 나의 기도문

미련

매일매일 발생하는 상한가 종목이나 급등주의 호가창을 멍하니 바라보면 '난 손실이 큰데, 이 종목을 매수했더라면……' 하는 아쉬움에 휩싸인다. 이익이 발생하면 이익이 난 것에 감사해야 하는데 더 먹지 못한 것을 아쉬워한다. 손절매하여 손실을 확정 짓거나, 파란

색의 평가손을 보고 있으려면 괴로워하면서도 미련을 버리지 못한다. 그리고 과거에 자신이 매매한 종목을 돌아보면서 '아! 이 종목 손절매 안 했으면 지금은 이익이 나고 있을 텐데……' 하면서 아쉬워하고 미련을 떨쳐버리지 못한다.

투자자라면 누구나 과거를 회상하면서, 또 방금 놓쳐버린 매수, 매도 적기를 곱씹어 보면서 미련을 떨치지 못한다. 이것이 반복되면 초조한 마음이 생기고, 여기에 더해 과거에 대한 미련과 후회가 겹쳐 일순간의 감정에 휘말리게 된다. 순간 이성을 잃고 급등하는 주식을 추격매수 하게 되고 결국 크게 물려 크게 손해를 보는 일을 반복한다.

지나간 일은 되돌릴 수 없다. 뒤돌아보지 않는 냉정한 마음이 필요하다. 미련이 남아 있을 때는 잠시 모니터를 떠나 있거나 투자를 일시 중단하는 것이 좋은 방법이다.

소외감

주식 시장은 항상 어떤 이슈를 발생시키고 그 명분으로 급등을 만들어 낸다. 하루에도 상한가 가는 종목은 많고 급등하는 종목은 더 많다. 이럴 때마다 자연스럽게 현재의 내 보유 종목과 비교가 이루어진다. 급등하는 종목을 볼 때 내 잔고에 없으면 고독하고 외롭고 소외된 느낌을 받게 된다. 다른 투자자들은 다 수익을 잘 내는데 나만 이런 것 아닌가 하고 자책한다. 하지만 주식 시장의 투자자라면 극히 일부를 제외하면 황홀한 투자 수익을 즐기는 시간보다 손실의 우울함을 보내는 시간이 많다. 급등하는 종목을 대하면서 나만 소외된 것 같다고 느끼겠지만 이는 다른 사람들도 마찬가지다. 수많은 투자자가 손실이 힘들다고 토로하지만, 나보다도 더 힘든 투자자가 많은 것이 사실이다. 아무리 사소한 일이라도 자기 일이 제일 힘들기 마련이다. 항상 정확한 현실을 냉정하게 보는 게 필요하다. 소외감을 어떻게 다스리느냐에 따라 미래의 성과에 큰 차이가 발생한다.

심리 관리

정말 중요한 것이 심리 관리이다. 성공과 실패를 되풀이하면서 시장에 지지 않고 이길 수 있는 자기만의 방법, 필살기를 찾아내서 확실하게 실천하는 것이 심리 관리, 즉 심법인 것이다. 이러한 심리 관리는 결코 하루아침에 완성되지 않는다.

언제 가장 심리가 흔들리는가? 손실이 날 때도 아니고, 진입하지 못할 때도 아니고, 안 팔릴 때도 아니다. 바로 원칙을 지키지 못하고 왔다 갔다 할 때다. 원칙을 지키지 못하고 이익을 내면 더 불안하다. 이런 투자 행위 때문에 언제 망할지 모르기 때문이다.

주식 시장의 게임은 초등학생의 지적 능력 정도에 맞추어져 있다. 그저 사고파는 쉬운 행위의 반복이다. 지적 우위가 승부를 좌우하지 않는다. 심리가 승부를 좌우한다. 인간의 본성을 극복하고 심리 관리를 잘할 때 성공을 예약할 수 있는 것이다. 성공과 승리자의 길은 '자신의 한계'를 극복하는 데 있다. 남들보다 몇백 배의 의지와 노력 없이는 '자신의 한계'에 도전하는 주식 시장의 승자가 될 수 없다. 자신을 철저하게 분석하여 단점을 쭉 나열해 보고, 그 단점을 제거해 가는 방법으로 매매 습관을 들여야 실패를 반복하지 않고 성공의 길로 들어설 수 있다.

개미의 오류와 매매의 함정

시장 진입 시의 오류

1 공부하지 않고 투자에 나서지는 않았는가?

2 타인의 말만 듣고 투자에 나서지는 않았는가?

3 자기 자신을 너무 믿지는 않았는가?

4 본인만 똑똑하고 현명하다고 착각하지는 않았는가?

5 남들이 다 잘되지 않아도 나만은 예외라고 생각하지는 않았는가?

6 아무 노력도 하지 않으면서 탐욕만 내세우지는 않았는가?

7 수수료를 주고 전문가나 주식 리딩방에 너무 의존하지 않았는가?

8 전문가를 과하게 신뢰하지는 않았는가?

투자 시의 오류와 매매의 함정

1 자기가 가진 종목이 우량주라고 맹신한다.

2 주로 눌림목 매매를 하고 있다.

3 오르는 주식을 두려워한다.

4 무조건 차트를 맹신한다.

5 공부를 많이 하여 도리어 생각이 너무 많다.

6 승률에 너무 집착한다.

7 자아가 너무 강해 남의 말을 듣지 않는다.

8 진실은 외면하고 오로지 자신이 원하는 것만 보고 듣는다.

9 탐욕과 자만 때문에 판단에 유연성이 없다.

10 시장에 순응하기보다 시장이 자기 뜻대로 되어 주기를 바란다.

11 자신이 보유한 주식에 대하여 깊은 사랑에 빠진다.

12 자신이 보유한 주식보다 남의 주식이 더 좋아 보인다.

주식 투자자가 절대 하지 말아야 할 행위

1 작은 손실이 아까워서 손절매를 미루다 더 큰 손실을 자초한다.

2 고가 우량주를 소량 매입하기가 싫어서 저가 싸구려 주식을 많이 매입한다.

3 공부하기 싫어 기업 가치 분석이나 기술적 분석 어느 하나 배우지 않는다.

4 소액으로 연습하지 않고 처음부터 큰돈으로 실전 매매부터 한다.

5 주가가 상승하면 빨리 이익 실현하고, 떨어지면 끝까지 버틴다.

6 수익이 나는 종목은 팔고, 떨어지는 종목은 언젠가는 오르겠지 하면서 버틴다.

7 투자 금액이 몇천만 원인 투자자가 과다하게 분산 투자를 한다.

8 신고가 종목은 무서워서 못하면서 바닥에서 횡보하는 종목은 매수한다.

9 자신이 매매할 종목을 분석하지 않고 정보나 남의 이야기만 듣고 매수한다.

10 순간적인 분노와 감정을 다스리지 못한다.

11 순간적인 감정으로 좋아 보이는 종목을 묻지도 따지지도 않고 빠르게 매수한다.

12 '정보에 흥한 자, 정보에 망한다'라는 격언을 무시하고 정보에 의존해 매수한다.

13 우왕좌왕, 이 기법 저 기법 왔다 갔다 하면서 매매한다.

14 사고팔고 또 사고팔고 쉬지 않고 매매한다.

15 항상 풀 미수를 써서 매수한다.

16 어떤 노력도 기울이지 않고 남에게만 의존하여 매매한다.

17 추가 급등에 대한 환상과 추가 하락에 대한 공포로 추격매수와 투매를 한다.

4.

넘쳐나는 주식 리딩방

투자의 최종 책임은 본인에게 있다

주식 시장에서 매매를 해 보면 본인 빼고는 모두 다 적이다. 매수할 때는 남보다 더 싼 가격에 매수해야 하고, 매도할 때는 남보다 더 빨리 매도해야 한다. 모두가 경쟁자인 것이다. 이 외롭고 힘든 주식 시장에서 살아남기 위해, 홀로서기에 성공하지 못한 투자자들은 많은 조언이 필요하다. 종목 선정을 스스로 할 수 없는 많은 개미 투자자는 투자 자문을 받거나, 인터넷 관련 게시판을 두드리거나, 유튜버의 도움을 받기도 한다. 또, 수익을 제대로 못 내는 소외된 투자자들은 유료 사이트까지 가입하여 조언을 구한다. 해당 업체에 수수료를 지급하고 온종일 담당자와 카톡 메시지를 주고받는다. 실시간 증권 방송을 경청하면서 전문가가 말하는 모든 것을 놓치지 않으려고 열심히 공부한다. 그러나 애석하게도 전문가들 말은 거기서 거기고 대부분 맞지도 않는다. 설사 맞는다고 해도 우연에 불과한 경우가 대부분이다.

"모든 정보는 투자 참고 자료이며, 투자 최종 책임은 정보를 이용하는 본인에게 있습니다.” 주식 관련 투자 설명서나 증권 방송, 유튜브, 인터넷 게시판, 종목 추천 등등에는 이와 비슷한 문구의 글이 있다. 이 말은 “우리는 아무 책임 없이 종목 추천, 상품 판매 등으로 돈을 벌 테니, 판단은 투자자들이 알아서 해라”, “투자자가 손해를 봐도 우리는 아무런 책임 없다”라는 뜻이다. 주식 시장에는 선의를 가장해 개인을 돕겠다는 많은 증권 전문가가 득세한다. 말은 무료라고 해놓고 실제로는 유료로 유도하는 경우가 대부분이다. 세상에 공짜 점심은 없다.

유료 투자 자문사의 경우 ‘무료 추천주’라는 미끼로 체험을 유도하는데, 부실한 종목을 추려서 선별하는 그릇된 증권 전문가들이 너무 많다. 필자가 직접 체험하여 보았더니 추천 종목 15개 중 14개가 내 기준으로는 도저히 매입해서는 안 되는 종목이었다. 아니면 말고 식으로 추천하여 결과가 좋으면 해당 전문가 덕으로 착각하게 만들어 가입을 유도한다. 대개 고점 종목을 추천하는 경우가 많다. “가는 놈이 더 간다”라는 전제하에 운이 좋으면 짧은 시간에 큰 수익을 보여 주게 되어 투자자를 유혹한다. 그리고 만약 손실이 나면 그 손실은 투자자 본인에게 몽땅 귀속된다. 사실 관련자 대부분은 본인 스스로 수익을 제대로 못 내고 있다. 만약 수익을 제대로 낸다면 무엇 때문에 힘들게 그 일을 하고 있겠는가? 혼자 집에서 즐기면서 조용히 편히 수익을 내고 있을 것이다.

사기의 흔적

주식 투자자 모두는 돈을 벌기 위해 주식 시장에 들어왔다. 처음에는 초심자의 행운으로 돈을 벌었다가 시간이 지나 확률에 수렴하면서 돈을 잃기 시작한다. 급한 마음에 여기저기 기웃거리기 시작한다. 따라서 주식 시장은 금융 사기를 하기 아주 좋은 환경이다. 돈을 벌고자 하는 사람이 우글거리고 돈이 넘쳐나고 탐욕이 하늘을 찌르고 있다. 홀로서기에 실패한 많은 개인 투자자가 그 대상이 된다.

주식 시장에서 단기간에 고수익을 낼 수도 있지만, 고수익이 보장된다는 말은 100% 사기일 가능성이 농후하다. 주식 시장에서는 드러나지 않는 사기 행각이 너무나 많이 발생한다. 인터넷상에서 자칭 슈퍼 개미, 주식 고수라고 말하며 '단기간에 몇십 %의 수익을 내주겠다'라는 광고가 넘친다. 실제로 1년에 400%의 수익을 내주겠다고 하면서 월 수수료를 150만 원씩 받는 데도 있다.

월 150만 원이면 1년에 1,800만 원인데 도대체 얼마의 자금을 운용해야 이 수수료를 내고 큰돈을 벌 수 있나? 애석하게도 이분이 운용하시는 돈은 5,000만 원이다. 5,000만 원으로 연 1,800만 원의 수수료를 내려면 연 36%의 수익을 올려야 한다. 연 400% 수익을 낼 수 있으니 얼마든지 가능하다고 한다. 강세장에서 조금 수익을 내더니 현재 이분 실제 수익은 마이너스 상태이다. 누구 좋은 일만 하고 있는가? 정말로 안타깝고 애석한 일이 아닐 수 없다.

실전매매 대회 입상자들의 한계

주식 투자자 대부분은 실전매매 대회 입상자가 대단하다고 생각한다. 물론 본인의 노력과 실력에 의해 입상한 사람들이 대부분이고 박수를 받아 마땅하다. 그런데 입상 후 대개 유료로 이용되는 증권 관련 카페나 주식 리딩방 또는 이와 연관된 방송 등에 진출하는 경우가 많다. 그리고 유료 서비스를 이용하는 개인 주식 투자자에게 가장 큰 피해를 주는 전문가가 바로 실전매매 대회 입상자일 수 있다. 그들은 매우 빠른 단타 매매를 지향하기에 혼자서라면 아주 잘할 수 있을지라도, 다수의 사람과 함께라면 단타 매매의 한계가 드러나기 때문이다.

실전매매 대회에서 다루는 자금은 보통 몇백만, 많아야 몇천만 원이다. 이 돈으로는 빠른 매매를 하면서 자금을 빠르게 회전시켜야 높은 수익률을 올릴 수 있다. 그러나 많은 사람과 같이하여 돈의 단위가 억 단위 이상을 넘어가면, 빠르게 돈을 회전시킬 수가 없으며 종목 선정부터 달리해야 한다. 실전매매 대회 투자자들은 폭등주, 상한가를 따라가는 매매 패턴이 많다. 높은 수익률을 위해서는 당연한 선택이다. 그러나 추천 종목으로서는 적당하지 않다. 고점에서 머무르는 순간이 불과 몇 초밖에 되지 않기 때문에 순간에 큰 손실을 볼 수가 있다. 수익이 나다가도 금방 손실로 역전되는 경우가 비일비재하다. 개미 주식 투자자로서는 그렇게 빨리 대응할 수가 없다. 주식 투자는 평생 해야 하는데 몇 번 수익을 내는 것으로 끝이고, 꾸준하게 수익을 낼 수 없다면 큰 위험을 감수하면서 할 이유가 없다.

누적 수익률의 정체

내 컴퓨터는 아침에 켜는 동시에 오른쪽 아래에 광고가 나온다. '몇 개월 누적 수익률 400%' 등등. 나도 주식 투자를 하는 사람이지만 그저 놀라울 따름이다. 어떻게 몇 개월 만에 누적 수익률 400%를 거둘 수 있을까? 알고 보면 여러 방법이 있겠지만 내가 들은 것은 다음과 같다.

급등주, 상한가 종목을 한 주씩만 많은 종목을 전날 매입한다. 그리고 다음 날 손실이 나는 종목이나, 상승률이 미미한 종목은 매도하고 상승률이 높은 종목만 남겨 놓는다. 이런 종목들을 매일 거르고 걸러 상승률이 높은 종목만 남겨 놓고 이 종목들 수익률만 합산하여 누적 수익률이라고 선전한다. 누가 보여 달라고 하면 남겨진 몇 종목만 보여 주고 인증되었다고 선전한다. 또 다른 방법은 주가가 상승할 때는 200%, 300% 올라도 다 계산되지만, 하락할 때는 '손절매'라는 명목으로 10% 정도까지만 계산한다.

손실 종목은 고의로 아예 빼고, 크게 상승하는 종목만 넣는 사례도 있다. 그야말로 좋은 것은 다 넣고 안 좋은 것은 다 뺀다. 그래서 수익률이 높아 보일 수밖에 없다. 상식적으로 생각하여 과도하게 높은 수익률을 선전하고 있다면 의심부터 해 보아야 마땅하다.

늘어나는 주식 리딩방의 피해

코로나 사태로 인한 주식 대폭락 이후 주가가 반등하면서 이른바 동학 개미, 개인 투자자의 자금이 증시에 몰리고 주식 투자에 갓 입문한 주린이(주식+어린이를 합성한 신조어)들이 대거 생겨나면서 이들을 현혹하려는 주식 리딩방이 우후죽순 생겨나고 있다.

주식 리딩방은 공개 채팅방이나 유튜브 등을 통해 성행하며, 불특정 다수를 대상으로 불법 과장 광고 메시지를 발송하는 방식으로 투자자를 끌어모은다. 리딩은 스스로 전문가라고 칭하는 이들이 상승 예상 종목의 매수, 매도 적기를 찍어주는 행위를 말한다. '리더', 혹은 '애널리스트'로 불리는 자칭 주식 투자 전문가가 무료로 종목을 찍어준다며 특정 종목의 매수를 추천하고, 추가적인 수익이 가능하다며 유료 회원 가입을 유도하는 방식이다.

특히 인터넷 및 스마트폰 활용이 뛰어난 2030세대 주린이들은 증권사나 금융 기관보다는 유사 투자 자문 업자들이 운영하는 유튜브, 오픈 카톡방, 주식 커뮤니티 등을 통해 필요한 정보를 많이 얻고 있다. 이 과정에서 주식 리딩방 운영자의 권유로 유료 회원에 가입하는 사례가 적지 않다. 그러나 주식 리딩방을 통한 주식 매매는 주의가 필요하다. 리딩방 운영자가 악의적으로 시세 조종, 주가 조작을 하기 위해 선행 매매 등 불공정 거래에 나설 경우엔 막대한 투자 손실을 볼 수 있다. 게다가 월 이용료 방식의 불법 리딩방은 고객이 환급을 요구해도 사실상 돈을 돌려받기가 어렵다. 계약서 내용에 "갑은 을의 서비스 이용 시작 이후 6개월 동안의 추천 종목 누적 합산 수익률 200% 미달성 시, 가입비 전액을 환급한다"라는 식으로 기재되어 있다. 그러나 실상은 막대한 손실을 기록하고 가입비는 돌려받지 못한다.

65만 명의 유튜버가 구독하는 대형 투자 자문사도 고소당했다. 회원들에게 300~1000%의 수익을 보장한다며 회비 400만 원에서 3,000만 원을 받고는, 리딩 프로그램에 가입하도록 유도했다. 가입시킨 후에는 유선 통화, 문자 메시지, 카카오톡 메시지를 이용하여 일대일 상담 방식으로 투자 자문을 했다. 이는 불법이다. 부실한 회사의 주식을 거래 정지 직전까지 매수하라고 회원들에게 요구했다. 거래량이 적은 회사 주식이다 보니 회원들에게 순차적으로 문자를 보내어 거래량을 늘리는 방식으로 회사의 주가를 띄운 것으로 의심하고 있다.

주식 리딩방 운영자가 주식 시세 변동을 일으킬 만한 풍문을 사실인 것처럼 반복적으로 유포하여 시세 차익을 챙기도 한다. 예를 들면, 리딩방 운영진이 A 바이오 회사에서 모든 암을 고칠 수 있는 '슈퍼 암 치료제'가 나올 것이라고 소문을 퍼트린다. 사람들이 혹해서 A 사 바이오 주식을 매수하면 A 사 바이오 주식 가격이 오를 것이고, 그때 리딩방 운영진이 A 사 바이오 주식을 팔아 시세 차익을 챙기는 수법이다. 물론 모든 피해는 개인 투자자들 몫이다.

거래량이 많지 않은 종목을 추천하는 방식도 자주 활용된다. 리딩방 운영진이 수익 계좌를 인증하면서 거래량이 많지 않지만, 이익이 좋고 곧 오를 거라고 홍보한다. 추천을 받은 사람들이 혹해서 그 종목을 매수해 주가가 급등한다. 그런데 그 순간 주가가 급락하고, 리딩방 운영진이 사라지거나 이해하기 어려운 변명만 제시한다. 이미 리딩방 운영진은 주가가 급등할 때 팔아 치워 수익을 챙기고 사라진 뒤다.

'수익률 10배'를 보장해 준다며 사기 행각을 벌여 서민 쌈짓돈 30억을 꿀꺽한 사기범도 있다. 가짜 차트를 만들어 주식 리딩방을 운영했고, 취업 준비생부터 60대까지 50여 명에게서 30억 원을 가로챘다. 종목 차트를 조작해 수익이 난 것처럼 속였다. 다른 투자자를 가장한 바람잡이를 동원하거나, 가짜 트레이딩 시스템 속 실시간 상승 그래프를 보여 주며 속인다. 돈을 많이 벌어서 얼마 찾았다고 현금 통장 내역을 계속 보여줘 믿게 만든다. 투자 후 환불을 요구하면 수수료를 요구하여 입금하게 만든다. 당국의 리딩 의심으로 출금이 제한되어 있는데 수익금 절반을 입금하면 출금할 수 있다며 더 많은 돈을 요구한다.

30억 주식 리딩방 사기범이 직접 밝힌 사기 수법이다. 우선 연예인에 관심이 많은 청소년을 노려 '굿즈 무료 나눔'이라고 속여, 범행에 쓸 카카오톡 아이디를 훔친다. 훔친 아이디의 카카오톡 프로필을 바꿔 주식 전문가로 둔갑시킨다. 불법으로 사들인 휴대전화 번호 만 개를 이용해 홍보 글 수천 개를 뿌린다. 10명당 하나씩 채팅방을 파서 사이트를 뿌린다. 투자 자문 팀장이 직접 실시하는 무슨 온라인 재테크방 하면서 링크를 딱 주고, 한 번씩 눌러 보게 유도한다. 홍보 글 링크를 누르면 가짜 투자 자문 사이트로 연결된다. 여기서 회원가입을 하면 300명 정도가 있는 전용 채팅방에 초대해 각종 투자 성공 사례와 사진을 보여 준다. 수많은 채팅방 참여자가 큰돈을 번 것처럼 얘기를 나누었지만, 실제로는 전부 한 명이 꾸민 대화였다. 성공 사례도 계속 만들어 내 혼자서 300명의 역할을 한다. 피해자가 속아 넘어가면 고급 투자 정보를 받는 대가로 최소 천만 원을 요구한다. 일단 돈을 챙기면 피해자가 투자 자문 사이트로 믿었던 홈페이지를 불법 사행성 도박 사이트로 바꾼다. 피해자가 신고하려 하면 오히려 협박을 하고, 피해자는 '사행성 불법 도박이다'라고 하면 본인도 처벌받을까 겁이 나서 신고를 꺼린다.

리딩방 사기범들은 고수익 원금 보장과 수익금의 20% 수수료 후불 등으로 투자자를 끌어모은다. 이들을 안심시키기 위해 원금보장 계약서, 지급약정서 및 담당자 신분증, 수익률 사실확인 공문, 공증서, 손해배상 원금지급 보장, 유명 신용 보증사의 보증보험 증권 등을 촬영해 카톡으로 보낸다. 하지만 이 서류들은 전부 가짜이거나 위조한 문서다.

리딩방 투자 사기는 해킹을 당한 것으로 착각할 정도로 사기 수법이 치밀하고 교묘하다. 투자자가 사기당한 것을 늦게 인지하는 경우가 많아 은행에 지급 정지를 신청했을 때는 대부분 이미 투자금이 인출된 상태다. 더욱이 사건 신고를 받은 경찰은 보이스 피싱이 아니라는 이유로 '사건신고 사실확인원'을 발급해 주지 않아 은행에 신고도 할 수 없는 실정이다.

사기범들은 소수의 인원이 역할을 나눠 진행하는 경우가 많다. 따라서 투자 시에는 되도록 소수가 참여하는 리딩방은 피해야 한다. 특히 카톡으로 매매를 주문하고 원금지급 보장, 지급 약정을 하거나, 리딩에 따른 손해배상으로 원금지급 보장을 특약한 보험 증권을 발행하는 곳은 각별히 조심해야 한다.

5.

종목 구걸하지 말고 홀로서기 하라

당신도 홀로서기 할 수 있다

주식 투자에서 본인의 느낌, 감, 촉과 노련함은 하루아침에 길러지지 않는다. 자신감을 가지고 실전 투자와 매매에 나섰다가 다시 실패를 경험하고, 그 실패를 극복하면서 만들어진다. 그리고 그것이 단단히 굳어지면 무너지지 않는 자신만의 강력한 필살기가 된다. 오랜 시간과 인내, 그리고 꾸준한 노력과 정성이 축적돼 어느 시점에 자신감과 결과물을 갖게 되는 것이다.

나만 해도 12번의 큼직한 모델 수정이 있었고 자잘한 수정은 수도 없이 많았다. 그렇게 만들어진 게 바로 지금의 모델, 자칭 'KIM 13'인 것이다. 주식 투자는 외롭고 고독하며 힘든 일이다. 주식 투자는 실전 투자로 자신만의 기법과 독창적인 노하우를 개발하여, 그것을 무기로 스스로 판단해서 결단을 내려야 하는 처절한 생존 게임이다. 자기 자신만의 독창적인 필살기를 만들면 이 게임은 지옥에서 천당으로 바뀐다. 주식 시장이 현금 자동인출기가 된다.

그렇다면 어떤 자세로 임해야 홀로서기에 성공할 수 있을까?

철저하게 연구하고 분석하며 노력하라

증권 방송, 유튜브, 증권 사이트 종목 게시판, 분석가들의 시황 분석과 종목 추천, 주식 리딩방 종목 추천, 유료 증권 강연, 경제 신문이나 잡지 등등을 따라 하면 시간만 허비할 뿐이다. 그것은 다른 사람들의 노하우, 투자 기법, 분석법을 전해 듣는 것뿐이지 자신만의 투자 철학이 아니기 때문이다. 철저하게 연구하고 분석하며 노력하라는 말은 모든 다른 정보를 접하고, 그것을 자신의 독창적인 무기로 바꿀 수 있도록 더 깊이 있게 노력하고 연구하라는 뜻이다. 나는 5만 건이 넘는 매매를 하면서 내가 매매한 모든 종목에 대해 왜 매입했는지, 왜 이익을 냈는지, 왜 물렸는지, 왜 손절매하였는지 철저하게 원인을 분석하였고 아울러 수익 실현, 손절매하고 난 후에도 이 종목들이 어떻게 움직이는지 계속 추적 관찰하였다. 그렇게 하다 보니 어느새 차트를 보면 이 종목은 어떻게 움직여서 어떻게 갈지가 예상되기 시작하였다. 나만의 동물적인 느낌, 감, 촉이 생긴 것이다.

반드시 여유 자금으로 투자하라

내가 깡통을 12번 차게 된 큰 원인 중의 하나는 신용을 과다하게 쓴 것이다. 실력은 없고 투자금이 적어 수익이 적다 보니 생활비, 대출 이자 등을 벌어야 하기에 부득이하게 신용을 많이 쓸 수밖에 없는 실정이었다. 그러다 보니 우리나라는 지정학적 특징상 일 년에 한 번 이상은 큰 위기가 오는데 그때마다 담보 부족으로 깡통을 차게 된 것이다. 절대로 결혼 자금, 전세 보증금, 퇴직금, 학자금 등 사용 용도와 기간이 정해져 있는 돈으로 투자해서는 안 된다. 마음이 급하면 정상적인 판단을 하기 힘들고 자꾸 물리고 손실을 거듭하게 되어 있다. 이제는 나도 코로나 사태보다 더 큰 폭락이 오더라도 담보 부족이 생기지 않는 수준에서 신용을 사용하고 있다.

파이팅보다는 평정심을 유지하라

"탐욕과 공포를 이기면 고수요, 조급과 미련을 이기면 달인이다"라는 명언이 있다. 인간의 탐욕은 그야말로 끝이 없다. 나 자신을 비롯하여 평소에 욕심이 없던 분들도 주식 투자만 하면 조급해지고 모니터 앞에만 앉으면 탐욕이 하늘을 찌른다. 주식 시장의 모든 돈을 다 먹어야 직성이 풀릴 듯이 달려든다. 그야말로 이성은 잃고 파이팅만 넘치는 것이다. 그러나 그 과도한 파이팅은 누적된 손실이 커지면서 어느새 실패감, 좌절감, 우울감으로 바뀌어 극심한 스트레스를 받게 된다. 주식은 결코 탐욕과 과도한 파이팅만으로 되는 것이 아니며, 시장을 냉정하게 바라볼 수 있는 냉철한 사고가 필요하다. 주식 시장은 400년 전에도 있었고 앞으로 400년 후에도, 아니 지구가 있는 한 영원할 것이다. 단기간에 모든 것을 이루겠다는 마음을 버리고 크고, 길게, 멀리 보면서 평정심을 유지해야 한다.

홀로서기를 위한 최고의 스승

그렇다면 누구에게 배울 것인가? 당신의 스승은 누구인가?

주변의 유명한 증권 전문가나 애널리스트, 경제학자, 시장의 유명한 슈퍼 개미, 적중률 100%, 누적 수익률 400%의 사이버 고수가 당신의 스승은 아니다. 필자도 초반에는 그들에게서 무엇이든 배우려고 돈까지 들여 특별 개인 수업까지 받았다. 결과적으로 돈과 시간만 낭비하고 말았다. 주식 시장의 매매 기법은 만 가지가 넘고 한 가지 기법도 만 사람이 하면

만 가지 결과가 나온다.

내 경험에 비추어 볼 때, 비법이란 건 절대 없다. 모든 기법은 반은 맞고 반은 틀린다. 왜냐하면, 시장이 끊임없이 변하기 때문이다. 따라서 성공하는 유일한 방법은 비교적 자신에게 맞는 기법으로 실전 매매에 나서 성공과 실패를 끊임없이 반복하는 것이다. 성공을 통해 기법을 발전시키고 실패를 통해 기법을 보완해야 한다. 자신의 한계를 깨닫고 그 한계를 극복하기 위해 날마다 자신을 타이르고 다스려야 한다. 이 세계의 진정한 스승은 바로 자기 자신이라는 사실을 깨달아야 한다. 여기저기 종목 구걸하러 다니지 말고 홀로서기를 해야 한다.

당신을 성공의 길로 인도할 사람은 결국 자신뿐이며, 당신의 최고 스승은 자기 자신이라는 것을 명심하라. 누구도 대신해 주지 않으며 대신해 줄 수도 없다. 주식 투자는 수억 원의 수업료를 내고 직접 체득한 경험을 바탕으로 자기 자신만의 간단법·노하우·스타일·필살기를 개발하고 그것을 무기 삼아 스스로 판단하고 결단을 내려야 하는, 자신과의 고독한 싸움이며 치열한 생존 경쟁이다.

'나만의 필살기'를 찾아가는 방법 Ⅰ

❶ 주식 관련 책 10권을 사서 읽는다.

❷ 초단타, 단타, 스윙, 중기 투자, 장기 투자 등 투자 유형을 정한다. 사람의 성격과 성향이 모두 다른 것처럼 투자 성향도 모두 다르다. 느긋하게 기다리는 투자가 몸에 맞는 사람이 있는가 하면, 단타로 그날그날 결판을 내야 직성이 풀리는 사람이 있다. 주식 투자에 있어 어

떤 투자 방식을 고집할 필요는 전혀 없다. 각자 경험을 통해 자기 몸에 맞는 투자법을 파악한 후 그에 알맞게 훈련하고 분석해서 자신의 것으로 만들면 그만인 것이다. 장기적 성향인 투자자는 단기 투자와는 맞지 않을 것이고, 단기적 성향의 투자자에게 장기 투자를 권하면 이 또한 맞지 않는다. 모든 것은 각자의 성격과 성향, 취향에 부합했을 때 최상의 선택이 된다. 매매 방식에 대해 선입견을 둘 필요가 없다.

필자는 단타 매매, 단기 매매, 중기 매매, 장기 매매 두루 경험해 보는 것이 정말로 필요하다고 생각한다. 그래야 자신이 어떤 성향인지 비로소 파악되기 때문이다. 필자도 4가지 방식을 모두 충분히 경험한 후에 단기 매매가 나에게 가장 잘 맞는다는 것을 알게 되었다.

❸ 처음 투자 금액과 관계없이 1주씩만 매매한다. 적게 깨지면서 많이 배워야 한다. 초반부터 돈을 벌기 위해 매매를 시작하면 반드시 깡통 찬다. 실패를 거듭하다 보면 삶이 피폐해지고 마음의 여유가 없어진다. 점점 남은 돈은 줄고 필요한 돈은 많아진다. 악순환의 구렁텅이에 빠져 허덕이다가 돈도 의지도 희망도 없는 상황을 맞이하게 된다. 나도 주식이 잘 안될 때는 마음을 진정시키기 위해 1주씩만 거래했다. 중급 수준의 실력을 갖추고도 6달 동안 1주씩만 거래한 적도 있다.

❹ 어떤 것이든 본인이 가장 잘할 수 있다고 생각하는 기법 한 가지를 선택한다. 단기 매매의 경우 상한가 매매, 하한가 매매, 이동평균선 매매, 봉 차트 매매, 추세선 매매, 테마주 매매, 외국인 따라 하기, 재료주 매매 등이 있다. 장기 매매의 경우 외국인 따라 하기, 저평가주 발굴하기, 기관과 외국인의 종목 분석 연구하기, 볼린저 밴드 매매 기법 연구하기, 산업별 업종별 순환 연구하기 등을 하면 된다.

❺ 선택한 기법을 따라 하면서 이것도 사고 저것도 팔고 하면서 많은 거래를 한다. 중기 또는 장기 투자자가 아닌 한, 호가창을 읽는 연습을 해야 한다. 매도 호가창, 매수 호가창의 특정

가격에 쌓여 있는 매도량, 매수량의 의미와 매도 합계가 많을 때와 매수 합계가 많을 때 주가가 상승하는지 하락하는지 판별하는 법을 배워야 한다. 거래량 변화에 따른 주가 변화를 호가창에서 읽을 수 있어야 한다.

거래량을 읽는 연습도 해야 한다. 거래량 변화에 따라 가격이 어떻게 변하는지 알아야 한다. 진입해야 하는 거래량인지 아닌지, 손절매해야 하는 거래량인지 아닌지 알 수 있어야 한다. 호가창·틱 차트·봉 차트·캔들볼륨 차트·분봉 차트·일봉 차트·주봉 차트·월봉 차트·이동평균선·추세·패턴·보조지표 등 기술적 분석과 가치 분석을 차례로 해 나가야 한다.

보유 기간에 따른 저점과 고점을 찾는 방법을 알아야 한다. 저점과 고점은 기법에 따라서도 달라진다. 기법에 따라 변화하는 매수 시점과 매도 시점 또한 파악해야 한다. 자기 자신만의 통계와 확률을 분석하여 데이터를 축적한다. 이 데이터가 훗날 자신의 재산 목록 1호가 된다. 차트를 보면 자신이 찾던 종목인지 아닌지를 한눈에 알 수 있어야 한다.

❻ 선택한 기법이 잘 맞지 않으면 다른 기법을 선택한다. 계속 좌충우돌로 부딪히다 보면 자기에게 맞는 기법을 발견한다. 단순무식해 보이지만 이게 가장 빠른 방법이다. 본인이 직접 해 보지 않고는 정말 모른다. 필자만 해도 '아! 드디어 나에게 딱 맞는 기법을 발견했다. 이제 주식 시장의 돈은 다 내 것이다!'라고 쾌재를 부르고 밤잠을 설치면서 다음 날이 오기를 기다린 적이 한두 번이 아니다. 그러나 결과는 너무나 무참히도 깨져서 실패에 실패를 거듭했다.

❼ 나의 재산목록 1호인 '매매 일지'를 작성한다. 나의 재산목록 1호는 '매매 일지'와 '12번의 깡통 찬 경험'이다. 이것은 그 어느 것과도 바꿀 수 없는 나 자신만의 성공과 실패, 기쁨과 눈물, 고통과 고뇌와 고민이 고스란히 담겨 있는 보물 지도이다. 매일매일 매매 일지를 작

성하는 습관은 주식 투자자가 고수의 반열에 오르느냐, 영원히 하수에 머무르느냐를 결정짓는 요인이다. 따라서 매일매일 매수 종목과 매도 종목의 단가, 수량, 매매 총금액과 세금 등 수수료, 신용 사용액, 투자금 대비 수익률 등을 일일결산 하여 점검해야 한다. 매수 및 매도 사유, 성공 요인, 실패 요인, 보완 사항 등을 세세하게 기재해야 한다. 이렇게 함으로써 같은 실수는 반복하지 않고, 성공 경험은 축적하게 되는 것이다.

왜 매매 일지가 중요한가?

1 자신의 보유 주식 현황을 수시로 점검함으로써 매수나 매도, 분할 매수, 손절매 예상 등에 대한 적절한 전략을 세우는 중요한 자료가 된다.

2 매수 이유와 매도 사유를 기재함으로써 자신의 판단이 옳았는지 혹은 틀렸는지 판단해 볼 수 있다. 이를 통하여 미숙한 투자 판단이나 감각을 훈련할 수 있는 능력이 길러진다.

3 장이 끝난 후 성공과 실패 사례를 철저하게 분석하여 실패를 줄여 나갈 수 있다. 또한 성공적인 투자 원칙과 노하우를 터득할 수 있는 귀중한 기초 자료가 된다.

4 관심 종목의 주가 동향이 평상시와 다르게 움직인다면 동 종목의 매수 시점을 정확히 포착하여 수익을 극대화할 수 있다.

매매 일지의 작성이 끝나면 투자 전략과 투자 일지를 토대로 매일의 투자 성과를 평가한 후 이를 다시 일별, 주별, 월별, 연도별로 종합 관리표를 만들어 체계적으로 관리해야 한다.

의외로 많은 주식 투자자가 매매 일지 작성을 하지 않는다. 컴퓨터로 조회해 보면 되는데 무엇 때문에 시간 낭비를 하느냐는 것이다. 그러나 자기 손으로 직접 시황과 투자 소감, 성공과 실패 원인 등등을 적어 보면 자신만의 투자 철학과 원칙, 그리고 기법이 연마됨을 느낄 것이다. 이를 통해 자기 자신만의 주식 철학과 시장을 보는 눈, 독특한 실전 체험 노하우를 갖게 되면서, '나만의 필살기'가 완성되어 모든 주식 투자자가 부러워하는 주식 시장 초고수의 반열에 들어설 수 있다.

❽ 어느 정도 자신감이 생기면 거래 단위를 10주로 높인다. 수익을 실현하는 방법은 더욱더 발전시키고, 손해나게 하는 방법은 피하고 보완한다.

❾ 10주 거래에 자신이 생기면 20주, 50주, 100주로 순차적으로 늘려 간다. 100주 이상부터는 앞자리 숫자를 바꾸거나 뒤에 0 하나를 더 붙이면 된다. 이제부터는 홀로서기가 가능해져 주식 시장이 지옥에서 천당으로 바뀐다.

'나만의 필살기'를 찾아가는 방법 Ⅱ

살아 있는 공부를 해야 한다. 죽어 있는 공부는 아무 소용이 없다. 대부분의 주식 전문가들은 이미 과거형으로 차트를 놓고는 "여기서 사서 여기서 팔아라, 그 당시 봉도 추세도 보조지표도 다 신호를 보내고 있지 않으냐?" 식으로 설명을 한다. 주식 전문가나 유명 강사들이 돈을 벌지 못하는 건 그들의 머릿속에 죽은 과거가 있기 때문이다. 과거의 차트로 설명하는 것만 보면 무지무지하게 똑똑하여 주식 시장의 돈을 모두 쓸어 갈 것만 같다. 그러나 막상 실전에 들어가면 먹통이 되어 돈 벌기가 힘들다.

그렇다면 어떻게 해야 할까? 먼저 특정 종목을 지정한 후, 과거의 한 날을 선택해 HTS의 끌어보기 기능을 이용한다. 당일의 봉, 거래량, 이동평균선과 지표를 살펴보며 내일과 내일 이후의 흐름과 변화를 예상해 보자. 머릿속으로 '나는 어떤 때에 진입하고 어떤 때엔 매도하고 어떤 때는 기다리겠다'라는 시뮬레이션을 계속하다 보면 아직 전개되지 않은 내일과 내일 이후의 모습이 대략적으로 그려지는 때가 온다.

그런데 우리가 공부할 때는 과거형의 죽은 차트를 놓고 어디서 사고 어디서 팔고 하니 얼마나 쉬운가? 마치 정답을 보고 산수 문제를 푸는 것과 같다. 그런 죽은 차트를 놓고 공부한 실력으로 막상 살아 있는 현재의 차트에서 매매를 하려고 하니 우왕좌왕하며 먹통이 되어 매수와 매도 시점을 찾지 못하는 것이다. 탐욕과 공포, 조급과 미련 사이에서 매수와 매도를 반복하다가 헛된 힘만 쓰고 돈은 돈대로 날리게 된다. "주식은 예측의 영역이 아니라 대응의 영역이다"라고 한다. 그러나 예측 없는 대응은 아무 소용이 없다.

오르지 않으면 내리는 이 간단한 시장에서 살아남기가 쉽지 않은 이유는 내가 가진 모든 정보가 과거의 자료이기 때문이다. 과거의 정보로 미래를 예측하니 반은 맞고 반은 틀리게 되어 있다. 단순히 현 상황에서 오른다, 내린다를 판단할 게 아니다. 판단 시점에 따라 지금이 많이 오른 상황 같은데 더 오를 것인지, 아니면 지금 고점을 찍고 이제부터는 하락할 것인지를 생각해야 한다. 또, 많이 내려 바닥인 것 같은데 여기서 더 내릴 것인지, 아니면 바닥을 찍고 반등할 것인지 생각해야 한다. 그런데 이것이 미래의 일이라 어려운 것이다. 모두가 좋아하는 같은 장대양봉, 모두가 싫어하는 같은 장대음봉도 위치나 시간에 따라 해석을 완전히 달리해야 한다.

'나만의 필살기'를 찾아가는 방법 Ⅲ

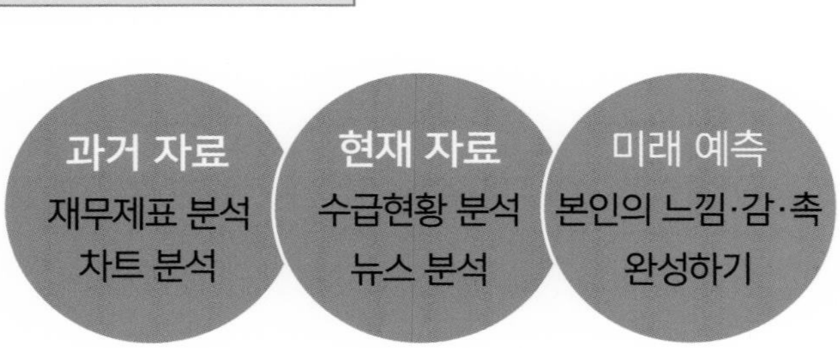

과거 자료	현재 자료	미래 예측
재무제표 분석 차트 분석	수급현황 분석 뉴스 분석	본인의 느낌·감·촉 완성하기

재무제표, 차트, 수급, 뉴스는 모두 과거 및 현재의 자료이고 모든 사람이 알고 있다. 이 과거 및 현재의 자료만으로는 주식 시장에서 살아남을 수가 없다. 주식 시장에서 살아남고 큰돈을 벌기 위해서는 '나만의 필살기'와 느낌, 감, 촉이 있어야 한다. 이것이 있어도 반은 맞고 반은 틀리는데, 하물며 이것이 없다면 주식 시장에서 실패하고 돈을 잃는 것은 너무나도 당연하다. 망하는 것은 오로지 시간상의 문제다. 이것은 오랫동안 피나는 공부와 분석, 자아 성찰, 심리관리가 반드시 있어야만 이루어질 수 있다. 본인의 느낌·감·촉을 완성하기까지는 고독·고통·고생이라는 인생의 삼고를 반드시 넘겨야만 한다. 이것을 제대로 극복하지 못하면 제대로 된 동물적 느낌, 감, 촉을 완성하기 힘들다. 이것이 완성되면 그때부터는 주식 시장은 천국이요 현금 자동인출기가 된다.

6.

차트 5백만 개, 실거래 5만 건의 실전 경험으로 만든 최적화

최적화 과정

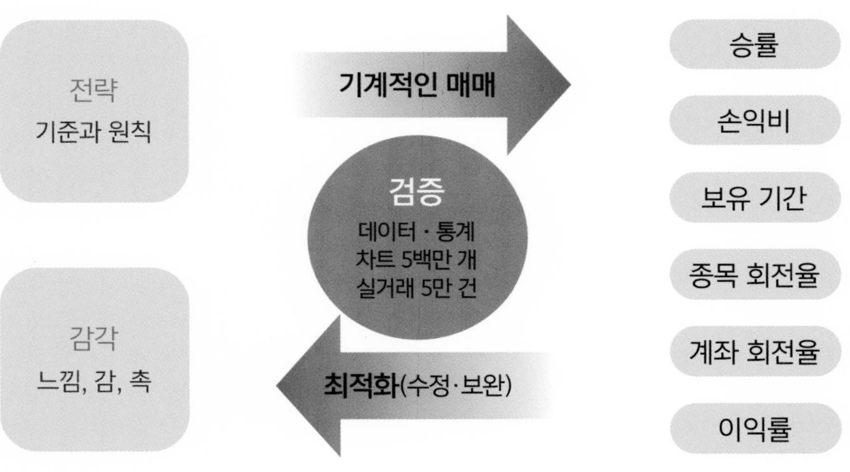

앞의 과정을 통하여 '승률 높은 예측의 공식화'를 완성하게 된다. 이렇게 축적된 데이터가 당신의 미래를 알려 준다.

데이터, 통계를 통하여 기준과 원칙을 검증하고 수정, 보완해 가며 승률과 손익비, 이익률을 높이고 지속해서 최적화하는 과정이 주식 매매의 시작과 끝이다. 승률과 손익비, 이익률이 뛰어난 투자자는 돈을 버는 게 아니라 돈이 저절로 벌리게 되어 있다. 수익은 단지 주식 매매를 통한 승률과 손익비, 이익률의 결과일 뿐이다.

특정한 시장 조건(강세장, 횡보장, 약세장)에 맞는 시나리오(전략)를 개발하는 것은 그다지 어렵지 않다. 그러나 모든 시장 조건에 원활하게 작용하는 한 가지 시나리오(전략)를 개발하는 것은 매우 어렵다. 개인 투자자의 공매도가 자유롭지 못한 국내 시장에서는 더더욱 그렇다. 최종 목표는 모든 시장 조건에서 잘 작동하는 시나리오(전략)를 개발하는 것이다. 그리고 이 시나리오(전략)는 시장에 순응하며 수익과 손실에 상관없이 일관성 있게 지속해서 작동되어야 한다.

시나리오(전략)의 기본은 수급과 세력이 들어오는 것을 확인하고 따라 진입하여 그들보다 더 먼저 청산하는 것이다. 주식 투자자는 수급과 세력이 들어왔다는 기준을 설정해 진입하고, 오르면 판다. 이것은 예측 가능한 구간이다. 예측 가능한 구간은 크지 않다. 모든 주가의 움직임을 예측하는 것은 불가능하고 모두 예측할 필요도 없다. 단타의 경우 겨우 +1~3%, 스윙은 +5~15%를 예측하는 것만으로도 충분하다.

고수도 예측할 수 있는 짧은 구간만 예측할 뿐이다. 단, 고수는 예측할 수 있는 짧은 구간이지만 확신을 하고 욕심 없이 기계적으로 매수와 매도를 반복한다. 그 결과 실력이 빛을 발하며 압도적인 승률을 자랑한다.

기계적인 매매

단기 매매(스윙)를 하고자 했다면 철저하게 단기 매매의 마인드로 접근해야 한다. 단기 매매는 대박을 노리는 투자가 아니다. 기법과 원칙을 적용하여 +5~15% 내외의 적절한 수익을 꾸준히 챙기는 것이 단기 매매의 왕도다. 단기 매매(스윙)에서 성공하려면 감정을 배제하고, 기준과 원칙에 따라 기계적인 매매를 반복해야 한다. 탐욕과 공포, 조급과 미련 같은 심리적 요인에 흔들리지 않고 컴퓨터처럼 기계적으로 수행할 수 있도록 도와주는 프로그램이 바로 기준과 원칙이다.

세력은 개인의 심리를 이용한다. 개인의 관성 상상, 상상력 발동 등을 이용한다.

1 더 올라갈 것 같아 사게 하고 더 내려갈 것 같아 팔게 한다.
2 사야 할 자리에서 공포를 느끼게 하고 팔아야 할 자리에서 탐욕을 느끼게 한다.

그래서 항상 내가 사면 고점, 팔면 저점이 되는 것이다. 기계적인 매매는 항상 흔들리기 쉬운 매매(추격매수, 충동 매매, 뇌동 매매)를 잡아 주는, 시스템 실행의 강력한 도구 역할을 한다. 현란한 호가창의 변화에 휘둘리지 않고 매매하게 돕는다. 쉽게 장대양봉에 현혹되고 장대음봉에 겁을 낸다면, 군중과 반대로 가는 역발상을 할 수 없는 사람이라면 더더욱 기계적인 매매가 필요하다.

매수와 매도를 위한 최적화된 '기준과 원칙, 그리고 느낌, 감, 촉'에 모든 것을 집중해야 한다. 무수한 반복 훈련을 통하여 '기법'이 아닌 '습관', 나아가 '직관'이 되어야 한다. '기준과 원칙, 그리고 느낌, 감, 촉'에 따라 '의식'이 아니라 '무의식적'으로 '기계적'인 매매를 해야 한다. 기계가 할 일을 내가 대신한다는 마음으로 매매하면 된다. 그렇게 하여 실력이 '승률', '손익비', '이익률'을 충족시킬 수 있는 경지에 도달하면 돈을 버는 것이 아니라 돈이 저절로 벌리는 것이다.

매매는 절대 돼지나 양처럼 해서는 안 된다. 곰이나 호랑이처럼 해야 한다. 확실한 나만의 필살기, 즉 기준과 원칙이 있어야 곰처럼 좋은 자리를 기다릴 수 있다. 호랑이처럼 자주 사냥하지 않고 성공하기 가장 좋은 시간과 장소에서 단 한 번에 끝낸다.

나는 어떤 매매도 기준과 원칙에 근거하여 매매한다. 나는 시장에 흔들리지 않는다. 나는 심리가 흔들리지 않는다. 나는 감정을 배제하고 시장에 대응한다. 나는 기준과 원칙에 따라 기계적으로 매매한다. 나는 기계이며 프로다.

_기계적인 매매를 위한 기도

승률

단기 매매(스윙)의 경우 매매 목표는 철저하게 '승률'에 집중하는 것이다. 주가 움직임에 영향을 미치는 다양한 변수를 고려하여 승률을 최대한 100% 가까이 끌어올려야 한다. 승률 80% 이상에 도달하면 드디어 기술로 돈을 버는 것이 아니고 돈이 벌리게 되는 것이다.

50% 이하의 무모한 승률에도 지속해서 이루어지는 게임은 도박이다. 결국, 도박은 확률적으로 돈을 잃을 수밖에 없는 구조이다. 핵심은 승률이다. 카지노는 회사 측이 게임에서 승리할 확률이 약 52~65%다. 장기적으로 회사는 항상 돈을 벌고 고객들은 항상 돈을 잃는다. 도박꾼은 반드시 쪽박을 차고, 검투사는 반드시 죽는다.

	도박	투기	투자
승률	70% 이하	70~80%	80% 이상

도박은 확률에 근거하지 않은 모험이다. 투기는 확률에 근거한 모험이다. 투자는 확률에 근거한 성공 가능성이 매우 큰 모험이다. 70% 이하의 확률에 움직인다면 불나방처럼 매수와 매도를 반복하다가 결국 자멸할 것이다. 주식 투자는 중독성이 매우 강한 합법적인 도박의 성격을 갖고 있다.

시장에 상관없이 확률에 근거하여 꾸준하게 '승률 높은 예측'을 할 수 있는 매매 실력이 핵심이다. 승률을 높이는 가장 중요한 방법은 '공식화'이다. 승률 높은 예측을 공식화하기 위해서는 단순화, 기계화, 자동화를 해야 한다.

	도박	주식 투자
공통점	잃기 위해 하는 사람은 없다. 최소한 잃지 않기 위해 하고, 따는 것이 최상이다.	
차이점	분석을 통해서 한다고 해도 꾸준하게 이길 수 없다.	제대로 된 분석을 통해 지속적인 수익 창출이 가능하다.
	확률이 불리해도 위험을 무릅쓰고 행동한다. 행운에 의존한다.	확률이 유리할 때만 위험을 감수하는 행동을 한다. 확률에 의존한다.
	연구, 분석해도 결과적으로 운에 기댈 수밖에 없다. 해당 시스템을 이길 수 없다.	꾸준히 연구, 분석하면 운과 성과를 만들 수 있다.

손익비

주식 시장은 손익비가 크다는 속성이 있다. 먹을 때는 조금 먹고 손해 볼 때는 크게 본다. 이것은 외국인, 기관, 세력, 개인 모두에게 해당하는 일이다. 물론 한 번 이익이 나면 뼛골까지 발라 먹는 투자자도 있다. 끈질기게 물고 늘어져 추세가 꺾이고 나서 파는 그런 투자자도 있다. 그러나 이런 투자자들은 거의 없고 초고수나 할 수 있는 일이다.

손해를 볼 때는 모두가 피해자다. 어떻게 할 수가 없다. 코로나 사태와 같은 대폭락 시 손해가 완전 파산의 수준에 이르렀을 때는 어떻게 견디고, 어떻게 살아남느냐가 관건이다. 죽지 않고 살아 있어야 한다. 이때 공포를 못 견디고, 담보 비율을 유지하지 못하고 손절매를 치면 영원히 치명적인 손실로 남는다. 주가는 반드시 회복된다. 그때 땅을 치고 후회하면 늦는다.

누구나 수익을 맛볼 수는 있다. 그러나 손실을 막는 것은 극소수다. 그래서 벌 때 개미처럼 벌어서 차곡차곡 쌓아 두고, 크게 손실이 날 때 손절매 없이 참고 버티고 견디고 기다려야 한다. 그렇지 않으면 먹을 때 조금 먹고, 손해 보고 갈 때 한 방에 간다. 주식은 항상 최악의 상황에 대비하여 안전하고 철저한 자금 관리를 해야 한다. 성공적인 투자는 위험을 피하는 것이 아니라 관리하는 것이다.

데이터 · 통계

'나만의 필살기'를 만들기 위해서는 자기 자신만의 '검증된 데이터와 통계'가 있어야 한다. 자기 자신만의 데이터와 통계는 돈을 주고 살 수 있는 것도 아니고, 돈으로 환산할 수 있는 것도 아니다. 자기 자신만의 데이터와 통계를 확보하는 것이 주식 투자로 수익을 낼 수 있는 확실한 발판이 된다. 최소 6개월 이상, 3~5년 이상의 데이터와 통계를 쌓아야 자신의 방법을 평가할 수 있다. 최악의 상황, 깡통을 최소 3번 이상 차야 자신의 방법을 평가할 수 있다.

모르면 두렵다. 알면 더 이상 두렵지 않다. 나는 내가 산 주식이 99% 이상 살아서 돌아왔고 반드시 10% 이상 상승했다는 것을 알고 있다. 나는 나 자신만의 검증된 데이터와 통계를 갖고 있다. 나의 지지대는 첫 번째가 꿈과 희망, 두 번째가 검증된 데이터와 통계로 만든 필살기다. 주식 매매 실력은 철저히 데이터와 통계로 증명된다. 주식 매매 실력이 늘면 뒤에 '0' 하나 붙이는 것뿐 달라지는 것은 없다.

모르면 두렵다. 알면 두렵지 않다. 두려워하지 말고 용기와 자신감을 가져라. 나는 내가 산 주식의 메커니즘을 알고 있다. 나는 내가 산 주식의 치명적인 약점을 알아냈고 해결하였다. 나는 내가 산 주식의 99% 이상이 살아서 돌아왔고, 반드시 10% 이상 상승했다는 것을 알고 있다. 나는 내가 검증한 데이터와 통계로 큰돈을 벌었고, 앞으로 더 큰 돈을 번다는 것을 알고 있다.

_검증된 데이터와 통계로 자신감을 갖기 위한 기도

검증

주식 매매에서는 매수와 매도를 하는 것이 중요한 것이 아니라 매수와 매도를 하기 위한 기준과 원칙을 세우고 데이터와 통계를 작성해 수천, 수만 번 반복해 검증해 나가는 과정이 중요하다. 나는 차트 500만 개, 실거래 5만 건을 하면서 나의 시나리오와 전략, 기준과 원칙을 계속 검증하고 수정하였다. 성공한 매매를 통하여 더욱 업그레이드 하였고, 실패한 매매를 통하여 더욱 보완하였다. 5년 이상의 검증 기간을 거쳤다. 이 검증 작업은 지금도 계속하고 있다.

기준과 원칙

기준과 원칙을 어기는 순간, 주식 투자자는 도박꾼으로 전락한다. 기준과 원칙을 어긴다면 수익이 나더라도 잘못된 투자자다. 기준과 원칙을 지킨다면 손실이 나더라도 올바른 투자자다. 정답은 기준과 원칙에 있다.

성공과 실패의 차이는 남보다 지지선을 찾아 느릿느릿 매수하고 남보다 매도를 번개같이 과감하게 한다는 사실, 그 외엔 아무것도 없다.

나의 성공의 핵심은 ❶ 나만의 필살기, 즉 기준과 원칙을 갖고 내가 가장 잘 아는 자리에 느릿느릿 진입하기 ❷ 조금이라도 미심쩍으면 거래하지 않기 ❸ 어느 정도 수익이 나면 번개와 같이 과감하게 매도하고 만족하는 자제력을 잃지 않기이다.

불안한 마음의 근본적인 문제는 마인드 컨트롤이 아니라 기준과 원칙이 분명하지 않기 때문이다. 그래서 바람에 흔들리는 갈대처럼 이리저리 마음이 흔들리는 것이다. 그래서 '마인드 컨트롤을 한다', '기계적으로 매수·매도한다', '칼같이 손절매하자', '뇌동 매매·추격 매수 하지 말자' 등 속으로 수천 번, 수만 번 되뇌어도 ❶ 분명한 기준과 원칙이 없고 ❷ 승률과 손익비가 충족되지 않는다면 불안한 마음을 컨트롤할 수 없다.

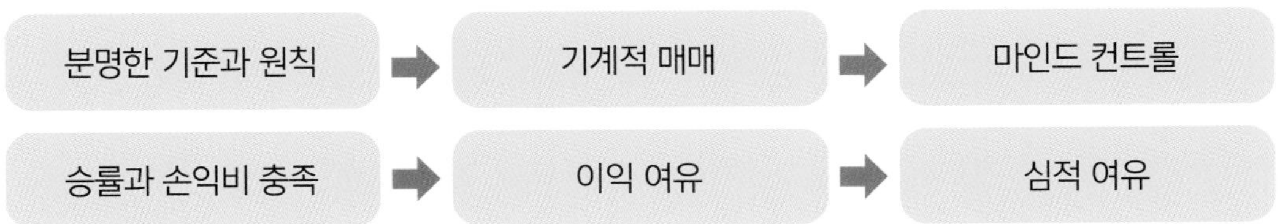

결과보다 과정을 중시하라! 매일 매일 '얼마 벌었나?'보다 '필살기 매매 기준과 원칙을 따랐나?'를 더 중요시하라. 필살기 매매 원칙을 따랐다면 손해 보았더라도 자기 자신을 칭찬해 주어라. 필살기 매매 원칙을 따르지 않고 이익을 보았다면 자기 자신을 질책하라. 과정에 따라 시장이 많이 주면 많이 먹고, 적게 주면 적게 먹고, 과정에 따라 얻은 작은 수익에라도 감사하고……

오르지 않으면 내리는 이 단순한 구조의 주식 매매에서 성공이 왜 이다지도 힘들까? 주식 투자에서 성공하기 위한 단 한 가지는 '자신을 통제'하는 데 있다. 자신을 통제하기 위해서는 '기준과 원칙'을 세워야 한다. 자신의 기준과 원칙을 세우고 어떤 경우든 그에 맞게 결단과 실행을 해야 한다.

자신의 기준과 원칙을 지키는 한 이 시장이 두렵지만 성공할 수 있다. 자신의 기준과 원칙을 지키지 못하는 사람에겐 파산과 지옥이 기다리고 있다. 자신의 기준과 원칙을 지킨다면 시간의 차이일 뿐 성공은 보장되어 있다. 기법은 수정하되 자신의 기준과 원칙은 반드시 지켜야 한다.

시스템

시장의 상황과 관계없이 일일 평균 꾸준히 수익을 내는 동인은 바로 '시스템'이다. 어떤 상황에서도 적절하게 대응할 수 있는 '나만의 시스템'을 만들어야 한다. 그 후에는 '시스템의 가동'만이 남는다. 시스템은 이론이고, 시스템의 가동은 실천이다. 이 두 가지를 만들지 못하면 시장을 떠나야 한다.

나는 나만의 아주 독특한 주식 투자 시스템을 만들었다. 어떤 매매든 시스템에 근거하여 매매한다. 나는 시장에 흔들리지 않는다. 심리에 흔들리지 않는다. 감정을 배제하고 시장에 대응한다. 나는 기계적으로 시스템에 근거하여 매매한다. 나는 즉흥적인 매매를 하지 않는다. 그래서 연수익률 20% 이상의 꾸준한 수익을 달성하게 되었다.

시스템은 단 한 가지면 충분하다. 다음 두 가지 조건만 충족되면 누구나 돈을 벌 수밖에 없는 시스템이 된다.

1 동일한 확률로 여러 번 게임을 할 수 있다.

2 게임을 여러 번 반복할 충분한 자금이 있다.

주식 시장은 실력만 갖추면 누구든지 큰돈을 벌기 좋은 환경이다. 팔면 바로 자금이 생기고, 동일한 확률로 게임을 반복할 수 있기 때문이다. 결국엔 내가 얼마나 높은 확률을 갖추고, 얼마나 꾸준히 유지하냐가 제일 중요하다.

좋은 시스템을 구축했음에도 불구하고 시장 악화 또는 슬럼프로 인하여 승률과 손익비, 이익률이 악화하는 경우가 종종 있다. 그럼에도 불구하고 월 결산에서 손실을 제한할 수 있는 고수가 진짜 최고의 고수다.

7.

단 하나의 종목 선정 기준

'파피용'을 탈출시킨 단 하나의 조류

내가 젊은 시절 크게 히트했던 '파피용'이란 영화가 있다. 영화의 주인공은 모함을 받아 대서양 한가운데 있는 감옥에 갇힌다. 이제까지 아무도 탈출하지 못한 악명 높은 감옥이었다. 사방이 바다에 파도가 거세어 접근 자체가 불가능했고 가끔 교도소 배만 필요 물자를 실어 오곤 했다. 파피용은 탈출하고자 하는 간절한 욕망으로 매일 바닷가로 나가 기회를 노리고 있었다. 유일한 방법은 헤엄을 쳐서 육지로 가는 것인데 바다에 잘못 뛰어들었다가는 파도에 휩쓸려 뼈도 못 추릴 상황이었다. 파피용은 포기하지 않고 매일 파도의 흐름을 시간대별로 연구하였다. 과일 덩어리를 바다에 던져 어떻게 파도를 따라가는지 관찰하였다. 모든 과일 덩어리가 파도에 휩쓸려 산산조각이 났다. 실패에 실패를 거듭해도 포기하지 않고 계속 도전하였다. 천신만고 끝에 드디어 섬을 빠져나갈 수 있는 단 하나의 조류를 발견하였다. 탈출 가능한 조류를 발견하였다고 바로 탈출을 시도하지는 않았다. 만에 하나 실패하면 바로 죽음이었기 때문이다. 또다시 수많은 실험을 거듭하다가 안전하다는 확신이 들었을 때 바다에 뛰어들었고 탈출에 성공하였다.

내가 보기에 파피용은 모든 주식 투자자가 본받아야 할 모델이다. 파피용이 거센 파도가 치는 바다에서 자기 목숨을 건질 수 있는 단 하나의 조류를 발견했듯이, 주식 투자자도 자신에게 맞는 단 하나의 필살기를 개발하기 위해 목숨을 걸어야 한다.

부동산도 다양한 분야를 아우르는 고수는 없다. 상가면 상가, 토지면 토지, 재개발이면 재개발 등으로 나뉘어 있다. 주식도 마찬가지다. 어느 것이 되었든 한쪽을 정해서 수익을 내는 것이 중요하다. 주식 시장의 모든 돈을 다 먹으려 해서는 안 된다. 단 하나만 정해서 단 하나만 먹어야 한다. 어부는 바다의 수많은 어종 중 단 하나의 어종만 노린다. 고래잡이배는 고래만, 새우잡이배는 새우만 잡아야 한다. 새우잡이배가 고래 잡으려 했다가는 배는 물론 목숨까지 잃는다. 남의 떡이 더 커 보이는 법이다. 어떤 매매 기법으로 주식 매매를 해도 아쉬움은 남는다.

5만 건 이상 매매 후 만든 단 하나의 종목 선정 기준,

물려도 살아나올 수 있는 종목만 매수한다.

운명을 바꿀 세 가지 선택

인생에서는 운명을 바꿀 세 가지 선택이 있다. 바로 직업 선택, 배우자 선택, 투자 선택이다.

투자 선택의 하나로서 주식 투자는 자본주의 사회에서 가장 합법적으로 지적 능력을 이용하여 큰돈을 벌 수 있는 곳이다. 주식 투자는 자본주의 사회에서 물려받은 것 없는 사람도 큰 부자가 될 수 있는 가장 효과적인 방법이다. 흙수저가 큰 부자가 될 수 있는 유일한

방법이다. 부자가 되고 싶다면 월급쟁이가 아니라 '자본가'가 될 방법을 연구해야 한다. 자본가가 되는 것은 자기 일을 하는 것이다. 자본은 '확장성'이 있기에 부를 증식해 준다. 월급쟁이는 평생 돈을 모을 수 없다. 오히려 종국에는 가난한 축에 속하게 될 것이다. 나도 30년간 월급을 받았음에도 돈을 모으지 못했고 결국에는 가난하였다. 주식 시장은 누구든지 뛰어들 수 있다. 누구든지 자본가가 될 수 있다. 처음에는 미약하나 끝은 창대할 수가 있다. 적은 자본으로도 시작할 수 있으며 노력을 통해 궤도에 올라서기만 하면, 성장 잠재력은 거의 무한대로 확장된다. 노하우가 쌓이면 혼자서도 1년에 몇십억, 몇백억을 벌 수 있는 1인당 부가 가치가 높은 사업이다. 그래서 유대인이 주로 많이 종사한다. 주식 투자는 사양 산업화를 피할 수 있고, 항상 가장 높은 부가 가치를 주는 최첨단 산업이다.

가난한 사람은 돈을 벌기 위해 평생 자신의 시간을 희생하면서 산다. 그래서 계속 가난할 수밖에 없다. 나도 평생 그렇게 살았다. 부자는 돈을 버는 시스템을 만들고, 그 돈으로 또다시 시간을 벌어 부가 부를 계속 창출하게 한다. 돈을 벌어들이기만 할 뿐 시간을 벌어들이지 못하는 사람은 결국 돈을 벌기 위해 끊임없이 쳇바퀴를 돌려야 하며, 멈추는 순간 더 이상 돈을 벌지 못하고 불행을 맞이한다. 나도 30년 다니던 직장을 그만두는 순간 더 이상 돈을 벌지 못하였고 불행을 맞이했다.

주식 시장도 마찬가지다. 오직 극소수의 성공적인 투자자만이 '나만의 시스템'을 통해 돈과 시간을 동시에 벌고 있다. 즉, '나만의 시스템'을 구축하고 단순하고 기계적인 매매를 통해 꾸준한 수익을 창출하며, 충분한 나머지 시간을 이용하여 저마다 자기 계발에 힘쓰고 이를 통해 또다시 부를 재창출한다. 나는 앞으로 이렇게 살 것이다. 주식 시장에서 성공하려면 자기 자신만의 시스템을 갖고 있어야 한다. 즉, '나만의 필살기'가 있어야 한다.

'나만의 필살기'가 답이다

주식 투자의 성공과 실패는 '나만의 독특한 간단법, 노하우, 스타일, 필살기를 만들어 냈는가?'에서 결정된다. 결코, 투자 경험치와 지식에 비례하지 않는다.

'나만의 필살기'를 개발하여 시스템화한 사람에게 주식 시장은 '천당'이다. '나만의 필살기'를 개발하지 못한 사람에게 주식 시장은 '지옥'이다. 주식 시장은 고수에게는 '최고의 직장'이요, 하수에게는 '최악의 직장'이다. 주식 시장은 철저히 고수들만 웃을 수 있는 곳이다. 하수들은 혹독한 훈련만이 살길이다.

고수의 길, 거부의 길은 주식 투자에 대하여 많은 것을 배우고 공부하고 연구하고 실전 매매를 하되, 그것을 단 하나의 필살기로 단순화해 단순한 매매 원칙을 만들고, 그 단순한 매매 원칙을 철저히 지키는 것이다. 어느 것이라도 좋다. 단순무식하게 단 하나만 노린다. 피눈물의 맹세를 하고 절대 바꾸지도 말고, 그 단순무식한 단 하나의 필살기만을 지키고 업그레이드하며 실천해야 한다.

복잡한 것은 단순한 것에 귀결한다. 복잡함을 경계하고 모든 것을 단순화하라. 꿩 잡는 것이 매다. 수익을 내는 데 필요한 것만 알면 된다. 주식 투자자는 너무 많은 것을 알 필요가 없다. 세력의 심리를 파악하여 살 때와 팔 때를 알면 된다. 너무 많이 알면 모니터 앞에서 먹통이 된다. 공식은 단 하나, 승률 높은 예측의 공식화만으로도 충분하다. 진정한 고수는 복잡한 기법이 아닌 누구나 다 알고 있는 단순한 기법을 그대로 실천하는 사람이다. 진정한 고수는 다양한 기법을 사용하지 않는다. 자기가 가장 잘하는 단 하나의 기법만 사용한다.

필자는 그동안 수백 개의 기법을 해 보았고 수백 가지의 조건 검색식을 만들었다. 그리고 수백 번의 실패와 좌절을 겪었고 악순환의 악순환을 거듭하였다. 12번의 깡통을 차고 11억 원의 수업료를 지급하였다. 투자 원금의 100% 이상도 날려 보았다. 이제는 그 모든 것을 통합하여 단순무식한 단 하나의 필살기를 만들었고 업그레이드에 성공하였다. 시장에 엄청난 수업료를 치르는 동안 자연스럽게 몸에 밴 습관과, 단순무식한 '나만의 필살기'가 나를 큰돈 벌게 만들었다.

결국, 단기 매매에 성공한 사람은

1 자기 자신만의 아주 독특한 단순무식한 단 하나의 필살기를 개발하여 숙달, 통달한 사람(단순무식하게 자기 자신이 가장 잘 아는 기법으로 단순하게 꾸준히 노력하는 사람, 다양한 기법이나 복잡한 기법을 잘 활용하는 것이 아니고 특정 기법을 자신에게 맞추어 잘 활용하는 사람, 복잡한 이론을 꿰차고 있는 사람이 아닌 복잡한 이론을 단순화한 사람, 주식 경험이 많지 않더라도 필살기를 만든 사람)
2 감정을 배제하고 원칙에 따라 기계적으로 반복하여 매매하는 사람
3 최악의 상황에 대비하여 안전하고 철저하게 자금 관리를 하고 충분한 현금을 확보한 사람
4 시장이 많이 주면 많이 먹고, 적게 주면 적게 먹고, 안 주면 안 먹고 시장에 순응하는 사람

수익은 운으로 내는 것이 아니다. 일정한 공식에서 안정적인 수익이 발생한다. 자기 자신만의 투자 공식을 가지고 수익을 내는 사람들이 많다. 틀림없이 공식이 존재한다. 이러한 공식은 한두 개가 아니다. 많은 공식 중에서 자신에게 맞는 공식을 찾아서 그 공식대로 투자하면 되는 것이다. 주식 투자로 수익을 내는 사람은 수십 가지의 공식을 대입하지 않는다. 자신에게 맞는 딱 한 가지만으로도 큰 수익을 내는 사람이 많다. 거듭 강조하지만, 공식은 단 하나면 충분하다. 제발 주식 시장의 돈 다 먹으려고 하지 마라. 그러다가 체한다.

나는 너무나도 단순한 필살기와 매매 원칙을 만들기 위하여 그 먼 길을 돌고 또 돌았다. 어쩌면 평생 만들지 못했을 것을 운이 좋아 만들었다. 남들이 보기에는 너무나 단순하여 비웃을 것이다. 그러나 이 단순한 필살기와 매매 원칙이 나를 악순환의 구렁텅이에서 벗어나 선순환으로 진입하게 하였으며, 현재까지 큰돈을 벌게 하였고 앞으로 더 큰돈을 벌어 줄 것이다.

종이 한 장 차이

1 주식, 따고 잃는 것은 종이 한 장 차이이다.
2 주식, 고수와 하수는 종이 한 장 차이이다.
3 주식, 천당과 지옥은 종이 한 장 차이이다.
4 주식은 될 듯 말 듯 지겹게 안 되다가, 어느 날 갑자기 확 된다.
5 수익은 늘 듯 말 듯 지겹게 안 늘다가, 어느 날 갑자기 확 는다.
6 주식은 큰 노력에도 불구하고 지겹게 안 되다가, 일단 궤도에 올라서기만 하면 성장 잠재력이 거의 무한대로 확장된다.
7 주식은 실력만 갖춰지면 '복리의 마법'으로 계좌를 불려 준다.
8 주식은 악순환에서 선순환으로 전환하면 '끌어당김의 법칙'에 의거해 돈이 돈을 벌어 준다.

이 '종이 한 장 차이'를 극복하는 것이 핵심이다.

주식 가격의 대원칙

1 주가는 가만히 있으면 떨어진다. 물이 높은 곳에서 낮은 곳으로 흐르는 것과 같다.

2 주가 상승에는 인위적인 힘이 필요하다. 강물을 거꾸로 거슬러 오르는 것과 같다.

3 추가 상승을 위해서는 이전 상승 시 매집했던 세력들이 물량을 보유하고 있어야 한다. 세력은 절대 밑지는 장사를 하지 않는다. 즉 자기가 산 가격보다 반드시 더 비싸게 판다. 다만 시간이 필요하다. 거래량 증가, 감소가 중요하다. 세력의 진입과 이탈 확인이 필요하다. 세력이 진입 시 투여한 돈만이 확실하고 유일한 담보다. 주식은 세력이 사면 올라가고(매집), 세력이 안 사면 떨어지고(관망), 세력이 팔면 폭락한다(이탈).

4 주가는 조작할 수 있고 또한 조작한다. "주식판이란 원래 조작되고 불공정한 게임판이다(레스터 서로)".

5 주가는 기업 가치와 일치하지 않는다.

주식 투자의 자신감

무하마드 알리는 링을 지배한 근거 있는 자신감을 갖고 있다. 훈련하는 일분일초가 힘들고 싫었다. 그러나 그때마다 그는 말했다. "절대 포기하지 말라." 지금의 이 고통이 나를 영원히 챔피언으로 살게 할 것이다.

불사조 김정수도 주식 시장을 지배한 근거 있는 자신감을 갖고 있다. 위기가 올 때마다 힘들고 싫었다. 그러나 그때마다 말했다. "절대 포기하지 말라." 포기하고 싶은 순간이 가장 성공에 가까운 순간이다. 지금 이 고통이 나를 영원히 부자로 살게 할 것이다.

주식 투자는 자신감이 없으면 성공할 수 없다. 그러나 반드시 이유 있는 자신감을 가져야 한다.

이유 있는 자신감

1 나는 주식 시장 최고의 고수이고 달인이라는 자신감
2 나의 필살기는 주식 시장 최고의 필살기라는 자신감
3 나의 기법과 원칙은 99% 이상의 성공 확률을 갖고 있다는 자신감
4 원칙을 고수한다는 자신감
5 주식 시장에서 자신을 흔들리게 하는 모든 감정(탐욕, 공포, 조급, 미련)을 극복할 수 있다는 자신감
6 실수는 할 수 있지만, 그 실수가 실패가 아니라 나를 더욱 성장시키는 최고의 스승이라는 마음가짐으로 똑같은 실수를 반복하지 않는다는 자신감
7 단기 매매의 중요한 삼박자(❶ 감정을 버리고 ❷ 자기 자신만의 기준과 원칙에 따라 기계적으로 매매하고 ❸ 최악의 상황에 대비한 철저한 자금 관리)를 모두 숙달, 통달했다는 자신감
8 손절매액 이상으로 언제든지 벌 수 있다는 자신감

감정적으로 대응하지 않기 위한 나의 마음가짐

주식 신념

1 주식, 아주 단순하다. 오르지 않으면 내리고 내리지 않으면 오른다.
2 주식, 오를지 내릴지 아무도 모른다. 나도 모르고 너도 모르고 신도 모른다.
3 주식, 나는 신이 아니다. 나는 주가가 오를지 내릴지 모른다.

4 주식, 내가 사면 내리고 내가 팔면 오른다.

5 주식, 종목이나 시장과의 싸움이 아닌 자기 자신, 시간과의 싸움이다.

6 주식, 끝까지 참고 버티고 견디고 기다리면 이긴다.

7 주식, 시장은 영원하며 반드시 다시 추가 상승한다. 반드시 우상향한다.

8 주식, 살아만 있으면 반드시 기회는 온다.

나는 신이 아니다. 어떻게 매일 수익만 볼 수 있겠는가? 어떻게 매일 손실만 볼 수 있겠는가? 좋을 때가 있으면 안 좋을 때가 있고, 안 좋을 때가 있으면 좋을 때가 있기에 때론 쉬어가면서 마음의 평정심과 마음의 여유를 찾자. 감정적으로 주식 투자를 하면 수익이 잘 나지 않을 뿐만 아니라 건강에도 좋지 않다. 주식 매매만큼은 감정을 버리고 원칙에 따라 기계적으로 하자. 살아만 있으면 기회는 언제든지 온다.

모든 문제의 시작은 '나'에게 있으며 해결책 또한 '나'에게 있다. 자기 안에 있는 문제를 끄집어내는 것, 거기서부터 모든 일이 시작된다.

적은 밖에 있는 것이 아니라 내 안에 있었다. 나는 내게 거추장스러운 것을 깡그리 쓸어 버렸다. 나는 나를 극복하는 순간 칭기즈칸이 되었다.

_칭기즈칸

주식 투자는 자기 자신과의 싸움이다. 나 자신을 알라! 내가 나를 모르고 나를 못 이기는데 어떻게 남을, 시장을 이길 수가 있는가? 나를 모르는 채 적을 파악하려는 노력으로 평생을 허비하는 것이 개미의 일생이다. 나를 아는 것이 주식 투자의 첫걸음이 되어야 한다. 나를 알게 될 때 비로소 시장을 지배하는 투자 심리를 바로 볼 수 있다. 그때야 비로소 진입과 이탈이 자유로워질 수 있다. 수익의 확정과 손절매의 자유로움을 획득해야 시장에 농락당하지 않는다.

매일 매일 잘되기 위한 기도문: 자! 나는 잘된다, 잘돼!

1 자! 나는 운도 엄청 좋고 돈도 엄청나게 번다. 나는 오늘도 더 부자가 되고 더 건강해졌다.

2 자! 나는 나만의 아주 독특한 간단법, 노하우, 스타일, 필살기를 개발하였다.

3 자! 나는 내가 꿈속에서도 그리던 연수익률 20% 이상의 필살기 자동 시스템을 갖고 있다.

4 자! 나는 단순화에 성공하였다. 나는 단순무식하게 단 하나의 필살기로 단 하나만 노린다.

5 자! 나는 이제 모든 문제를 해결하였다. 나는 이제 돈 버는 일만 남았다.

6 자! 나는 이제 스스로 깨달음을 얻었다.

7 자! 나는 이제 늘 그렇듯 단지 지금, 이 순간이 힘들 뿐이다. 이 또한 지나간다.

8 자! 나는 무한한 인내와 기다림으로 최악의 위기와 치명적 오류를 극복한 내가 자랑스럽다.

9 자! 나는 이제 나 자신만의 검증된 데이터와 통계를 갖고 있다. 내가 산 주식의 99% 이상이 살아서 돌아왔고 반드시 10% 이상 상승했다.

10 자! 나는 이제 주식 시장이 지옥에서 천당으로 바뀌었다. 주식 시장은 나에게 현금 자동인출기다.

11 자! 나는 나 자신만의 '꿈과 희망'을 갖고 있다. 나는 연간 100억 이상 버는 꿈과 희망이 있다.

12 자! 나는 또다시 무한한 인내와 기다림으로 탐욕과 조급을 극복하면서, 2026년 연수익 100억 돌파를 위해 한 걸음, 한 걸음 나아간다.

2

당신의 운명을 결정할

장대양봉과 장대음봉

1.

장대양봉을 사랑하라

장대양봉이란?

장대양봉이란 세력이 특정 종목에 진입하여 가격을 급등시키면서 거래량을 폭증시킬 때 발생하는 봉이다. 시가보다 종가가 높으면서 가격이 많이 올라가고 거래량이 전일 대비 200% 이상 늘어난다. 세력이란 통상 '매수 세력'을 의미한다. 가격을 올리는 주체로서 외국인, 기관, 큰손 등이 될 수 있다. 작전 세력하고는 의미가 다르다. 매수 세력이 등장하면 거래량이 증가하게 되며 봉의 몸통 또한 덩달아 커지게 된다. 개인투자자는 자금 능력이 미흡하여 절대 가격을 올릴 수가 없다. 한 호가도 올리기가 쉽지 않다. 그래서 장대양봉이 발생했다는 것은 반드시 세력이 개입했다는 것이다. 이렇게 장대양봉이 발생한 주식을 '급등주 · 세력주'라고 부른다.

상승 추세의 시작점은 대개 대량의 거래량이 터지고 난 시점부터다. 보통 거래량 바닥에서 거래량이 서서히 점증하다가 어느 날 대량 거래를 터트리며 장대양봉을 세운 후에 추세가 전환을 시작한다. 전고점이나 저항선 같은 특정한 가격대의 상향 돌파는 통상 대량 거래량이 터져야 가능하며 이때 반드시 장대양봉이 발생한다.

왜 급등주, 세력주를 노려야 하는가? 그 이유는 너무 간단하다. 매수세가 아주 크기 때문에 시세의 탄력이 아주 좋다. 이 종목은 시장의 큰 이목을 받으면서 시장의 많은 투자자와 여타 세력, 단타 꾼들까지 합세하여 큰 폭의 변동성을 보이면서 거래량이 폭발적으로 증가하게 된다. 즉 시장의 특별 관심 종목이 되는 것이다. 주식을 하는 사람들은 모두 다 장대양봉의 위력을 알기에 모두가 기회만 노리고 있다. 그러면서 지속적인 매수세가 붙는 상황이 되고, 주가는 크게 요동을 치면서 상승과 하락을 반복하며 주가의 흐름을 만들어 간다.

하루에 미미하게 발생하던 거래량이 일순간에 폭증하면서 위로 강하게 올리면 바로 강한 매수 세력이 등장함을 알리는 신호이다. 거래량이 평소의 200%를 넘어 수백, 수천 프로 불꽃 거래량으로 늘어난다는 것은 바로 세력이 진입하였다는 것을 알려 주는 시그널이다. 거래량은 매수세를 의미하며 장대 거래량은 강한 매수 세력의 입성을 알려 주기 때문이다.

차트 01 장대양봉

차트 01의 A 지점에서는 별다른 거래량이 발생하지 않은 모양새다. 그저 잔잔하기만 하다. 한눈에 봐도 거래량이 없으므로 캔들의 몸통 크기도 작다. 이때 매수하면 언제 가격변동이 생길지 그저 답답하기만 하다. 잘못 진입하였다가는 비자발적으로 장기간 보유해야 한다. 장기간 자금이 묶이는 것이다. 단기매매를 할 때는 세력이 진입한 힘이 있는 종목임을 확인하고 진입해야 실패 확률도 낮고 빠르게 승부를 볼 수 있다.

B 지점에서는 이전에 보지 못했던 장대양봉이 발생했음을 알 수 있다. 우리는 장대양봉이 발생하기 전에는 언제 이 종목이 상승할지 알 수 없으므로 급등을 시작하기 전이 아닌 이미 급등이 나온 자리를 확인하고 진입하는 것이다. 주가가 언제 상승할지 하락할지 모르는 위치에서 운에만 맡기고 마냥 기다릴 수만은 없다. 확실히 세력이 돈을 넣는지 확인을 하고 세력을 믿고 세력을 따라 들어가야 한다. 주식은 비싸게 사서 비싸게 팔아야 한다.

장대양봉 중에는 큰 장대 거래량과 함께 상한가에 진입하였다가 다시 위꼬리를 달고 마감하는 종목들도 있다. 이러한 종목은 힘의 크기가 상한가 가격대까지 도달하였으므로 일반 장대양봉보다 훨씬 더 탄력성이 있다고 보아야 한다.

상한가 장대양봉은 장대양봉 중에 으뜸이다. 상한가 장대양봉과 일반 장대양봉의 큰 차이점은 바로 상한가 가격대의 대량 매도물량을 모두 잡아먹을 수 있는 큰손의 매수 세력이 있느냐 없느냐의 차이이다. 일반 장대양봉은 전체 종목 중에 비교적 많이 나오는 편이지만, 상한가 장대양봉은 극소수의 종목에서만 나온다. 그만큼 몸값이 귀하다. 그만큼 특별한 힘을 가진 종목이라는 것을 알 수 있다. 이러한 장대양봉 종목에 주목하는 이유는 다음과 같다.

첫째, 가격 상승 시 일시에 폭등하여 이익을 순간적으로 실현하여 높은 이익률을 낼 수가 있다. 둘째, 가격 조정 시 추가 분할 매수 기회로 활용하여 물량을 늘려서 이익을 극대화할 수가 있다. 가장 중요한 셋째, 크게 물려도 반드시 살아서 다시 돌아온다. 나의 유일한 매수원칙 '물려도 살아나올 수 있는 종목'인 것이다. 세력은 절대로 손해 보지 않는다. 필자가 많은 실전 경험을 통해 얻은 교훈이다.

주가와 거래량

주가의 바닥권에서 거래량이 증가하면 주가는 상승한다. 거래량이 전고점을 돌파하면 주가도 전고점을 돌파한다. 거래량이 급증하면 주가가 급등할 수 있다. 거래량이 감소하면서 주가가 횡보한다면 기간 조정이다. ❶ 바닥권에서의 거래량 증가 ❷ 거래량이 전고점을 돌파하고 주가도 전고점을 돌파 ❸ 거래량이 급증하면서 가격이 상승 ❹ 거래량이 감소하면서 주가가 횡보한다면 이는 매수 기회다.

세력은 거래량을 통하여 주식을 매집한다. 세력은 거래량을 속이려고 안간힘을 쓰지만, 다른 것은 다 속여도 거래량은 속일 수 없다.

파동을 만드는 힘의 원천은 거래량이다. '가격×거래량=돈'이다. 세력이 많은 돈을 넣은 종목에 진입하라. 거래량은 세력의 힘이다. 거래량 급증 이후 세력이 이탈하지 않은 급등주에 진입하라. 세력이 거래량에 힘을 다 쏟으면 다시 힘을 모으는 데 시간이 걸린다. 대량 거래량이 터졌는데도 불구하고 추세 반등에 실패한 급등주는 진입하지 말라. 바닥권에서 가격이 상승하면서 거래량 급증 종목이 있을 시 급등주가 된다. 눌림목에서 거래량 터질 때 급등주를 잡아야 한다. 짧은 조정은 오히려 급등을 부추긴다.

큰 세력일수록 차트가 더 예쁘다. 큰 세력일수록 대범하게 거래량을 조절한다.

급등주 · 세력주의 거래량 변화

급등주, 세력주가 될 가능성이 큰 경우는 다음과 같다.

1 주가가 오랜 기간 장기 하락 후 마지막 투매 끝에 거래 급감 지역이 형성되고 난 후, 하락을 멈추고 횡보하던 중 대량의 거래가 터지며 주가 상승이 시작되는 경우, 즉 장대양봉이 발생하는 경우
2 주가가 횡보하거나 서서히 저점을 높이는 상승을 하다가 큰 거래량이 터진 후, 며칠간 소폭 하락하다가 갑자기 커다란 장대양봉이 발생하는 경우
3 주가 상승과 더불어 거래량이 급증하였다가 주가가 가격 조정과 기간 조정을 거치는 동안 거래량이 감소한 후 거래량이 다시 재차 급증할 경우
4 1차 상승 이후 가격 조정 시 가격 눌림이 거의 없이 거래가 급감하며 횡보 후 거래량이 증가하며 가격이 상승할 경우

주가가 장기 횡보를 마무리하고 바닥권에서 대량의 거래가 터진 후 주가가 추가 상승할 때는 두 가지 경우가 있다.

❶ 주가가 급등하는 중에 거래량이 지속해서 감소한다는 것은 이미 세력이 물량 매집을 완료한 상태로 위에 첩첩이 쌓인 저항을 손쉽게 뚫고 갈 수 있는 세력의 강한 힘을 느끼게 해 주는 것으로, 이런 종목은 반드시 올라타야 한다.

❷ 주가가 급등하는 중에 또 다시 대량 거래량이 터지는 경우 거래가 터진 전고점의 저항선 근처에서 거래가 터지는 것은 저항 매물을 소화한다는 측면에서 바람직한 경우다. 이때는 저항을 돌파하고 안착하는가를 반드시 살피고 올라타야 한다. 만약 전고점 등의 의미 있는 지점이 아닌 곳에서 대량의 거래를 만드는 것은 세력이 개미들을 끌어들여 자기들 물량을

털어내는 총알받이를 모으는 경우가 많다. 이때는 바로 올라타지 말고 거래가 터진 후에 다시 거래량을 줄이며 기간 조정과 가격 조정을 거친 후, 상승할 때 올라타는 것이 좋다.

세력의 매집 흔적은 다음과 같은 특징이 있다.

❶ 가격이 상승할 때는 거래량이 급증하나 가격이 하락할 때는 거래량이 급감한다. 가격이 하락할 때 거래량이 급감한다는 것은 매집한 세력이 물량을 털고 나가지 않았음을 의미한다. 따라서 세력이 본전뿐만 아니라 이익을 챙기기 위해서라도 가격을 급등시킬 수밖에 없다. 세력은 절대 손해 보지 않는다.

❷ 위의 ❶과 같은 현상이 여러 번 발생한다. 왜냐하면, 상승할 때 매집한 세력들이 가격이 하락해도 가지고 있는 물량을 내놓지 않고 있기 때문이다. 매집이 장기간에 걸쳐 여러 번 일어날수록 강력한 급등이 수반된다. 그 이유는 장기간의 매집으로 유통 물량의 대부분을 세력이 보유하고 있기에 가격 상승 시 악성 매물이 나올 가능성이 작아 세력의 마음대로 시세를 끌어가기가 쉽기 때문이다.

거래량을 이용한 세력의 재매수 시점 포착이 가능하다. 오랫동안 뚫지 못했던 고점을 돌파시킨 세력들의 경우 가격이 이전 고점 밑으로 다시 하락하게 되면 손해를 보게 된다. 그것도 상당한 물량의 매집을 통하여 시세를 견인한 터라 큰 손해다. 따라서 이전 고점 지점까지 하락하면 세력들은 최악의 경우가 아니라면 반드시 재매수를 통하여 시세를 견인할 수밖에 없다. 바로 이러한 이유로 세력의 재매수 시점 포착이 가능한 것이다.

여기서 점검 사항은 3가지가 있다. ❶ 최근 60일 이상의 고점 돌파 ❷ 돌파 시 거래량 수반 ❸ 돌파 당시의 전고점 부근까지 거래량 감소하며 하락한 후 재상승을 확인하고 진입하면 된다. 특히 다시 하락 시 거래량 감소를 반드시 확인해야 한다. 만약 다시 하락 시 거래량이 급증하면 이는 세력의 손절매로 봐야 하므로 절대 매수해서는 안 된다.

급등주 · 세력주 역이용 방법

세력은 반드시 차트 모양을 만들면서 작전을 진행한다. 개미들의 매수를 유도하기 위해서다. 차트 분석가나 개미가 오판하도록 차트를 만들어서 물량을 떠넘긴다. 주도 세력이 돈으로 그리는 그림, 그게 바로 차트다.

본인이 주식을 팔려는 세력이라 가정하고 '이 국면을 왜 이렇게 만들었을까?', '내가 세력이라면 어떻게 할까?' 등을 생각해야 한다. 차트를 역으로 잘 분석한다면 세력의 전략과 전술을 오히려 읽을 수 있고 역이용할 수 있다.

시세를 선도하고 이끄는 세력의 마음을 읽을 수 있는 유일한 비밀 코드가 거래량이다. 세력이 다른 것은 다 속여도 거래량만은 못 속인다. 지금 시세를 견인하고 있는 상승주도 세력의 '의도와 능력'을 파악하라. 아울러 이미 물린 기존 상승주도 세력의 '매물 폭탄'을 파악하라. 오직 거래량만이 ❶ 믿을 수 있고 ❷ 가격의 선행지표이고 ❸ 세력의 의도와 능력을 읽을 수 있는 유일한 비밀 코드라는 것을 명심해야 한다.

주식은 지금의 상승주도 세력이 만드는 최대 거래량과 이미 돈을 투입한 기존 세력의 매물 폭탄과의 힘의 싸움이다. 그 사이에서 언제 진입하고 언제 이탈하느냐에 따라 손실이냐 이익이냐가 결정된다. 세력과 함께 진입하고 세력보다 먼저 이탈하는 것이 큰돈 버는 비결 중의 비결이다.

세력은 매집을 풀지 않은 상태에서 주가를 20% 하락시켰다면 향후 최소 50% 이상의 상승을, 주가를 50% 하락시켰다면 향후 최소 100% 이상의 상승을 시킨다. 세력은 통상 바닥 대비 2배 이상에서 판다.

장대양봉 진입에 대한 두려움

장대양봉이 발생하는 경우는 이미 주가가 많이 상승한 경우다. 이때 진입하면 물리는 것이 아닌가 하고 두려움을 갖게 된다. 너무나 당연한 현상이다. 어떤 때는 보기만 해도 아찔하다. "아! 기회는 떠나갔는데 괜히 늦게 뒤따라 들어갔다가 꼭지에서 뒷북만 치는 것 아니야?", "나는 어차피 정보도 없고 뒤늦게 알아서 투자할 수가 없네……." 이미 발생해 버린 장대양봉을 보면서 이런 생각을 할 수도 있다. 그러나 진짜는 이제부터다. 특히 심리적 저점 구간에서 발생한 장대양봉의 경우는 추가 상승할 확률이 매우 높다.

이익은 육참골단의 결과다. 내 살을 내주어야 상대방의 뼈를 가져올 수 있다.

주식을 사고파는 방법은 4가지가 있다.

1 싸게 사서 비싸게 판다. 이렇게 하면 아주 큰 부자가 된다.
2 비싸게 사서 비싸게 판다. 이렇게 하면 큰 부자가 된다.
3 싸게 사서 싸게 판다. 이렇게 하면 금방 깡통 차고 빨리 망한다.
4 비싸게 사서 싸게 판다. 이렇게 하면 천천히 망한다.

첫 번째 방법으로 매매하면 참 좋으련만, 이는 세력의 영역이다. 개인 투자자는 세력이 돈을 크게 넣은 것을 확인하고 들어가는 것이 상대적으로 안전하고 이익률도 좋다. 따라서 개미들은 두 번째 방법을 활용해야 한다. 세력이 돈을 넣은 것이 담보이고 보험이다. 세력이 돈을 넣은 것을 확인하고 나서, 비싸게 사서 비싸게 파는 것이다.

그렇다면 장대양봉은 모든 것이 다 좋은가?

나는 화려한 장대양봉에 이끌려 불나방처럼 날아들었다가 하루에 5억 4,000만 원을 손절매하는 대형 참사를 겪은 적이 있다. 일개 미약한 개미가 잘못된 종목 선정으로 하루에 5억 4,000만 원 손절매라니…… 정말로 피눈물을 흘리면서, 심장을 도려내는 고통을 느끼면서, 다시는 이런 일을 만들지 않겠다고 하늘에 맹세하면서…… 무엇이 잘못된 것인가를 분석하고 또 분석하였다. 6개월 동안 1주씩만 거래하면서 냉혹하게 현실을 직시하였다. 장대양봉 중에도 들어가야 할 것이 있고, 피해야 할 것이 있다. 그것을 구분하지 못하고 들어가지 말아야 할 장대양봉에 겁 없이 들어간 것이다.

내가 망각하고 있는 오류, 치명적인 오류는 무엇인가? 「12번 깡통 차게 만든 이런 종목 절대 사지 마라」에서 살펴보겠다.

2.

장대음봉을 멀리하라

장대음봉이란?

장대음봉이란 세력이 특정 종목에서 이탈하며 가격을 급락시키면서 거래량을 폭증시킬 때 발생하는 봉이다. 시가보다 종가가 낮으면서 가격이 많이 내려가고 거래량이 전일 대비 150% 이상 늘어난다. 저가, 또는 바닥권에서부터 물량을 매집해 온 세력이 이익을 실현하기 위하여 개인 투자자와 단타들을 뉴스, 재료, 수급 등으로 유혹을 한다. '가는 놈이 더 간다', '달리는 말에 올라타라'라는 격언을 믿고 불나방처럼 달려드는 개미들에게 큰 물량을 던져 모두 털고 유유히 떠나는 것이다. 뒤늦게 매수에 가담했던 개미들은 모든 것을 뒤집어쓰고, 큰 손실을 보게 된다. 하락은 항상 1차 하락하고, 거래가 터지면서 오르는 듯하다가 2차 급락하고, 심지어 다시 거래가 터지며 오르는 듯하다가 3차 대폭락하는 때도 많다. 개미들을 순차적으로 유혹하여 대량 물량을 소화하기 위한 방법이다.

세력은 모든 사람이 바닥권이라고 생각하는 지점에서 거래량을 증가시키면서 오히려 주가를 급락시키고, 고점이라고 생각하는 지점에서 대량 거래를 터트리면서 오히려 주가를 급등시키기도 한다. 모두 개미들을 현혹하려는 방법이다. 주식 시장에서는 예상치도 못한 속임수가 빈발하기 때문에 이상하면 진입하지 말고, 행여 진입하였으면 빨리 탈출해야 한다. 개미들은 미련을 버리지 못하고 이 주식은 최소한 얼마까지 가느니 하면서 매도를 미루는 경우가 많다.

이때 유용한 차트가 바로 캔들볼륨 차트다. 10분 봉, 30분 봉, 1시간 봉을 보면 큰 장대음봉이 발생해 있다. 봉의 면적은 가격×거래량=돈이다. 이 봉 위로 돌파하기 위해서는 여기에서 거래된 돈보다 더 많은 돈이 들어와야 하는데, 이 봉의 크기를 보면 도저히 이보다 더 큰돈이 들어오는 것이 불가능하다고 판단하여 도망칠 수밖에 없을 것이다. 캔들볼륨 차트의 큰 장대음봉은 우리가 의사 결정을 하는 데 나침반과 같은 역할을 한다. 탐욕을 억제하고 큰 실수를 줄일 수 있다. 즉, 내 피와 같은 돈을 아끼고 이익을 극대화할 수 있다.

거래량이 없는 음봉과 장대음봉

상승 추세에 거래량이 없는 음봉이 나오는 이유는 단기 급등 후 조정이 필요한 세력의 인위적인 누르기가 대부분이다. 장대양봉으로 강하게 상승하는 주식을 보고 많은 개미가 추격매수를 하는데, 이때 세력이 개미들에게 자신의 물량을 떠넘기면서 매도하면 당일 위꼬리가 발생하게 된다. 대부분 개미는 양봉임에도 불구하고 이 위꼬리에 물려 손실을 본다. 손절매에 능한 개미는 손절매하고 재매수의 기회를 노린다. 그러나 손절매에 능하지 못한 대부분 개미는 비자발적 보유를 하게 된다. 다음 날 세력이 인위적으로 주가를 하락시키면 보유한 개미들은 심리적으로 두려움을 느껴 보유 물량을 투매하게 된다. 어제 매도하였으면 그나마 손실을 줄였을 텐데 손실을 키워 울면서 매도하게 된다. 이미 장대양봉 위꼬리에서 매도한 세력은 다시 저가에 물량을 받기만 한다. 그래서 세력의 매도가 없고 개미의 매도만 있어 거래량이 없는 음봉이 발생한다. 세력은 개미의 물량을 다 받고 나서 다시 강하게 상승시킨다. 거래량이 없는 음봉은 좋은 매수 기회다.

장대음봉이 발생하는 원인은 여러 가지가 있다.

1 주가 상승을 이끈 세력이 고점에서 이익 실현
2 주가 급상승을 우려한 대주주의 매도
3 외국인과 기관의 이익 실현
4 주식을 담보로 대출을 해 줬던 금융권 등의 매도

어떤 경우든 주가가 단기간에 급등한 상태에서 거래가 터지며 가격이 꺾이면 캔들볼륨 차트 10, 30, 60분 봉의 큰 볼륨을 보고 큰 볼륨 봉의 하단으로 빠지면 상승 추세는 무너졌다고 생각하고 전량 매도해야 한다. 거래량이 많으면 많을수록 하락 확률은 더욱더 높아진다.

갭 장대음봉

주가가 급등하여 고점에 도달한 후 시가를 갭으로 시작하여 강한 상승세를 이어가는 것으로 시작했으나, 추가로 조금 더 상승한 후 시가를 대량 거래량으로 하향 돌파 하면서 긴 음봉을 만드는 것이다. 갭 시가를 만들 정도이니 언뜻 강하게 보이지만 이것은 세력이 개미들을 유혹하기 위한 수단일 뿐이다. 갭 장대음봉이 생기면 고점 한계, 고점 천장에 이르렀다고 판단하여 시가가 붕괴할 때 매도하고 도망쳐야 한다. 장대음봉이 등장한 시점에서 사들인 종목은 해당 음봉이 완성되기 전에 도망쳐야 한다. 고점에서 갭 상승하는 경우엔 항상 장대음봉이 만들어지는 것을 머릿속에 그리면서 준비해야 한다. 갭이 크면 클수록, 몸통이 크면 클수록 추가 하락 확률은 더욱더 높아진다.

긴 위꼬리 장대음봉

위꼬리라는 것은 주가에서 '역학 관계'를 명확하게 드러낸다. 주가가 상승하든 하락하든 긴 위꼬리가 나오면 주의해야 한다. 2021년 1월 11일 삼성전자 주가가 96,800원을 찍고 긴 위꼬리를 달고 내려왔다. 비록 양봉으로 마감하였지만, 고점의 긴 위꼬리라 매우 위험하다. 모두가 10만 원 이상 갈 것으로 생각했지만 현재까지는 역사적 고점이었다. 2021년 10월에도 7만 원대에서 주가가 움직이고 있다. 고점에서의 긴 위꼬리 음봉은 지극히 전형적인 약한 캔들이고 명백한 '천장 신호'이며 '철수 신호'이다. 이익이 난 사람은 물론 잠재손실이 난 사람도 빨리 털고 도망가야 한다. 과감하게 미련을 버려야 한다. 여기서 다시 반등할 것 같다고, 조금 싸게 매수할 수 있다고 진입하는 것은 불을 안고 불구덩이에 뛰어드는 것이다. 꼬리가 길면 길수록 추가 하락 확률은 더욱더 커진다.

신고가에서 발생하는 장대음봉

신고가라고 하면 기존에 형성된 주가의 고점을 계속 갱신하며 상승하는 것이다. 신고가에는 20일, 60일, 120일, 1년, 역사적 신고가 등이 있다. 자신이 보유하고 있는 종목이 신고가를 형성하며 올라주는 상황이 발생하면 아주 바람직하다. 본인의 보유 종목이 하루가 다르게 신고가 행진을 펼쳐준다면 이보다 더 좋을 수는 없다. 그런데 주식 시장에서는 신고가를 형성하면서 올라가다가 한 방에 매도 폭탄이 쏟아지면서 폭락을 시키는 경우가 많다. 커다란 장대음봉이 생기는 것이다. 주식이 정말 어려운 이유는 잘 가던 보유 주식이 신고가일지라도, 한 방에 크게 얻어맞고 언제 하락 추세로 변할지 모르기 때문이다. 20일보다는 60일, 60일보다는 120일, 120일보다는 1년, 1년보다는 역사적 신고가가 더 장대음봉을 맞을 확률이 높다.

신고가매매 기법은 주식 투자자라면 해 보지 않은 사람이 없을 정도로 많은 투자자가 애용하는 기법이다. 신고가가 또 신고가를 만든다. 그만큼 단기 급등을 내는 데 유용한 매매 기법이다. 그러나 주식은 항상 급등 뒤에는 급락이, 폭등 뒤에는 폭락이 기다리고 있다. 단타나 스윙 위주의 투자자들은 신고가 매매와 관련하여 내가 산 자리가 언제든 제일 꼭지임을 인식하고 최악의 상황에 항상 대비해야 한다. 높은 신고가일수록 장대음봉이 발생하는 듯하면 보유자들은 매도 준비를 해야 하며, 미보유자는 아예 쳐다보지도 말고 멀리 도망쳐야 한다. 다른 좋은 종목도 너무나 많다. 주식 투자를 할 때는 종목에 대한 선입견을 버려야 한다. 이런 선입견에 빠지면 이익 증대 기회를 놓치게 되고, 손실 축소 기회임에도 마우스가 눌러지지 않는다. 종목 선정은 한 가지 또는 소수 종목에 집착할 것이 아니라, 수많은 종목 중에서 절대적, 상대적으로 좋은 종목을 비교하여 선택해야 한다.

3

12번 깡통 차게 만든

이런 종목 절대 사지 마라

1. 주식업의 본질

주식은 '폭탄 돌리기'다

주식은 '폭탄 돌리기'다. 유통업이다. '돌림빵'이다. 물건의 가공 없이 유통 마진을 챙기고 나오는 것이 업의 본질이다. 이것은 오직 다른 사람들이 내가 산 가격보다 더 높은 가격으로 사줄 때만 가능하다. 따라서 다른 사람이 더 높은 가격에 사 줄 종목을 미리 사야 한다. 세력들은 미리 사고 개미들은 다른 사람이 살 때 산다. 세력처럼 생각하고 행동하라! 비록 개미지만! '좋은 주식'이 아닌 '팔릴 주식'을 사야 한다.

세상의 모든 것이 돌고 돈다. 우주도 돈다. 지구도 돈다. 자연도 돈다. 시장도 돌고, 주식도 돌고, 주식 주인도 돈다. 주식은 '폭탄 돌리기'다. '폭탄 돌리기에 당하느냐, 무사히 돌리느냐?'가 핵심이다. 폭탄이 내 앞에서 터지기 전에 최대한 빨리 돌려야 한다. 폭탄이 터지더라도 최소한의 피해에 그치기 위해 최대한의 경계를 해야 한다. 주식 시장의 유일한 진리는 '오르지 않으면 내리고, 내리지 않으면 오른다'이다. 주식은 아주 단순한 '순환'의 원리에 움직이는데 이를 대하는 사람들이 시끄럽고 복잡하게 만들 뿐이다. 자연의 원리, 시장의 원리, 순환의 원리를 이용한 시스템을 구축해야 한다. 폭탄 돌리기, 돌림빵의 원리를 이용한 시스템을 구축해야 한다.

주식은 내가 마구 날뛴다고 되는 것이 아니다. 돌려지는 것이 아니다. 밭에 불을 붙일 때 '불'과 '바람'의 원리를 이용하면 저절로 탄다. 순풍이 일 때 불을 붙이면 밭에 불이 잘 탄다. 역풍이 일 때 불을 붙이면 본인이 불에 타 죽는다. 자연의 원리를 이해하고 활용하라. 주식도 오르막 1/4 분면에서 상승할 때 '돈'과 '수급'의 원리를 이용하면 저절로 상승한다. 주식 순환, 파동, 사이클의 원리를 이해하고 활용하라.

시장 순환의 원리

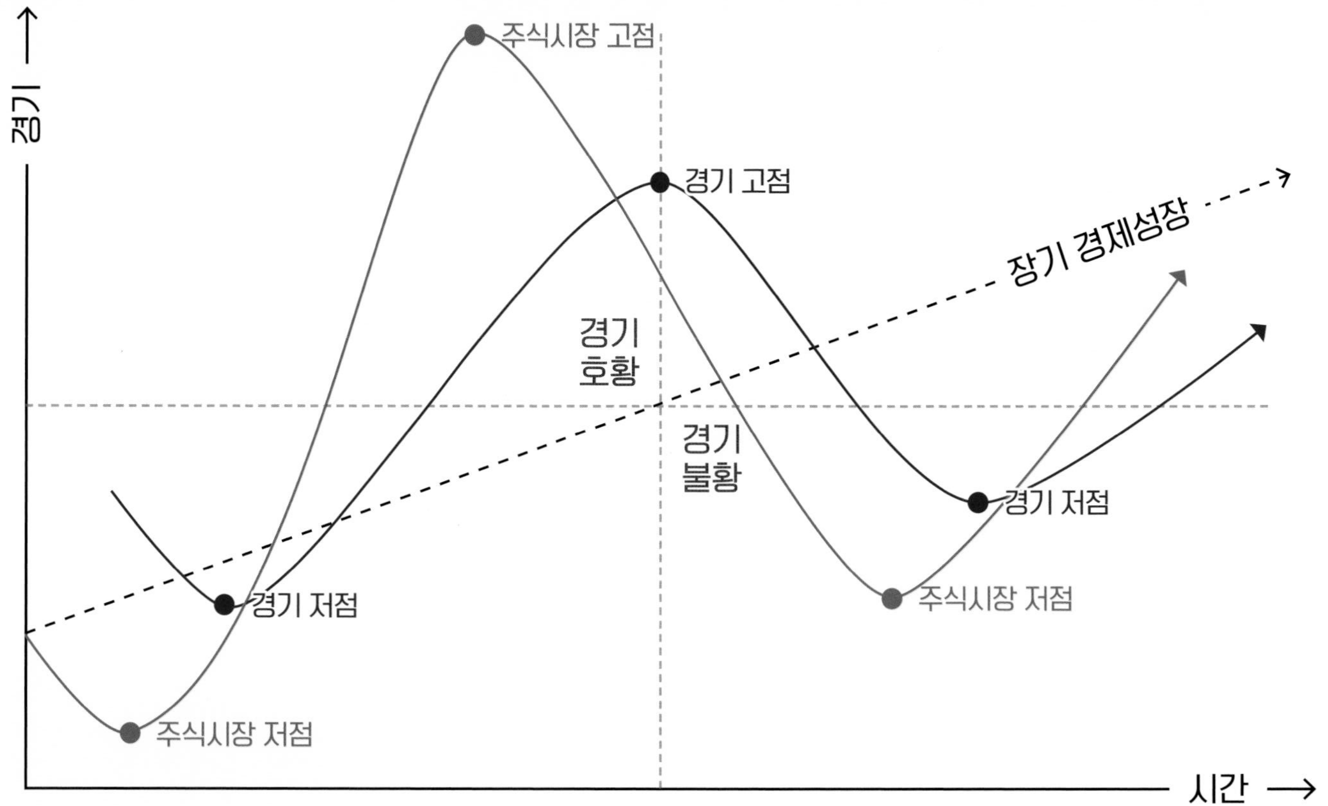

주식 시장은 영원하며, 반드시 다시 추가 상승한다.

주식 순환의 원리

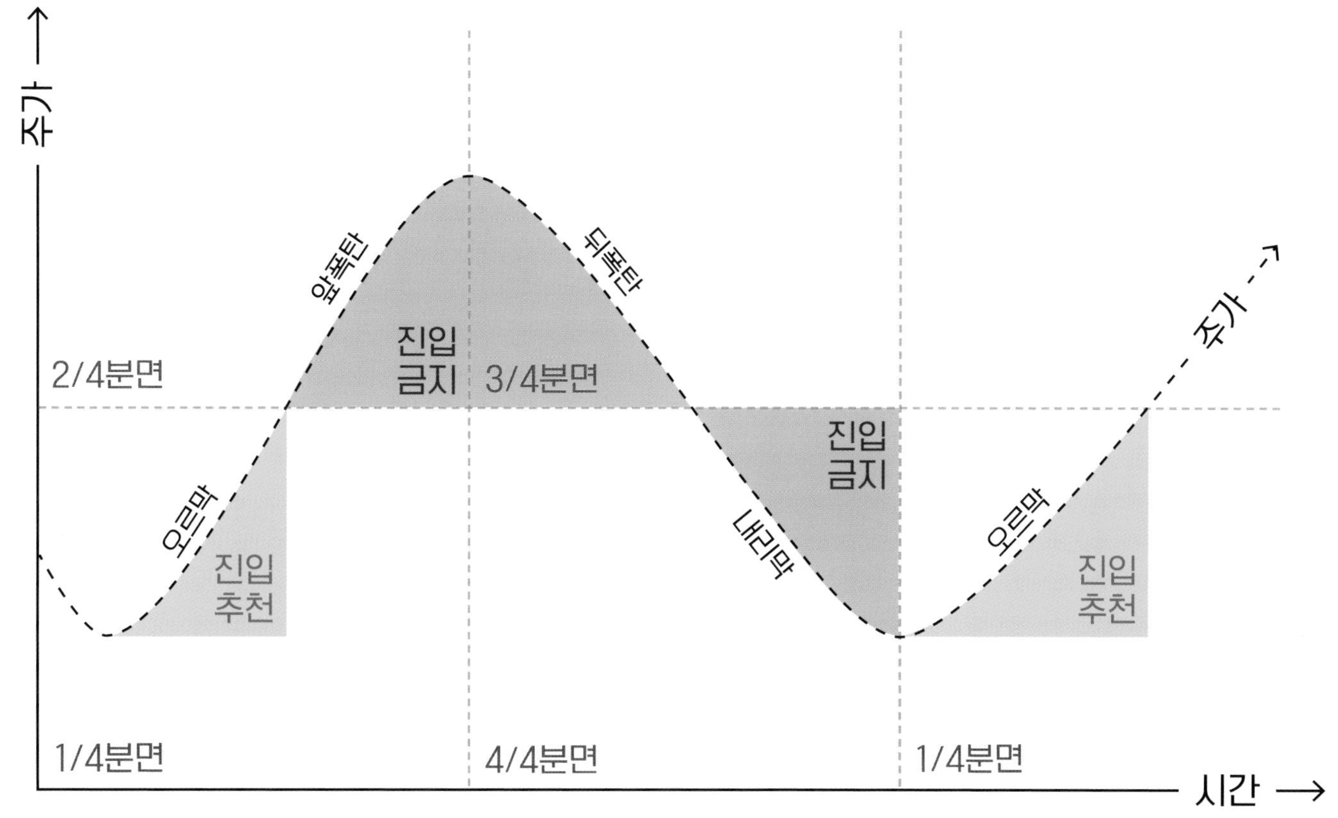

주가 →

2/4분면
1/4분면
오르막
진입
추천
앞폭탄
진입
금지
3/4분면
4/4분면
뒤폭탄
내리막
진입
금지
1/4분면
오르막
진입
추천
주가
시간 →

오르막 1/4분면에서만 사라.

'좋은 주식'이 아닌 '팔릴 주식'을 사라

다시 한번 강조하지만, 주식은 '좋은 주식'이 아니라 '팔릴 주식'을 사야 한다. 오르막 1/4 분면에서 상승하고 있는 주식을 사야 한다. 2/4, 3/4, 4/4 분면에 있는 주식을 사서는 다른 사람에게 내가 산 가격보다 더 높은 가격에 팔기가 힘들다. 내가 그동안 물렸던 것의 90% 이상이 2/4, 3/4 분면에서 산 것이다. 평균 2년 이상 보유했다. 나의 평가손 90% 이상이 2/3, 3/4 분면에 산 것이다. 폭탄받이가 된 것이다. 1/4 분면에서 사면 팔릴 확률이 99% 이상이다. 고점 진입이 아니다. 처음부터 원바닥, 판바닥 대비 100% 미만 상승한 종목만 찾고 들어가야 한다.

내가 탐욕에 의해 고점 진입을 하고 있다고 깨닫는 데 ❶ 5년 반 걸렸다. ❷ 3만 건 이상 거래했다. ❸ 평가손이 -40%를 넘어갔다. ❹ 7번의 깡통을 찼다. ❺ 잔고 11억 원이 묶여 돈을 제대로 못 벌었다.

신은 ❶ 탐욕에 눈이 먼 투자자를 절대 용서하지 않는다. ❷ 고점 진입하여 상투를 잡은 투자자를 절대 용서하지 않는다. ❸ 불나방과 검투사는 반드시 죽는다.

나는 그동안 꼭 상투를 잡는 얼간이 투자자였다. 추격매수와 고점 진입이 나의 주특기였다. 주가가 하락했을 때 볼 손실보다는 눈에 보이는 돈을 먼저 생각했다. 불나방이었다. "신은 상투를 잡은 투자자와 하락장에서 매수하는 투자자를 용서하지 않는다"라는 말을 알면서도 실천하지 못했다. 탐욕에 눈이 어두워 원바닥, 판바닥 대비 100% 이상 상승한 종목에 용감하게 불나방이 되어 불폭탄에 뛰어들었다. 팔릴 주식이 아닌 팔리지 않을 주식만 사고 있었다. 그 결과는 너무나 처참하였다.

많은 실패와 좌절 끝에 내가 깨달은 것은 "팔기 힘든 주식을 허리에서 사서 어깨에서 판다"가 아니라, "팔릴 주식을 무릎에서 사서 허리에서 판다"다.

1/4 분면에서 발생한 장대양봉은 시장의 암호, 신호, 단서다. 추세 전환점이다. 급소다. 황금알을 낳는 황금 거위다. 들어가고 나가는 시점을 알려 주는 도구이자 기준이다. 시장에서 '팔릴 주식'을 알려 준다. 최적의 완벽한 타이밍을 알려 준다. 신의 한 수다. 신의 선물이다. 신의 축복이다.

내가 망각하고 있던 치명적 오류

기본적 또는 기술적 분석 투자 이전에 주식 투자를 함에 있어 '내가 망각하고 있는 치명적 오류'가 무엇인지를 깨닫지 못하는 한, 주식에서의 성공은 요원하고, 주식 이전에 나를 파멸하게 만든 '근본 원인'을 해결할 수 없다. ❶ 내가 망각하고 있는 치명적 오류가 무엇인지 ❷ 왜 그것이 안 되는지 ❸ 근본적 원인이 무엇인지를 알아야 한다. 나의 경우는 탐욕에서 비롯된 '고점 진입'이었다. 내가 나를 모르고 나를 못 이기는데 어떻게 남과 시장을 이길 수 있는가?

가설 모든 주식은 돌림빵이다. 돌고 돈다.

검증 지수가 크게 급등하고 전고점을 돌파해도 전체 평가손이 줄지 않고 오히려 는다. 곧 하락하는 개별 주식이 많다.

오류 과다한 고점 진입을 하면 주가가 원바닥까지 지속 하락한다. 돌고 돌지 않는 것이 있다. 돌더라도 시간이 아주 오래 걸린다.

물린 것의 90% 이상이 원바닥·판바닥 대비 100% 이상 상승한 고점에 진입하여 지수 반등과 관계없이 지속 하락했다. 높이 올라갔던 것일수록 더 많이 하락했다. 100-1=99가 아니라 0이었다. 아주 치명적이었다. 물이 들어와 있을 때는 모르고 있었다. 계속 물이 차 있을 것으로 착각했다. 썰물로 물이 다 빠지고 나니, 나의 온갖 흉악한 잘못들이 드러났다. 그때야 비로소 깨닫게 되었다. 지수가 상승하는데 내 보유 종목은 오히려 하락하고 있었다.

나는 그때까지 내가 나를 모르고, 못 이기고 있다는 것을 깨닫지 못하고 있었다. 내가 나 자신조차 못 이기는데 어떻게 남과 시장을 이길 수 있는가? 모든 문제의 원인은 나에게 있고 해결책도 나에게 있다. 나는 문제의 원인을 알아냈고 해결책도 찾았다.

나의 해결책은 「12번 깡통 차게 만든 이런 종목 절대 사지 마라」이다.

2.

기초 개념

원바닥

주가의 상승 정도를 판단하려면 먼저 기준이 되는 바닥이 어디인지를 알아야 한다. 주가가 하락하더라도 그 이상 추가 하락하지 않는 바닥이 어디인지를 가늠하는 것은, 역으로 과도한 고점에 진입하지 않기 위해 매우 중요한 개념이다.

차트 02 일봉 600일을 살펴보자. 코로나 사태로 인한 대폭락 당시를 빼면 4,000원을 오랫동안 유지하는 것을 한눈으로도 알 수가 있다. 이런 종목은 4,000까지 내려오면 무조건 진입하는 것이 좋다. 차트 03 주봉을 보면 2016년 15,200원 최고가였던 주가가 반의반 토막이 나서 코로나 사태 시 2,350원까지 하락하였다가 4,000원에서 강력한 지지를 받고 있음을 알 수 있다. 차트 04 월봉을 통해 4,000원이 강한 바닥이라는 것을 더욱 확신할 수 있다.

다중봉

원바닥 대비 2배

원바닥

최저 2,350 (03/23)

최고 12,400 (02/07)

차트 02 용평리조트 | 일봉 | 600

차트 03 용평리조트 | 주봉

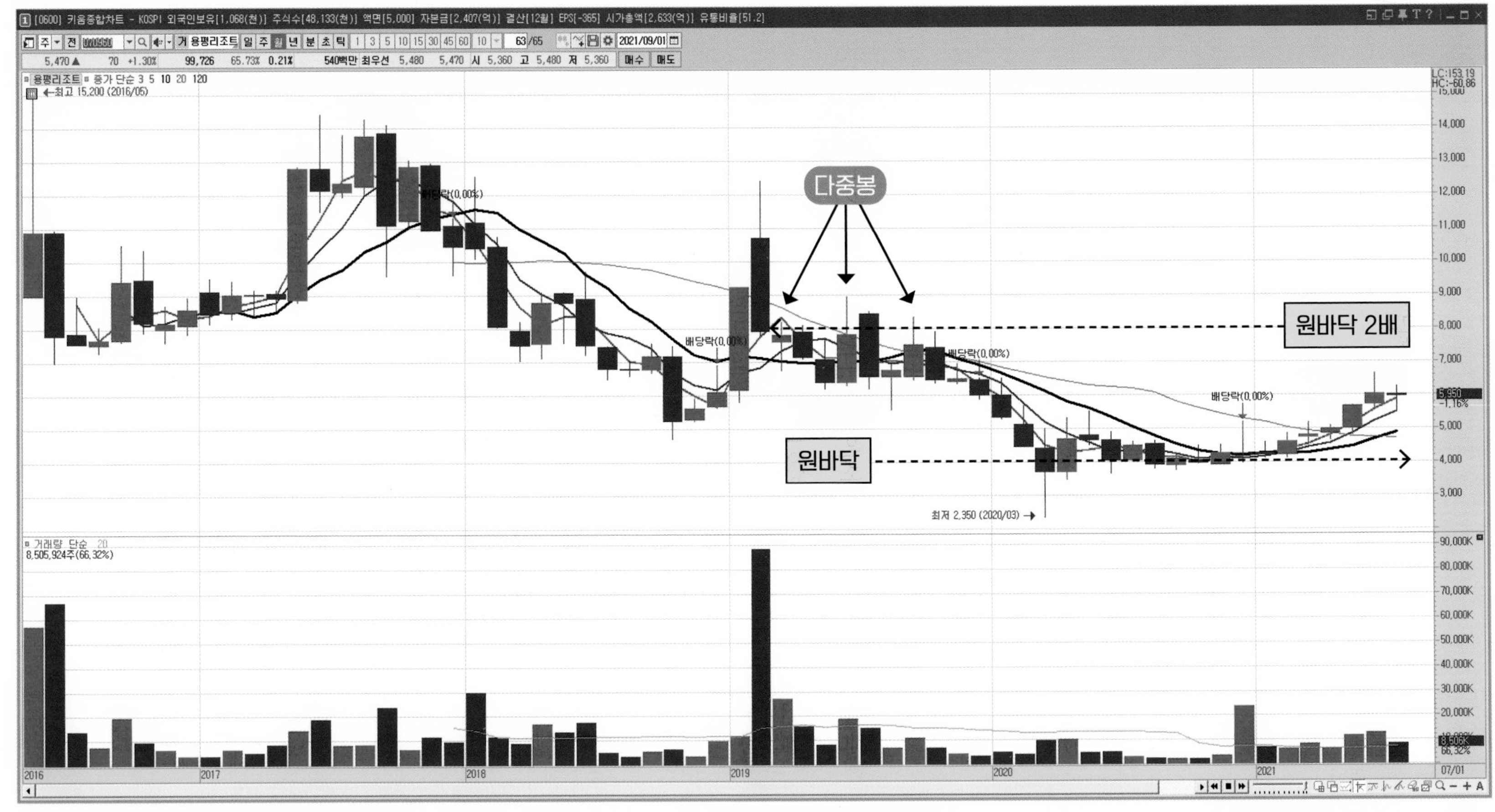

차트 04 용평리조트 | 월봉

원바닥을 4,000원으로 보면 어디까지 상승할 것인가를 유추할 수 있다. 원바닥의 2배인 8,000원까지는 무난히 상승할 것으로 보인다. 멀리 앞을 보면 2019년 4월과 5월, 총 3번에 걸쳐 8,000원 돌파를 시도하였다가 실패한 것을 알 수 있다. 이번에도 8,000원 돌파가 쉬워 보이지는 않는다. 2019년 8,000원대에서 물린 많은 비자발적 장기 투자자들이 본전이 되기만 기다리고 있을 것이다. 2020년 12월 9일 발생한 장대양봉(거래량 1천 7백만 주)을 보고 진입한 투자자들은 지금 약 50%의 이익을 누리면서 8,000원이 되기를 여유 있게 기다리고 있을 것이다.

판바닥

종목에 따라서는 원바닥만 형성하는 것이 아니라 두 번째, 세 번째 바닥을 형성하는 때도 있다. 이런 경우를 편의상 '판바닥'이라고 필자가 이름을 붙였다. 얼마 정도 추가 상승하고 또 얼마부터는 극도의 경계심을 갖고 접해야 하는지 알기 위해서다. 원바닥만으로 판단을 하다가 여러 차례 좋은 기회를 놓친 경험에서 우러난 산물이다.

차트 05 일봉 600일을 보면 코로나 사태로 인한 대폭락 당시를 빼면 2,500원이 원바닥임을 알 수가 있다. 이런 종목은 2,500원까지 내려오면 무조건 진입하는 것이 좋다. 실제로 2020년 6월 3,500원 돌파한 가격이 9월에는 2,500원 수준까지 하락한 후 재상승하였다. 이 종목을 2,500원을 원바닥으로 보고 2021년 6월 가격이 원바닥의 2배 수준에 이르러서 앞폭탄이 될까 봐 진입하지 않으면 좋은 기회를 놓칠 수 있다. 왜냐하면, 3,500원에서 새롭게 판바닥을 형성하였기 때문에 앞폭탄 고점을 7,000원으로 보아야 한다. 주봉과 월봉을 보면 더욱 명확히 알 수 있다.

차트 06 주봉을 보면 2018년 말, 2019년 초에 3,500원대에서 바닥이 형성된 것이 보인다. 그리고 그 전고점이 2018년 5월에 7,920원인 것이 보인다. 따라서 저항선인 4,500원을 돌파하였기 때문에 앞으로 7,000원까지는 무리 없이 갈 것으로 예상할 수 있다.

차트 07 월봉을 보면 최고가가 2014년 6월 12,500원이고, 코로나 사태 당시 최저가 1,230원을 찍고 턴 어라운드해 상승하고 있음을 한눈에 알 수 있다. 만약 8,000원을 돌파한다면 10,000원 이상까지도 갈 수 있다. 현 상황에서는 판바닥 3,500원, 고점 7,000원으로 보고 대응하는 것이 확률적으로 타당하다.

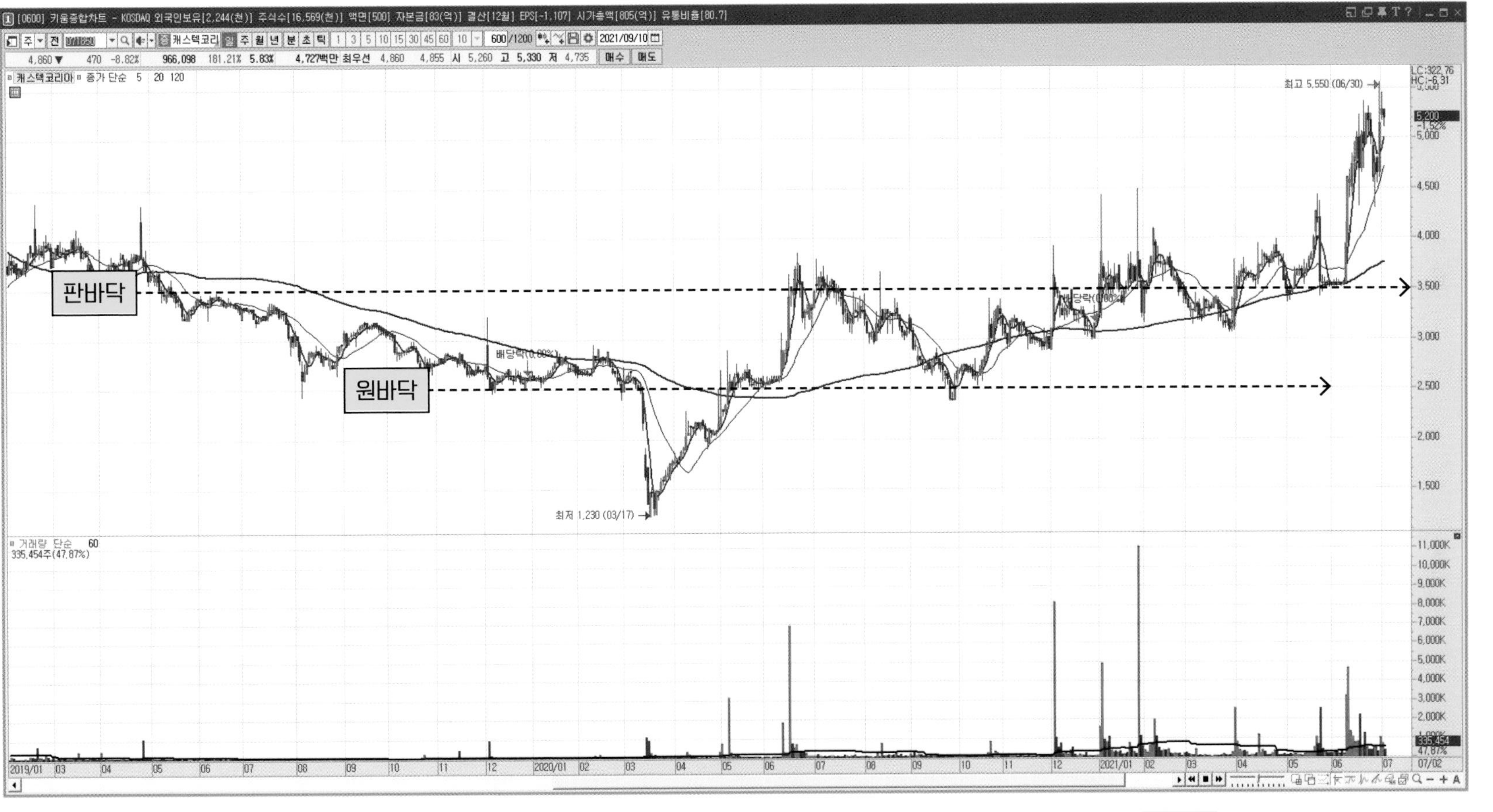

차트 05 캐스텍코리아 | 일봉 | 600

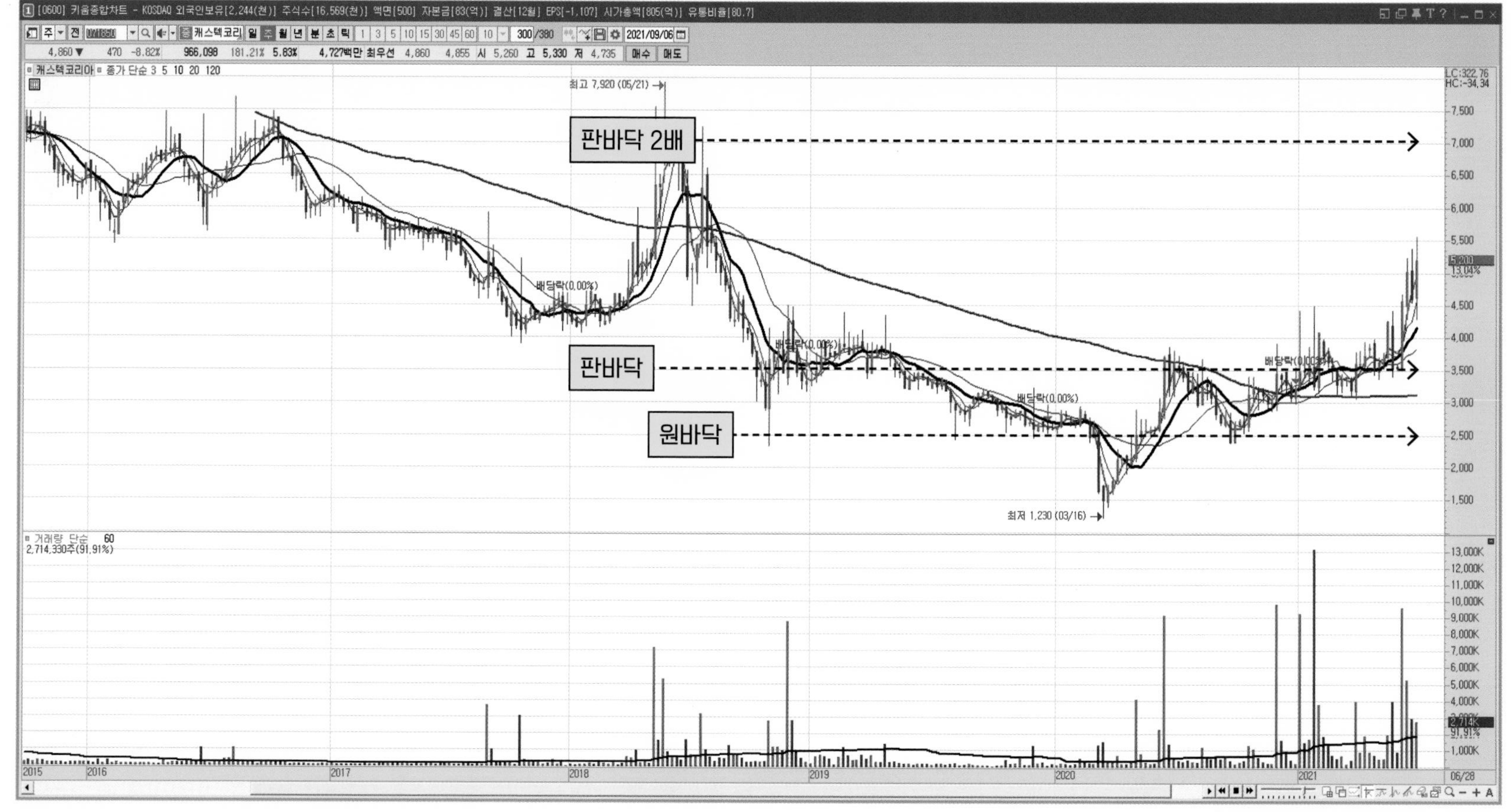

차트 06 캐스텍코리아 | 주봉

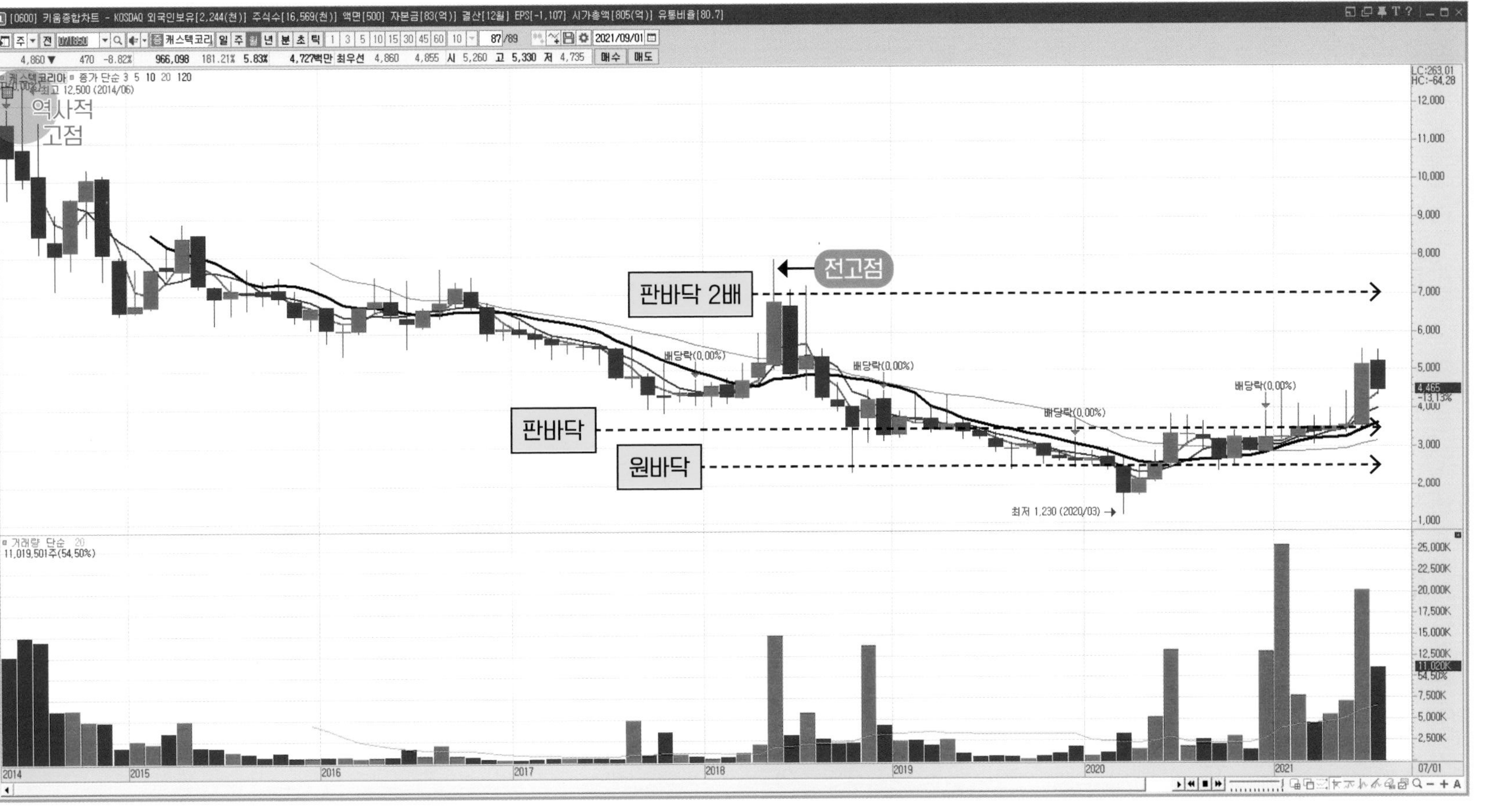

차트 07 캐스텍코리아 | 월봉

장대음봉

장대음봉은 주식 투자자가 가장 멀리하고 두려워해야 하는 캔들이다. 여러 가지 종류 중에서도, 고점에서 발생하는 거래량이 실린 장대음봉을 제일 두려워해야 한다. 두 번째는 내리막 도중에 발생하는 거래량 실린 장대음봉이다. 이 두 가지의 경우는 세력이 그동안 매집해 온 물량을 터는 와중에 반드시 발생하는 자연스러운 현상이고 일종의 법칙과도 같다. 주식 투자자는 이 두 가지 경우가 발생하는 종목은 보유하지 않고 있으면 눈길도 주지 말고, 보유 중이라면 빨리 팔고 도망쳐야 한다.

차트 08 일봉 200일을 보면 1,250원 선에서 원바닥을 형성하고 있다. 2021년 6월 4일 122백만 주의 대량 거래량이 터지면서 20% 상승하고 장대양봉을 만들었다. 비록 2020년 11월 20일의 전고점을 돌파하지는 못하였지만, 거래량이 당시 거래량 115백만 주보다 많아서 전고점인 1,870원을 돌파하는 순간 진입해야겠다고 마음먹고 기다리다가 1,875원에 진입해야 한다. 원바닥이 1,250원이기에 2,500원까지는 갈 것으로 예상하여야 한다. 다음날 상한가를 치고 다행히 2,500원을 넘지 않아 더 기다려야 할 것이다. 드디어 그다음 날 12% 갭 상승하여 시가가 2,620원에 시작하였다. 고점 2,960원, 27% 상승 후 꺾여서 종가 2,505원, 7.7% 상승으로 마감하였다. 이익 최대화를 위해서는 10분 캔들볼륨 차트를 보면서 거래량이 대폭발한 후 만든 10분 캔들볼륨 봉 시가를 하향 돌파하는 순간 매도하여야 할 것이다. 이날 발생한 거래량이 무려 236백만 주로 그전 최대 거래량 122백만 주의 2배가량이다. 이 정도 거래량이면 세력들이 매집한 물량을 모두 털었다고 보아야 할 것이다. 이날 매도하였으면 뒤도 돌아보지 말고 다른 종목으로 갈아타야 한다. 다음날 도지형 음봉캔들을 만들면서 거래량도 9천 4백만 주 발생하였다. 세력들이 아직 못다 한 설거지를 했다고 보아야 한다. 향후 고점인 2,960원을 돌파하기 위해서는 거래량이 236백만 주보다 훨씬 더 많이 터져야 하는데 쉽지 않은 일이다. 확률적으로 10% 이하로 보아야 할 것이다. 이런 종목에 아직도 미련을 버리지 못하고 거래가 하루 천만 주 발생하는 것을 보면 그저 신기할 따름이다. 나도 옛날에는 고점 대비 20~30% 하락하면 상대적으로 싸게 보이고 마치 다시 상승할 것 같은 기분이 들어 많이 진입하였다. 그 결과 거액 손절매를 경험하게 되었다. 지금은 앞에 거래량이 많은 고점 장대음봉이 있는 종목은 절대 쳐다보지도 않는다.

차트 09 일봉 600일을 보면 원바닥이 750원이고 판바닥이 1,250원이라는 새로운 사실을 확인할 수 있다. 원바닥 750원에 2배인 1,500원 이상에서 장대음봉이 2번씩이나 발생하였고, 그전에 발생한 장대양봉은 우리에게 수익 기회를 여러 번 주었다는 사실을 알 수 있다. 그 후 다시 판바닥을 1,250원에 형성한 것이 보인다. 2021년 6월 8일 발생한 장대음봉은 그전에 발생한 모든 거래량을 압도하고 있어 당분간 이 가격을 넘는 것은 불가능에 가까워 보인다.

차트 10 주봉을 보면 원바닥 750원, 판바닥 1,250원이 더욱 명확히 보인다. 역사적 고점 3,895원도 보인다. 또한, 2021년 6월에 발생한 거래량이 역사적 고점을 형성할 때 발생한 거래량보다 훨씬 더 많았다는 것을 알 수 있다. 추가 상승이 어렵다는 것을 쉽게 짐작할 수 있다. 따라서 이 종목은 당분간 아예 쳐다보지도 말고 상대적으로 더 좋은 종목에 진입하여야 할 것이다.

차트 11 월봉을 보면 원바닥 750원, 판바닥 1,250원이 더욱더 명확히 보인다. 역사적 고점 3,895원도 더욱더 명확히 보인다. 거래량 또한 역사적 고점보다 2021년 6월 거래량이 2배 이상 많다는 것을 인지할 수 있다. 추가 상승이 정말로 힘들겠다는 것이 피부에 와 닿는다. 고점에서의 장대음봉, 주식 투자자라면 모두가 도망쳐야 하는 최고로 두려운 존재다.

차트 08 우리기술 | 일봉 | 200

차트 09 우리기술 | 일봉 | 600

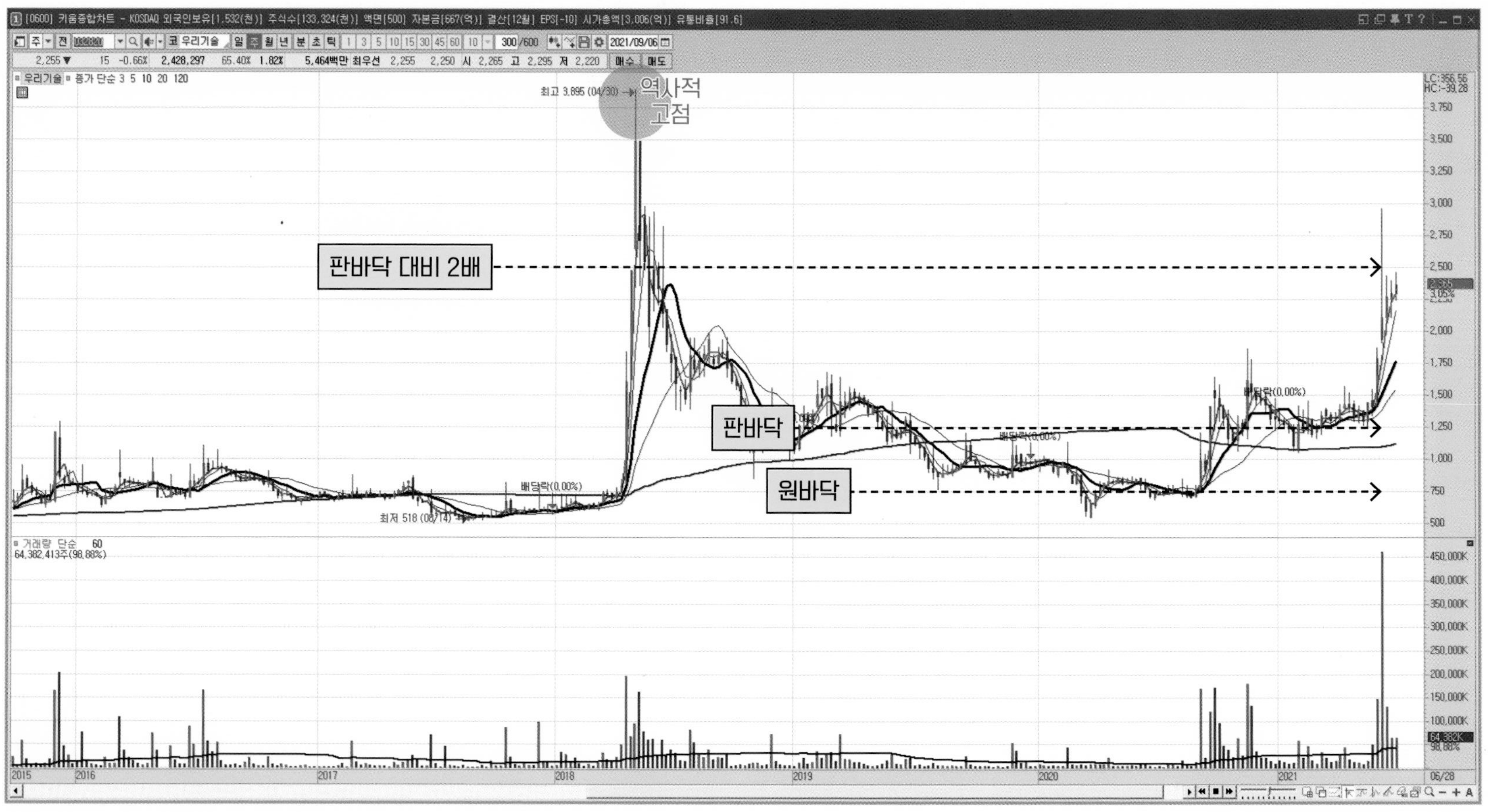

차트 10 우리기술 | 주봉

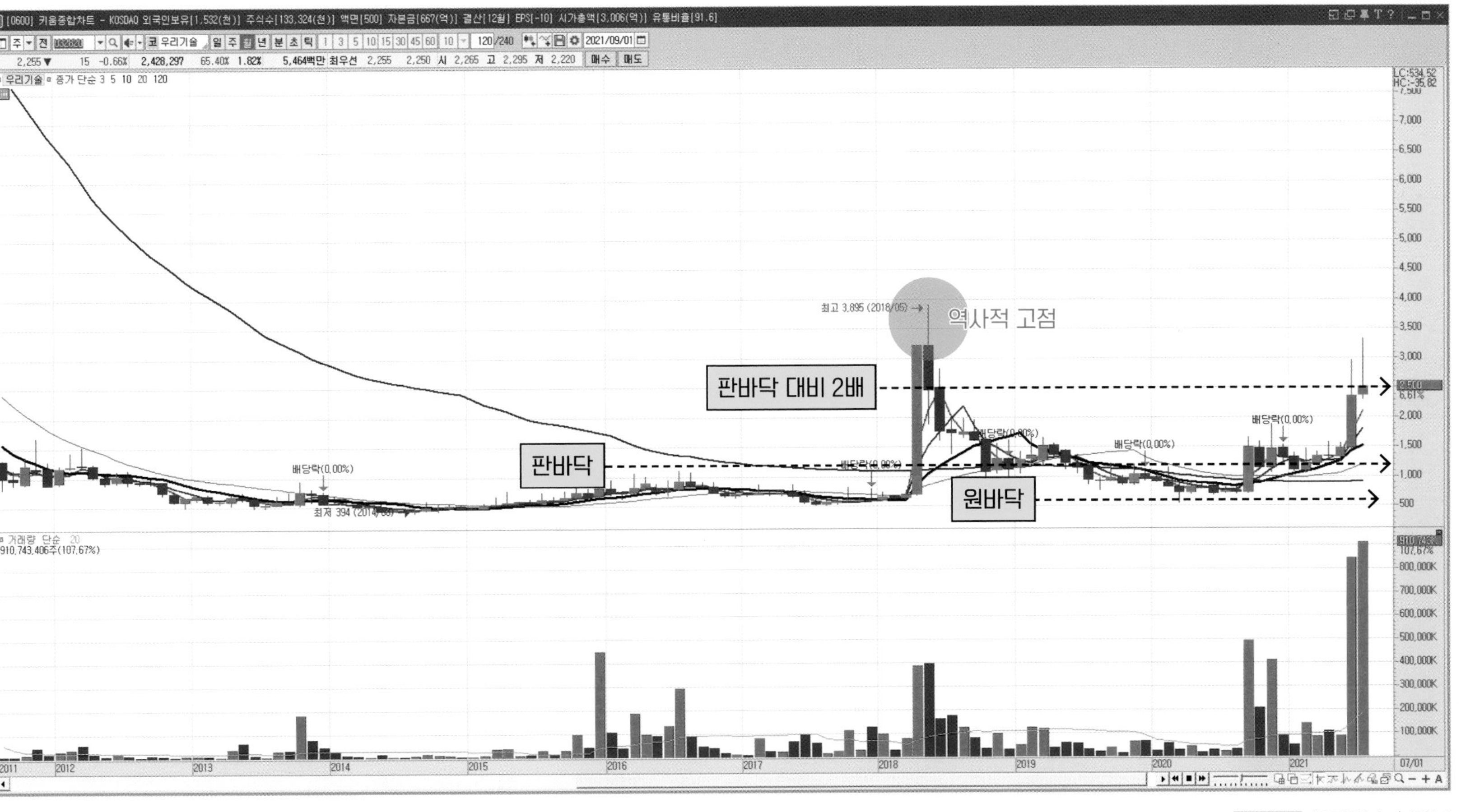

차트 11 우리기술 | 월봉

3.

절대 사지 말아야 할 종목

앞폭탄

차트 01 일봉 200일을 보면 2021년 1월 5일, 전고점인 40,800원을 전일 거래량의 434%, 60일 평균 거래량의 9배를 폭발하면서 강력하게 돌파하였다. 고가가 26%, 종가 18% 상승하여 커다란 장대양봉이 발생하였다. 종가 47,600원에 안착하였다. 이날 거래량은 그전까지의 최대 거래량인 2020년 9월 24일 거래량 1.8백만 주를 능가하는 1.95백만 주의 최대 거래량이었다. 이 시점에서는 당연히 진입해야 한다. 바닥 가격이 약 3만 원점인 것을 고려하면 3만 원의 2배까지는 안정적으로 가겠다고 예상하고 진입해야 한다. 바닥 대비 2배 이상 상승하는 경우를 필자는 '앞폭탄'이라고 이름 붙였다. '앞폭탄'에 가까울수록 폭발하여 폭락할 가능성이 크기에 주위를 극도로 하기 위해 붙인 것이다. 가격이 6만 원을 넘으면 앞폭탄을 맞을 가능성이 있어 6만 원을 넘겨서 꺾이는 순간 매도를 준비하고 있어야 한다. 6~8일 계속 가격이 상승하여 55,000원을 돌파하였다. 거의 바닥 대비 2배에 이르렀다.

차트 01 유틸렉스 | 일봉 | 200

차트 02 일봉 600일을 보면 2019년 3월과 4월에 톱니바퀴를 형성하면서 내려오고 있는 봉우리들과 거의 마주하고 있다. 이때 물린 투자자들이 주가가 올라오기만을 호시탐탐 노리고 있을 것이 분명하다.

차트 03 주봉을 보면 더욱 명확해진다. 2019년 3월과 4월 벽이 두꺼운 것을 알 수 있다. 많은 투자자가 본의 아니게 장기 투자하고 있음을 실감할 수 있다. 고점이 임박했음을 피부로 느낄 수 있다.

차트 04 월봉을 보면 더욱더 명확해진다. 2019년 3월과 4월의 월봉이 긴꼬리를 달고 하락한 것이 보인다. 나도 주가가 꺾이면 던져야겠다고 마음먹고 있어야 한다. 차트를 볼 때는 후보 종목이 선정되면 항상 일봉 200일, 일봉 600일, 주봉, 월봉을 같이 보고 진입 여부를 최종 결정해야 한다.

그 후 어떻게 되었을까? **차트 05** 일봉 600일 결과를 보면 1월 11일 도지 일봉을 만들더니 드디어 12일에 6만 원을 돌파하여 61,700원 고점(+11%)을 찍고 긴꼬리를 달고 내려오면서 -4%에 장을 마감하면서 고점 장대음봉을 만들었다. 그 후 계속 하락하여 2021년 6월 일봉을 보면 1월 최고가 61,700원 대비 거의 원바닥에 가깝게 반 토막 난 것을 볼 수가 있다. 2021년 1월 12일 장대음봉에 털지 못했으면 크게 물렸을 가능성이 크다. 전형적인 앞폭탄의 사례인 것이다. 뒤에서 설명하겠지만 3월에 다시 크게 급상승하면서 개미들의 추가 진입을 유혹하였다. 그러나 전고점을 넘지 못하고 다시 추가 하락하였다. 이것은 뒤폭탄의 전형적인 사례다.

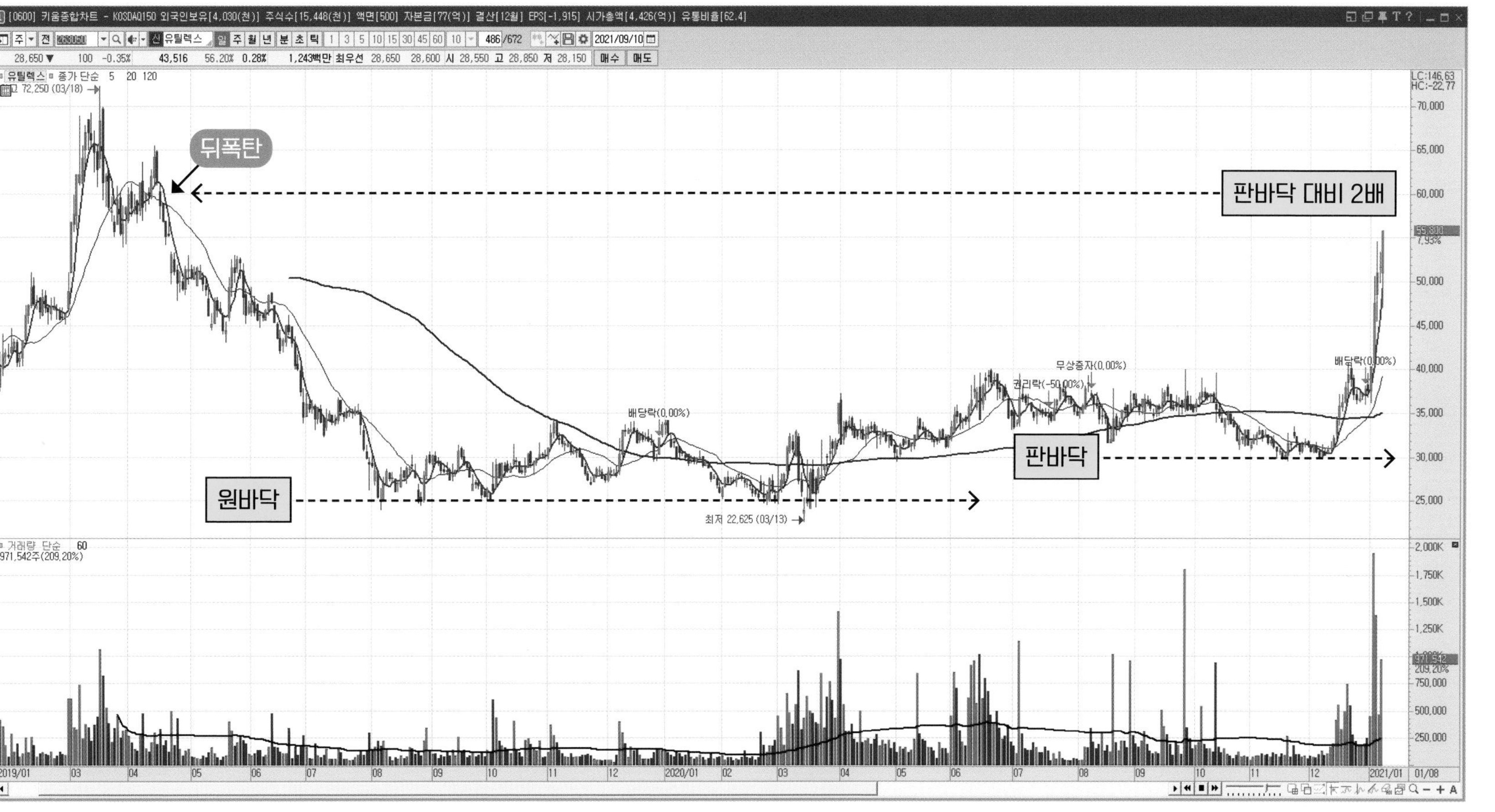

차트 02 유틸렉스 | 일봉 | 600

[0600] 키움종합차트 - KOSDAQ150 외국인보유[4,030(천)] 주식수[15,448(천)] 액면[500] 자본금[77(억)] 결산[12월] EPS[-1,915] 시가총액[4,426(억)] 유통비율[62.4]
고점 횡보
판바닥 대비 2배
판바닥
최고 72,250 (03/18)
최저 22,625 (03/09)
배당락(0.00%)
무상증자(0.00%)
권리락(-50.00%)

차트 03 유틸렉스 | 주봉

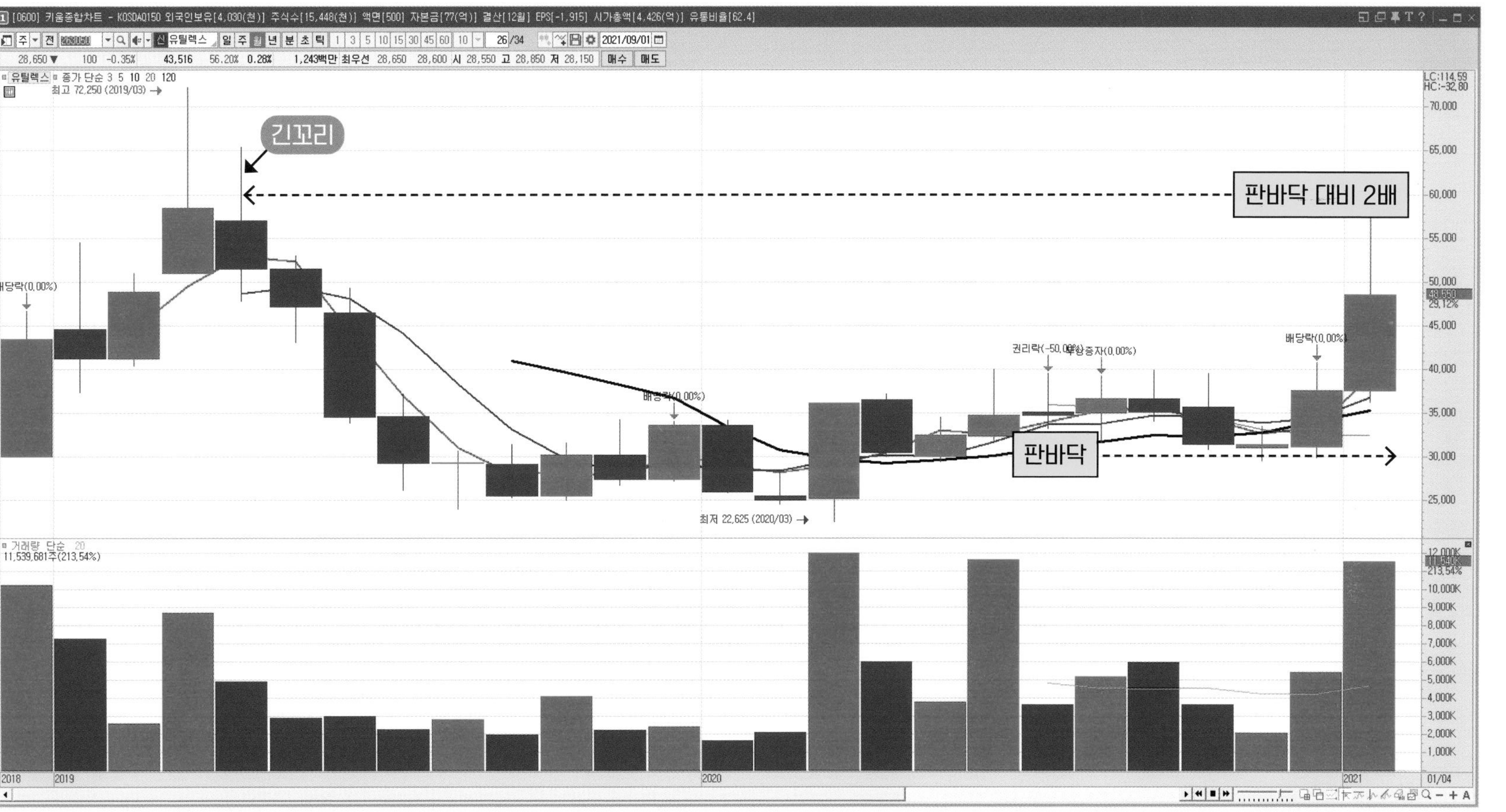

차트 04 유틸렉스 | 월봉

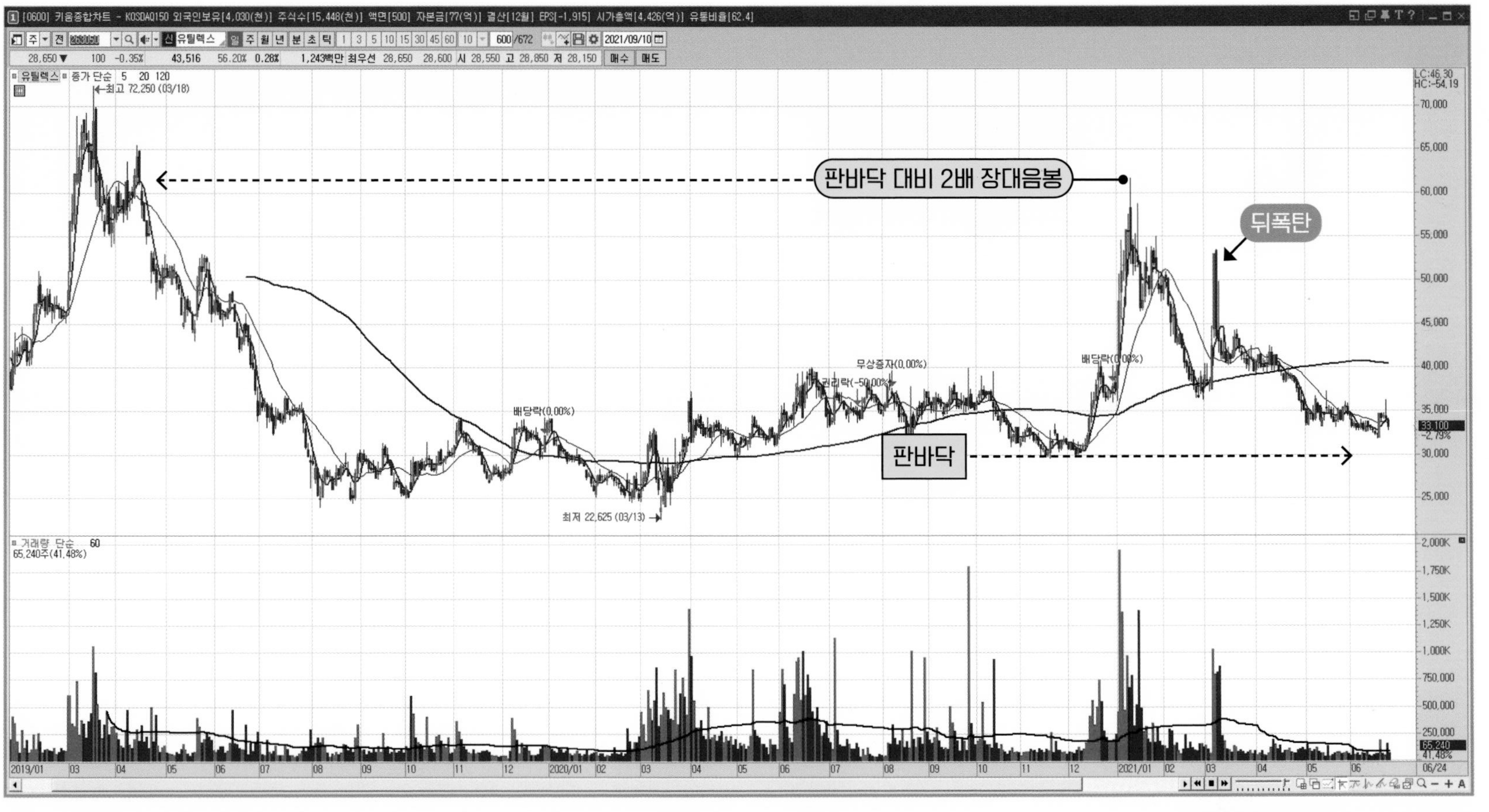

차트 05 유틸렉스 | 일봉 | 600

뒤폭탄

차트 06 일봉 200일을 보면 2021년 1월 27에 1월 6일 장대음봉, 고가 18,850을 찍은 봉우리와 쌍봉을 이루었다. 고가 18,800으로 전고점을 돌파하지 못하고 다시 긴꼬리를 달고 내려왔다. 1월 초 원바닥 6,000원의 2.7배, 판바닥 8,000원의 2배인 16,000원을 돌파하고 긴꼬리를 달고 내려왔다. 최대 거래량도 1천 7백만 주나 되었다. 1월 27일 대량 거래량이 다시 터지면서 마치 전고점인 18,850원을 돌파하는 것처럼 하면서 개인 투자자를 유혹하였다. 이것은 세력이 1월 6일 보유 물량을 충분히 털지 못하여 일어난 일이다. 개미들은 이 종목이 다시 재상승하는 줄 알고 높은 가격에 진입하였지만 아쉽게도 전고를 돌파하지 못하였다. 덕분에 세력들은 뒷설거지를 깨끗이 하고 유유히 떠났다. 이렇게 고점에서 대량 거래량이 터지면서 가격이 재급등했으나 전고를 돌파하지 못하고 다시 하락하는 상태를 필자는 '뒤폭탄'이라고 이름 붙였다. 주식 투자를 하다 보면 이런 종목들을 수없이 만나는데 순간적으로 잘못 판단하면 쫓아 들어가게 된다. 이런 종목은 이미 앞폭탄이 발생하였기에 멀리하는 것이 상책이고 혹시 들어간다면 기다렸다가 18,850원을 돌파하면 진입하는 것이 좋다.

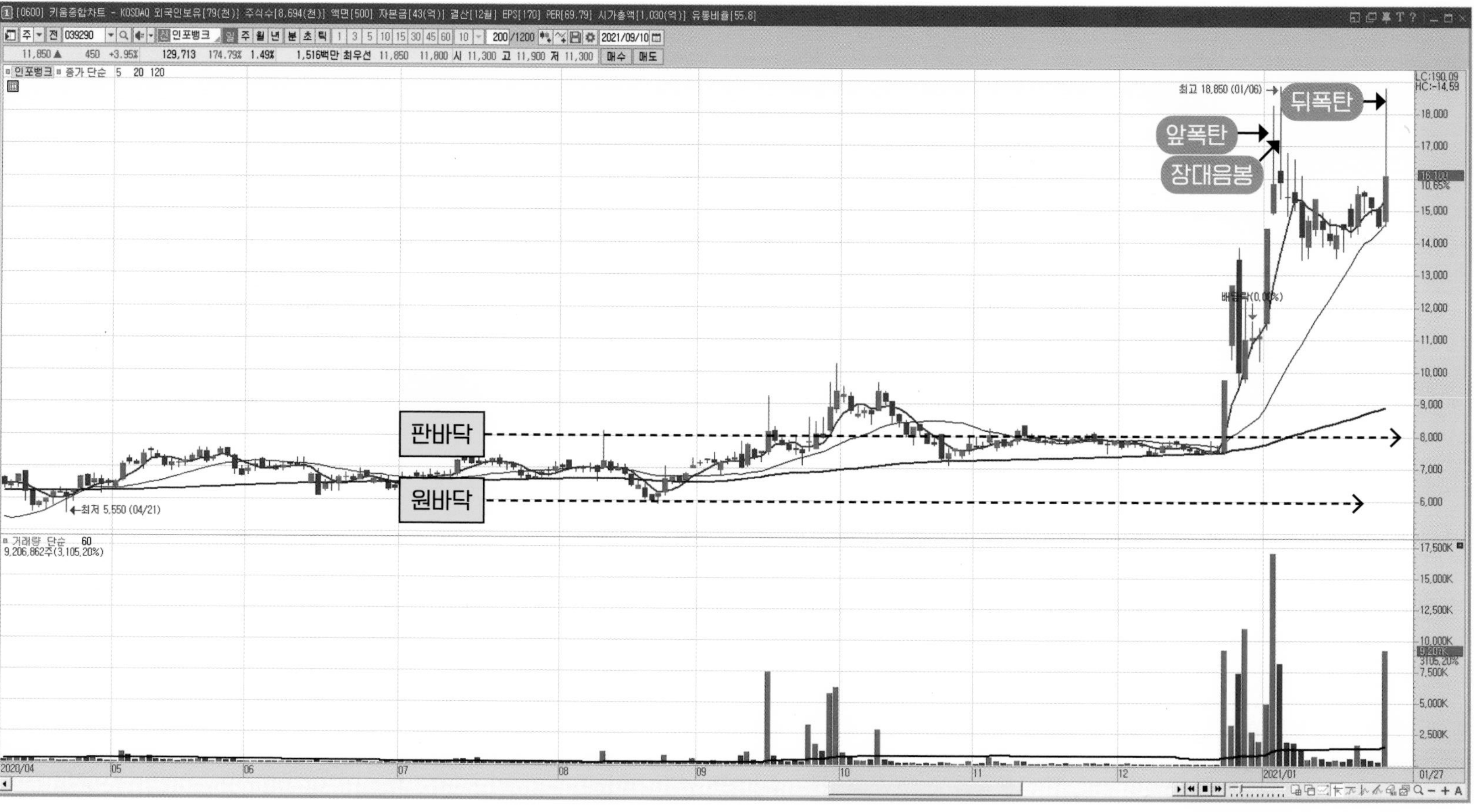

차트 06 인포뱅크 | 일봉 | 200

차트 07 일봉 493일을 보면 2021년 1월 27 쌍봉과 뒤폭탄이 더욱 명확히 보인다. 판바닥 8,000원에 이미 상한가가 3번이나 발생하였기에 될 수 있는 대로 눈길을 주지 않는 것이 좋다. 가는 말이 너무 많이 달려서 휴식이 필요한 상황이다.

차트 08 주봉을 보면 인포뱅크가 역사적 고점을 찍었음을 알 수가 있다. 2021년 1월 27일 쌍봉과 뒤폭탄이 더욱더 명확히 보인다. 원바닥 6,000원 대비 3배, 판바닥 8,000원 대비 2.4배의 고점을 찍었기에 이미 충분히 상승하였고 이 역사적 고점을 돌파하기 위해서는 또 다른 충분한 에너지가 필요함을 알 수가 있다. 확률은 낮지만, 만약 18,850원을 돌파하면 더 높게 상승할 수 있다. 그래서 이 종목은 기다렸다가 18,850원을 돌파하는 것을 보고 그때 진입하여야 한다.

결론적으로 바닥 대비 2배 이상 상승한 종목은 진입하지 않는 것이 좋다. 진입할 다른 종목도 많은데 굳이 이런 두 배 이상 상승한 종목에 진입할 이유가 없는 것이다. 많은 투자자가 종목을 선정하는 데 어려움이 많으므로 일단 눈에 띈 좋아 보이는 종목에 미련을 못 버리고 진입하는 경우가 너무나 많다. 혹시 진입하였더라도 항상 경계감을 늦추지 말고 있다가 꺾이면 가차 없이 매도해야 한다. 물론 원바닥, 판바닥 대비 2배 이상 상승하는 종목도 많다. 그러나 그 확률은 나의 경험으로 볼 때 평균 20% 수준에 불과하다. 나머지 80%는 원바닥을 찾아 하락하게 된다. 몇 번은 먹을 수 있겠지만 확률적으로 물리는 횟수가 많아 이것이 누적되면 결국은 큰 손실을 보게 된다.

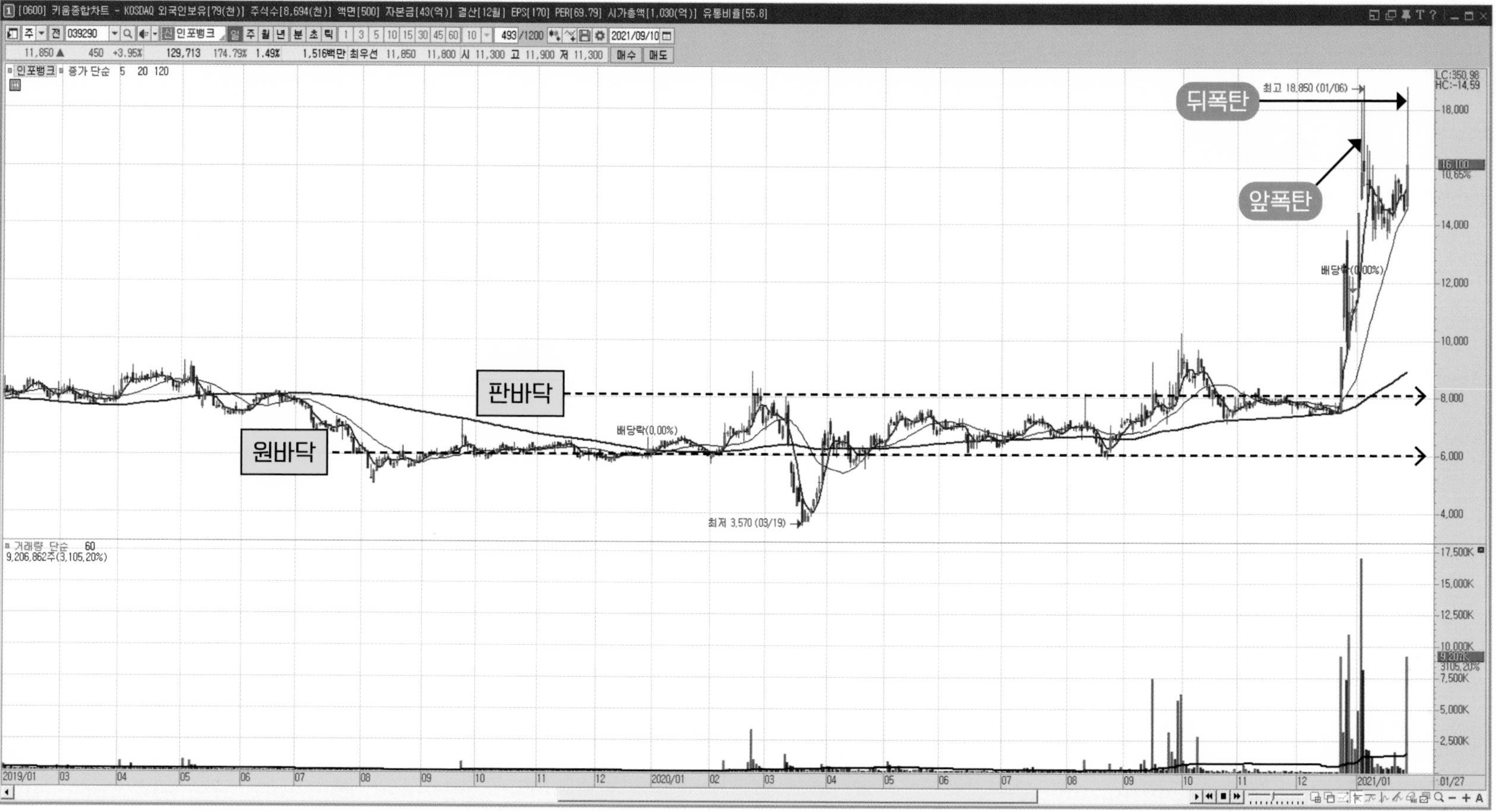

차트 07 인포뱅크 | 일봉 | 493

차트 08 인포뱅크 | 주봉

차트 09 월봉을 보면 2012년 10월 전고점인 15,300원을 1월 초에 이미 돌파하였음을 한눈에 볼 수 있다. 2017년 1월 돌파를 시도하였으나 무슨 사연인지 돌파하지 못하고 하락하여 반 토막이 났었다. 21년 1월 재차 시도하여 돌파하여 18,850원의 역사적 신고가를 만든 후 거래량이 폭발적으로 증가하지 못하여 긴꼬리를 달고 다시 내려왔다.

그 후 어떻게 되었을까? 차트 10 일봉 600일 결과에서 2021년 6월 일봉을 보면 뒤폭탄 맞고 10,000원대까지 하락한 후 다시 재차 상승하고 있다. 재상승을 위하여 기간 조정을 거치면서 에너지를 비축하고 있다. 이 종목이 다시 상승하기 위해서는 전 최대 거래량인 17백만 주보다 더 많은 거래량이 폭발적으로 터져야 할 것이다. 이 차트를 보면 2021년 1월 27일 뒤폭탄에 유혹이 되어 진입하는 것이 얼마나 위험한지를 실감할 수 있다.

차트 09 인포뱅크 | 월봉

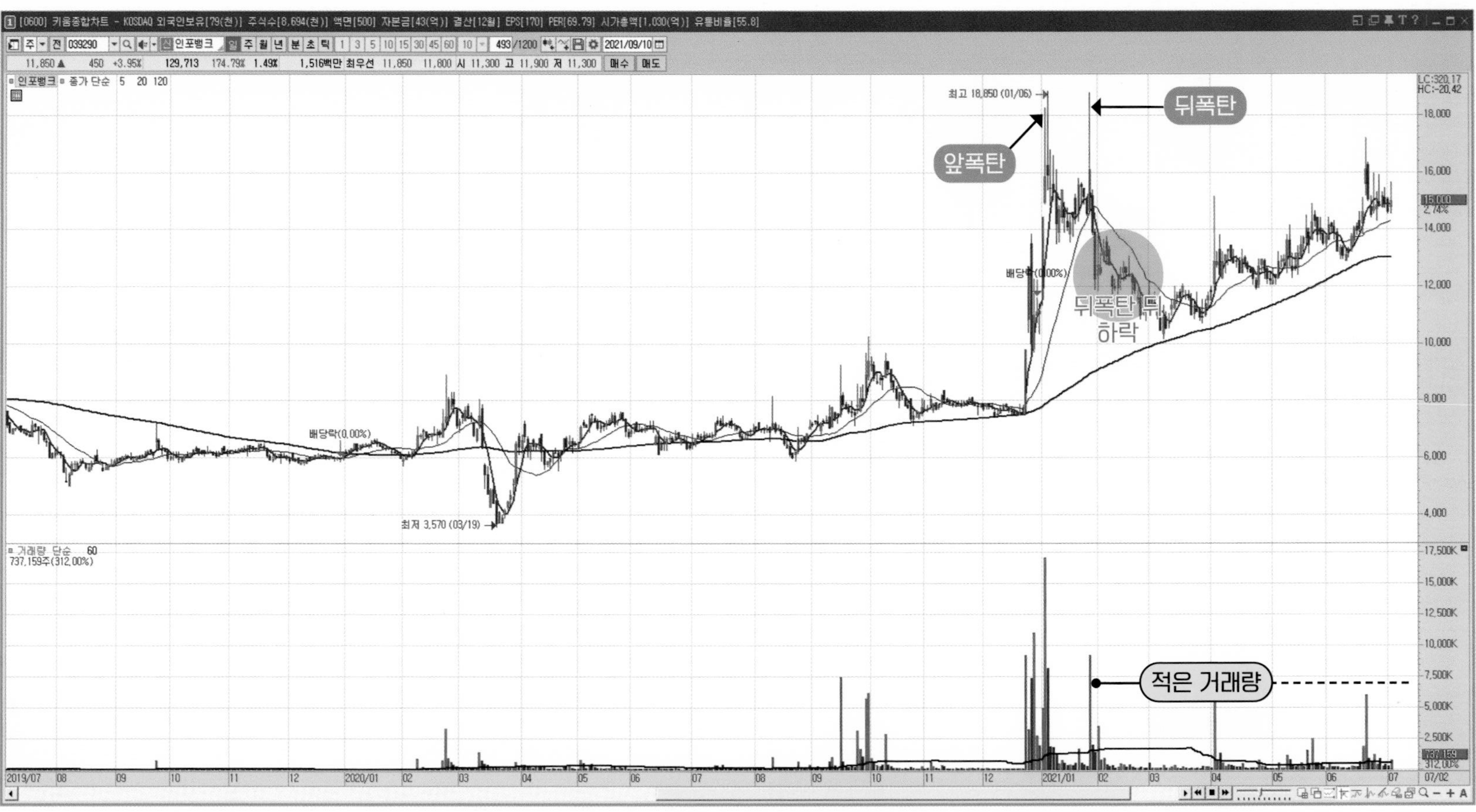

차트 10 인포뱅크 | 일봉 | 600

내리막 폭포

차트 11 일봉 200일을 보면 2021년 3월 9일 대량 거래량이 터지면서 장대음봉이 발생하여, 단숨에 고점 24,068원 대비 반 토막이 더 나서 10,001원까지 하락했음을 볼 수가 있다. 원바닥 10,000원 대비 2배 올라 2021년 2월 1일 장대양봉을 발생시키면서 전고를 돌파하였다. 그러나 그 후 추가 상승 시 거래량이 적게 발생하면서 전고를 돌파하였다. 에너지가 충분치 않은 상태에서 전고를 돌파하였다. 에너지 부족으로 20,000원 밑으로 하락한 후 2021년 3월 2일 뒤폭탄을 만들었다. 이때 거래량은 더욱더 빈약하였다. 에너지 부족으로 허덕이더니 3월 8일 하한가를 맞고 3월 9일 대량 거래량이 터지면서 또다시 하한가 비슷하게 폭락하였다. 이렇게 높은 산에서 폭포 떨어지듯이 폭락하는 현상을 필자는 '내리막 폭포'라고 이름 붙였다. 주식을 하다 보면 이런 내리막 폭포를 자주 만나게 되는데 단지 많이 하락하였다는 생각으로 진입하면 백전백패다. 이 종목은 이미 바닥 대비 2배 이상 상승하여 앞폭탄을 형성하였고, 뒤이어서 뒤폭탄까지 만들어서 폭락이 예견된 상태였다. 이런 종목은 거래량 없이 전고를 돌파하는 날부터 초긴장해야 하고, 22,000원을 하향 돌파하는 순간 매도했어야 한다. 아울러 뒤폭탄에 진입해서는 더욱더 안 된다. 앞폭탄, 뒤폭탄의 개념을 잘 파악하고 있다면 이런 대형 참사를 피할 수 있다.

차트 12 일봉 361일 상장초부터 살펴보면 2019년 9월 20일 고가 21,334원을 찍고 지속 하락하다가 8,000원에 원바닥, 10,000원에 판바닥을 형성하고 상승하여 전고를 2021년 2월 1일 전고를 돌파하였음을 알 수 있다. 그러나 거래량이 역대 최고 거래량의 절반도 안 되어 불안함을 느낄 수 있다. 이런 종목은 에너지가 절대적으로 부족하므로 고점에 진입하지 않는 것이 좋다.

뒤폭탄

최고 24,068 (02/09)

앞폭탄

배당락(0.00%)

내리막 폭포

원바닥

최저 8,200 (05/28)

대량 거래량 장대음봉

적은 거래량

차트 11 올리패스 | 일봉 | 200

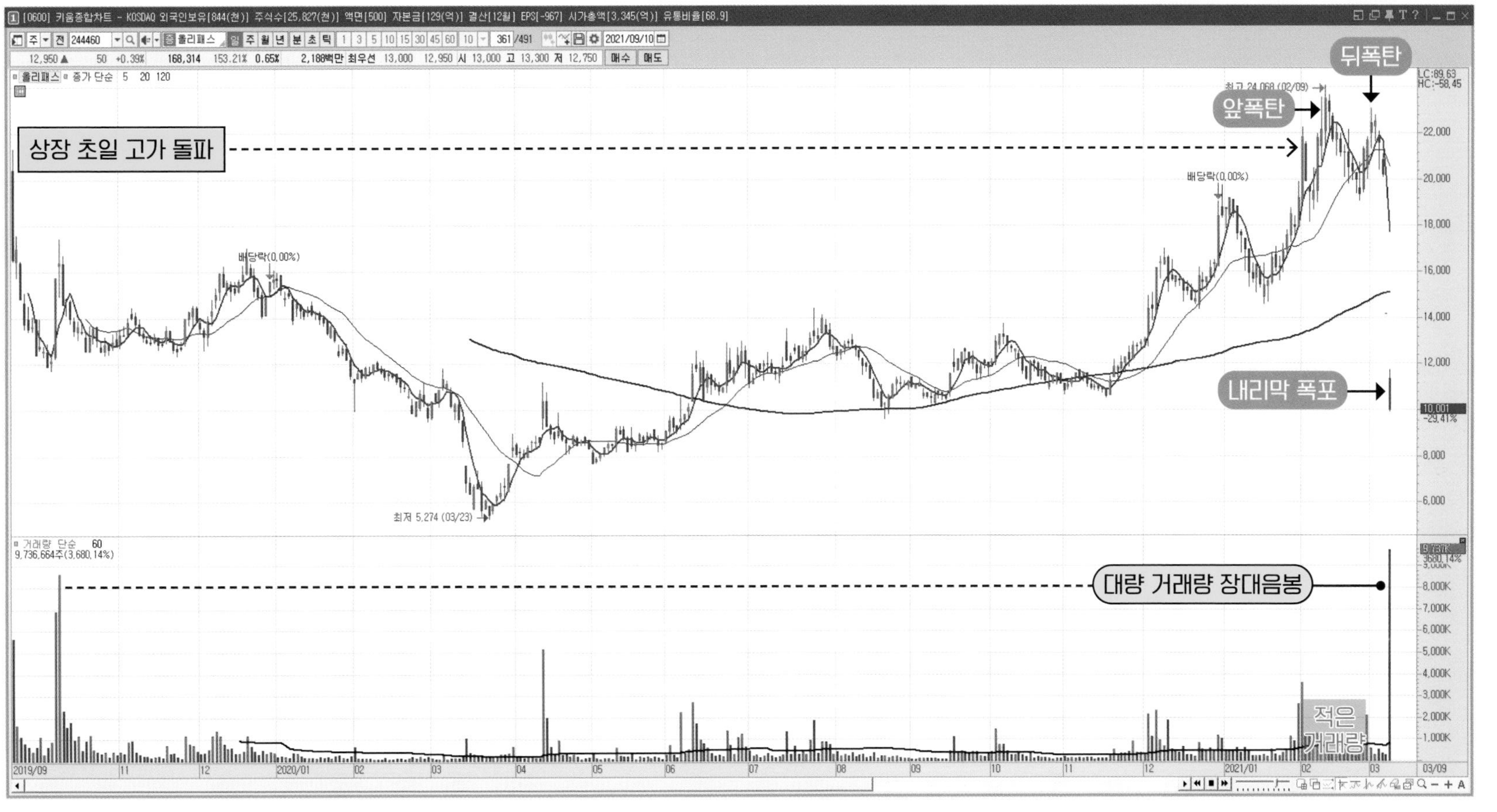

차트 12 올리패스 | 일봉 | 361

차트 13 주봉을 보면 모든 것이 더욱 명확해진다. 판바닥 10,000원의 두 배 이상 상승하였고 상장 초일의 전고를 돌파하였으나 거래량이 상대적으로 빈약하여 추가 상승 여력이 부족함을 알 수가 있다. 판바닥 2배인 20,000원 이상에서는 진입하지 않는 것이 최선이다. 만약 보유하고 있었다면 늦어도 19,800원이 하향 돌파되는 순간 매도했어야 한다.

차트 14 월봉을 보면 모든 것이 더욱 명확해진다. 이런 종목은 원바닥 대비 2배 이상에서는 절대 진입하지 않는 것이 정답이다.

그 후 어떻게 되었을까? 차트 15 일봉 442일을 보면 원바닥 8,000원까지 하락한 후 다시 상승을 도모하고 있다. 최고가 대비 1/3 토막이 났다. 재상승을 노리지만, 2021년 3월 9일 장대음봉이 워낙 커서 쉽지 않은 상황이다. 다시 한번 강조하지만, 원바닥·판바닥 대비 2배 이상 상승한 종목이 전고를 돌파하는데 대량 거래량이 터지지 않으면서 돌파를 하면 에너지가 부족한 것이기에 진입하지 않는 것이 정답이다. 그리고 앞에 내리막 폭포가 발생한 종목은 충분한 기간 조정을 거치지 않고 진입하는 것은 대단히 위험하다. 언제 어떻게 물린 대량 매물이 쏟아질지는 정말 아무도 모른다. 항상 기억하라! 다른 좋은 종목도 많다. 위험한 종목은 도망치는 게 최상책이다.

차트 13 올리패스 | 주봉

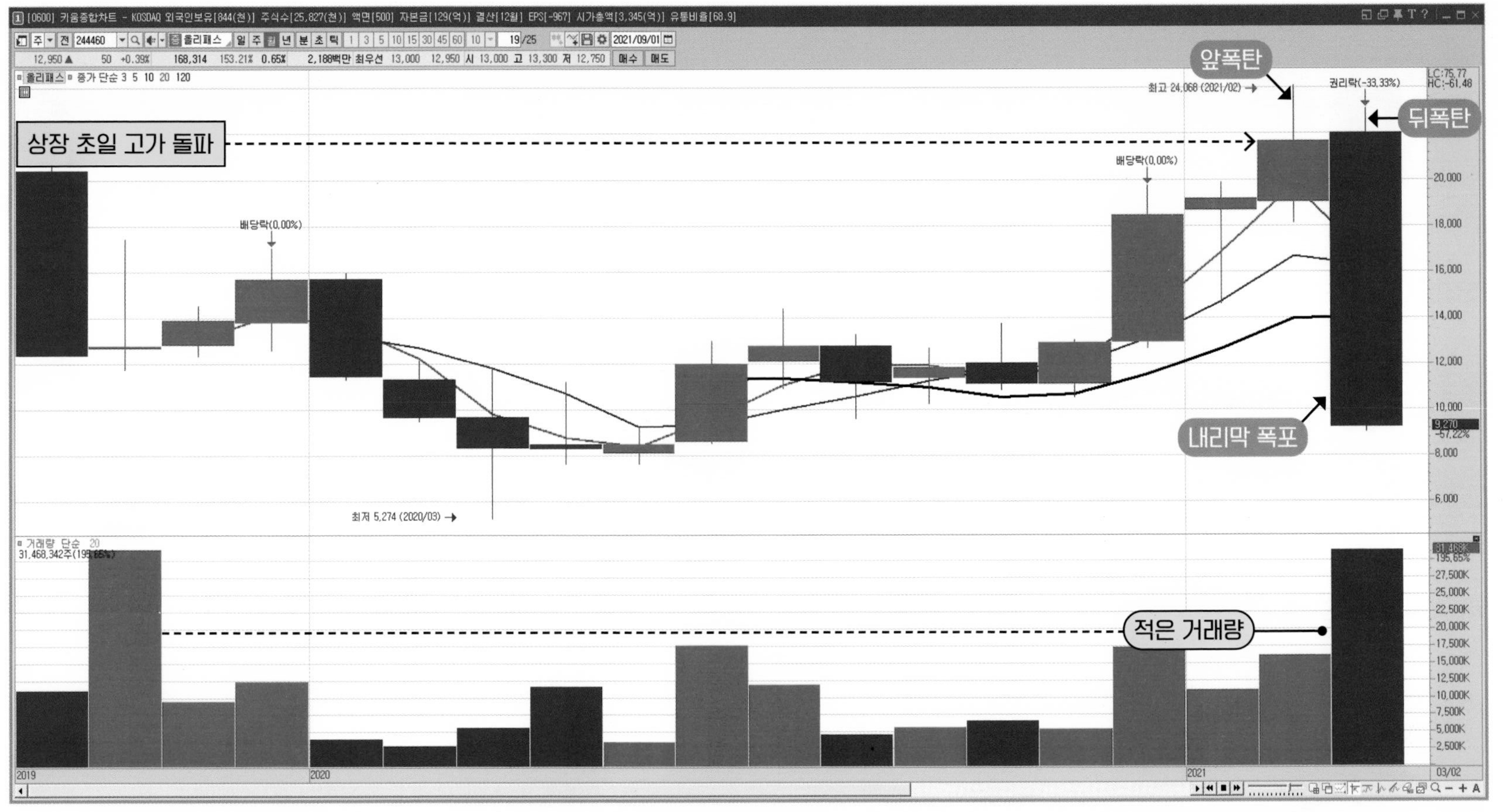

[0600] 키움종합차트 - KOSDAQ 외국인보유[844(천)] 주식수[25,827(천)] 액면[500] 자본금[129(억)] 결산[12월] EPS[-967] 시가총액[3,345(억)] 유통비율[68.9]
상장 초일 고가 돌파
앞폭탄
뒤폭탄
최고 24,068 (2021/02)
권리락(-33.33%)
배당락(0.00%)
배당락(0.00%)
최저 5,274 (2020/03)
내리막 폭포
적은 거래량
거래량 단순 20
20,000
18,000
16,000
14,000
12,000
10,000
8,000
6,000
2019
2020
2021

차트 14 올리패스 | 월봉

차트 15 올리패스 | 일봉 | 442

내리막 계단

차트 16 일봉 200일을 보면 2021년 2월 8일 최고가 21,350을 찍고 장대음봉을 형성한 후 하락 반전하였다. 위 예의 올리패스와 같이 한꺼번에 폭락한 것이 아니라 조금씩 조금씩, 마치 계단을 딛고 내려오는 듯한 모양새다. 이러한 현상을 필자는 '내리막 계단'이라고 이름 붙였다. 원바닥 9,000원의 두 배인 18,000원을 돌파한 후 에너지 부족으로 추가 상승하지 못하고 하락하고 있으나 폭락이 아닌 급락과 완락을 반복하면서, 음봉을 계속 만들면서 내려오고 있다. 이런 종목도 내리막 폭포 못지않게 위험한 종목이니 장대음봉을 형성하고 난 뒤부터는 진입하지 않는 것이 정답이다. 호가창을 보고 반등할 것 같다는 생각에 진입했다가는 세력의 총알받이가 될 뿐이다. 이런 내리막 계단은 주식 투자를 하면 자주 보는 현상이니 보는 순간 '내리막 계단'을 떠올리면서 도망쳐야 한다. 왜냐하면, 내리막 계단에서 헛디디어 넘어지면 바닥까지 구르는 사태가 발생한다.

차트 17 일봉 508일을 보면 얼마나 아찔한가를 실감할 수 있다. 원바닥 7,000원, 판바닥 9,000원에 판바닥 대비 2배 이상 올라 장대음봉을 맞은 상황에서 주가가 한 계단, 두 계단, 계속 내려오고 있다. 일수를 확대하여 보니 계단이 더욱 가팔라 보인다. 물방울이 모여 폭포를 이루듯이 내리막 계단이 모이면 내리막 폭포가 된다. 이런 상황에서도 매수세가 있어 거래량이 발생하는 것을 보면 그저 안타깝기만 하다. 그러나 과거 필자도 주가가 충분히 조정을 받아 곧 반등할 것이라는 생각에 과감하게 진입하였다가 큰 손해를 본 적이 많았다. 이제는 이런 종목은 쳐다보지도 않고 도망부터 친다.

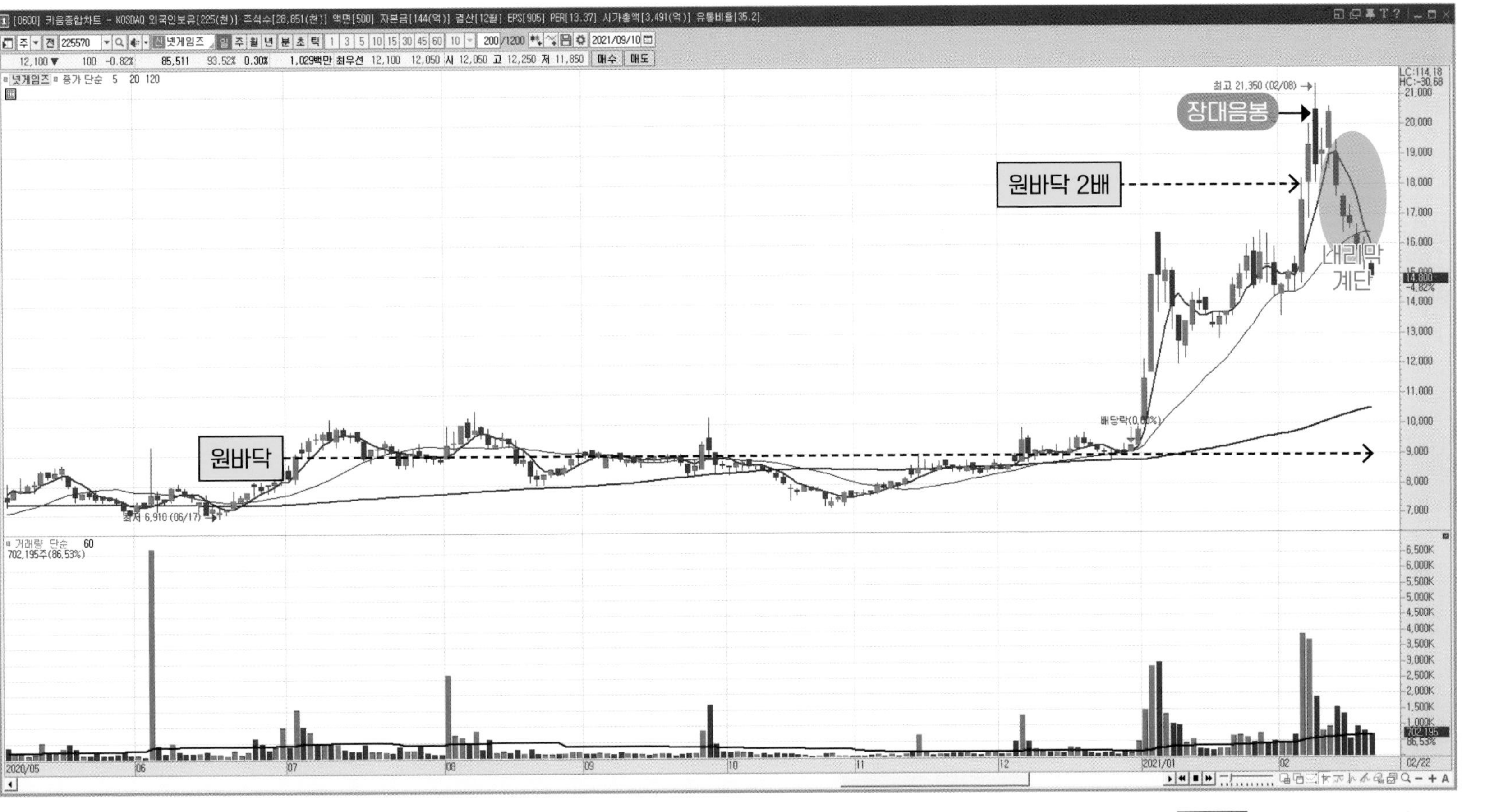

차트 16 넷게임즈 | 일봉 | 200

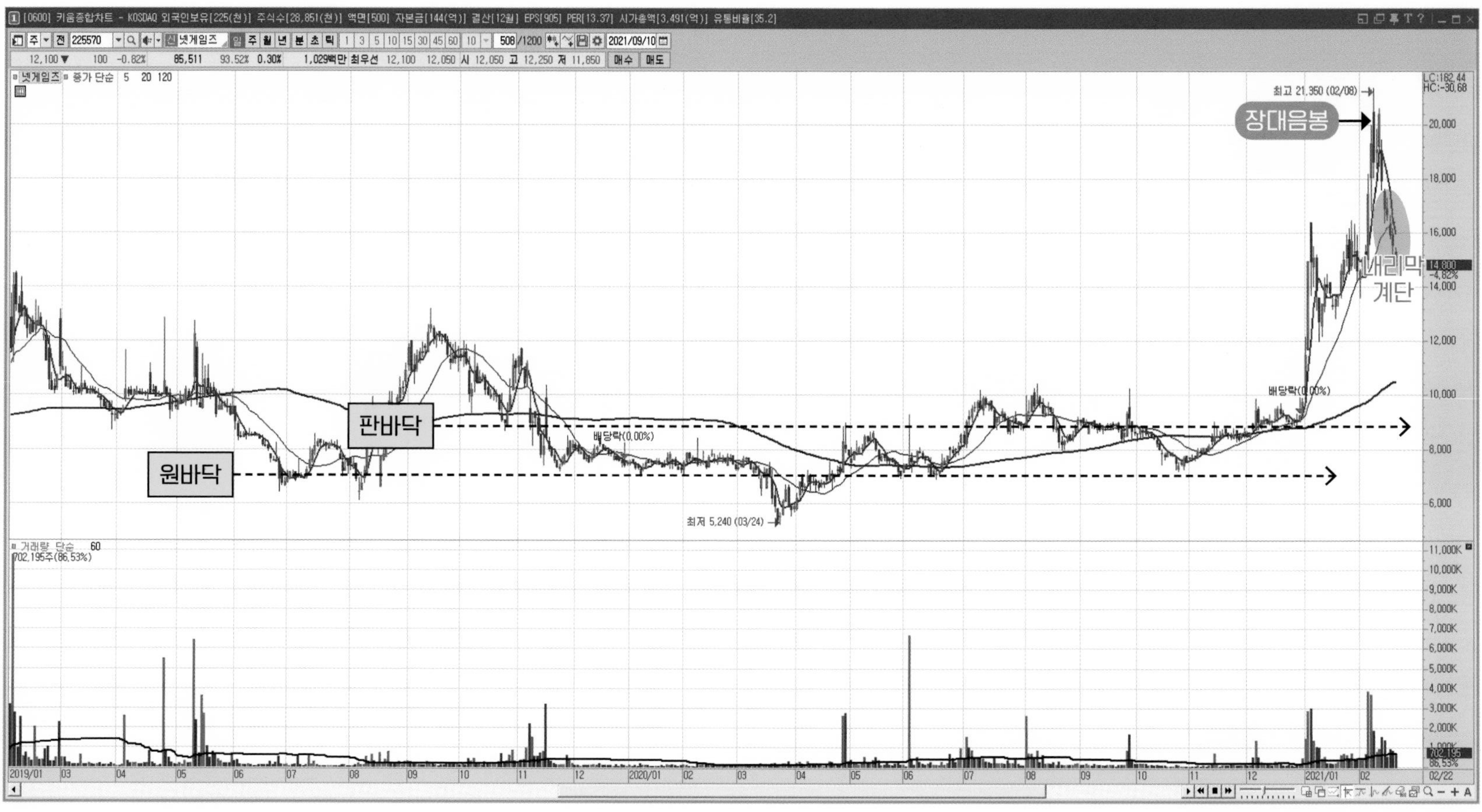

차트 17 넷게임즈 | 일봉 | 508

차트 18 주봉을 보면 내리막 계단이 내리막 폭포로 변한 것을 알 수가 있다. 2018년 5월 고점 22,650원을 거래량 부족으로 돌파하지 못하고, 소위 쌍봉을 형성하고 주저앉은 형국이다. 이 종목은 과거에도 내리막 폭포, 내리막 계단을 만들면서 1/3 토막이 난 경력이 있는 종목이라 전고점을 돌파하지 못하면 더욱더 조심해야 한다.

차트 19 월봉을 보면 내리막 계단이 긴꼬리로 나타난다. 2018년 5월에도 긴꼬리를 달고 내려왔는데 똑같은 모양이다. 역사는 반복된다고 하였는데 다시 바닥까지 내려올 확률이 매우 높다. 차트를 볼 때는 항상 일봉 200일, 일봉 600일, 주봉, 월봉을 같이 보아야 명확히 보이고 실수를 하지 않는다.

그 후 어떻게 되었을까? **차트 20** 일봉 600일 결과를 보면 고점 대비 반 토막이 나서 10,000원까지 하락한 후 조금 반등한 것을 볼 수가 있다. 판바닥 대비 2배 이상 상승, 장대음봉 발생, 내리막 계단의 조합이 얼마나 무서운 결과를 초래하는가를 실감할 수 있다.

앞으로 주식 투자를 하다가 이러한 조합을 만나면 무조건 도망쳐라! 누누이 이야기하지만 다른 좋은 종목도 많다. 불나방이 되지 말자! 세력의 총알받이가 되지 말자! 삼십육계 줄행랑이 제일 나은 방법이다.

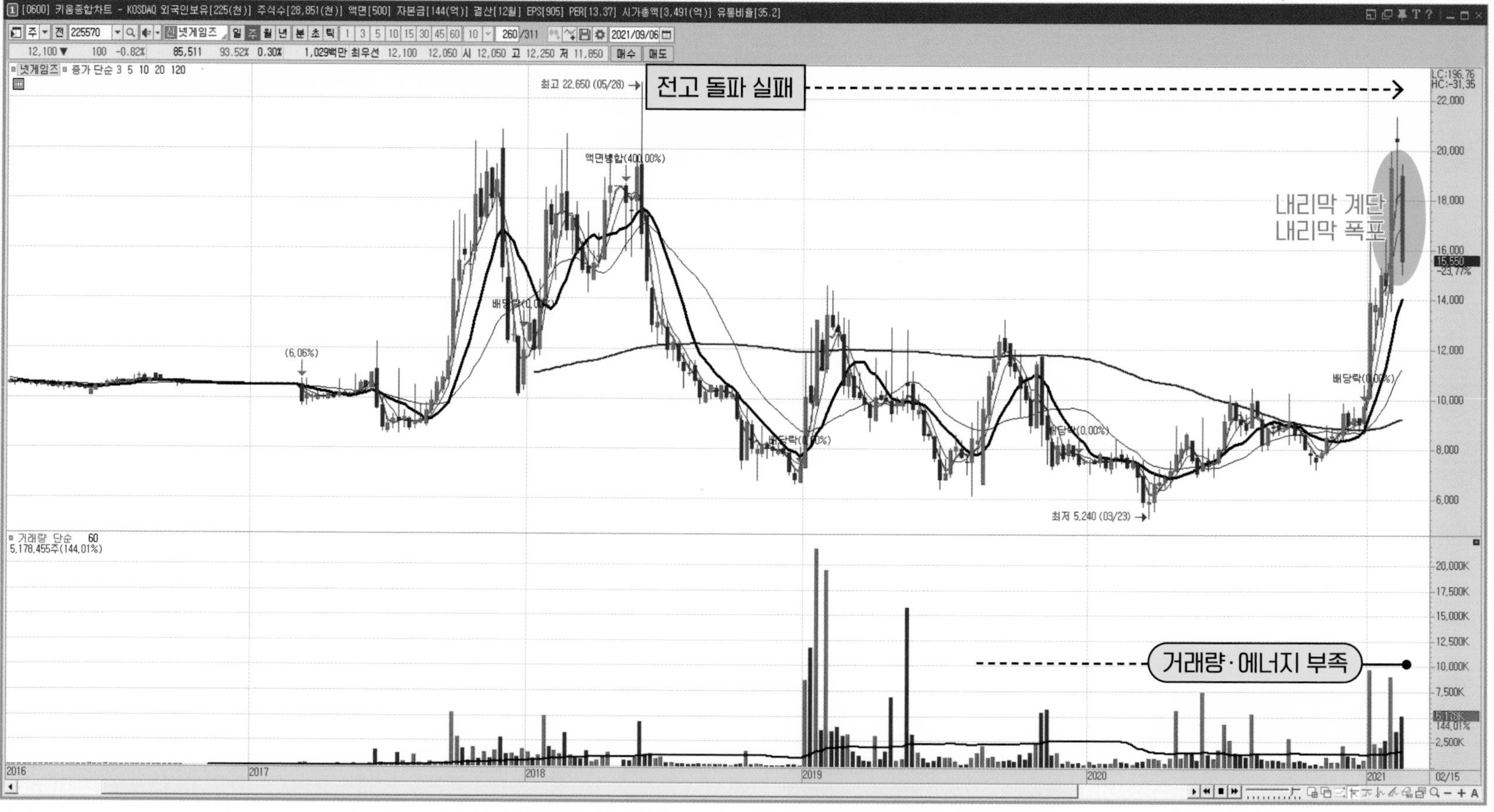

전고 돌파 실패
최고 22,650 (05/28)
액면병합(400.00%)
(6.06%)
내리막 계단
내리막 폭포
최저 5,240 (03/23)
거래량·에너지 부족

차트 18 넷게임즈 | 주봉

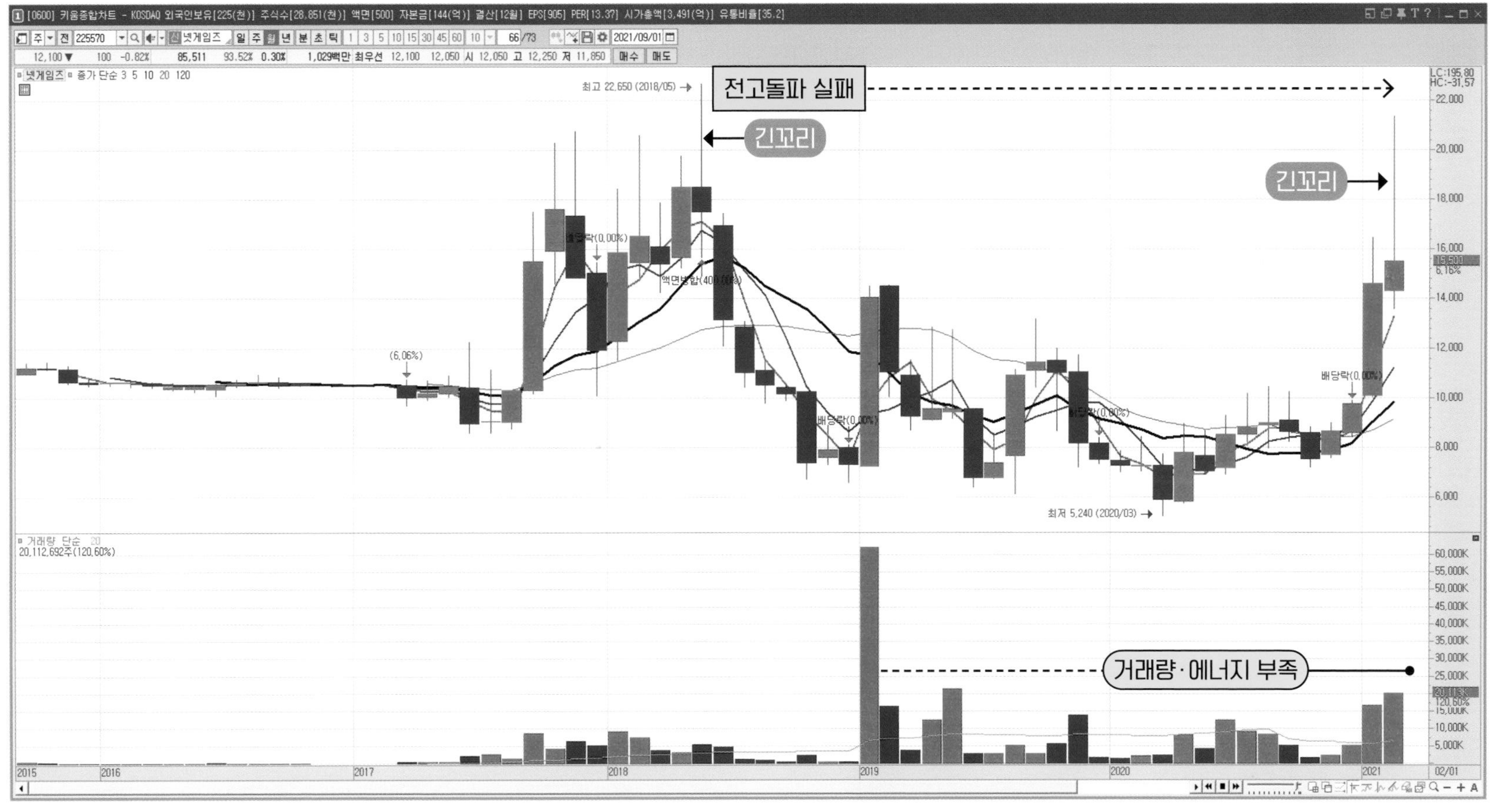

차트 19 넷게임즈 | 월봉

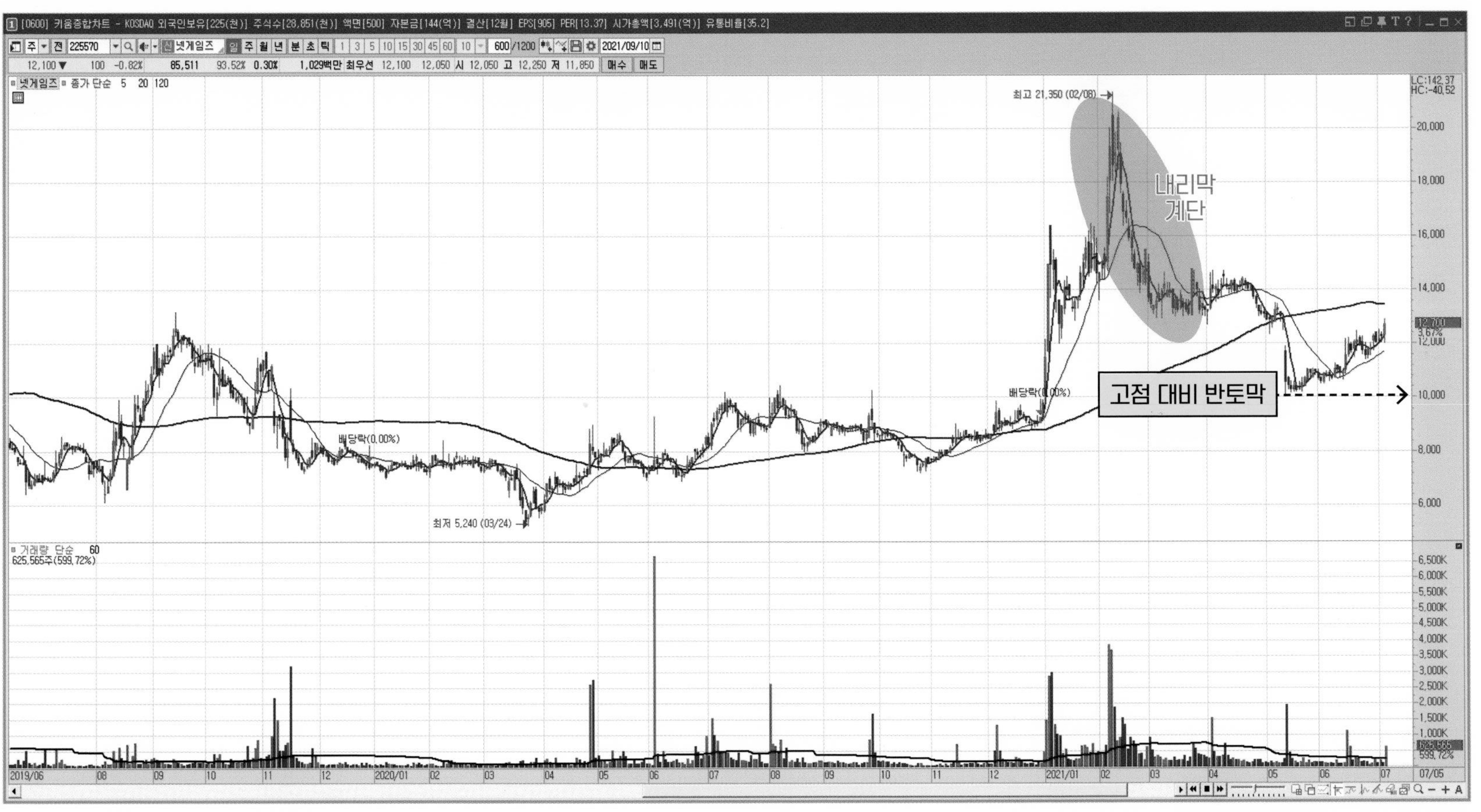

차트 20 넷게임즈 | 일봉 | 600

내리막 외봉

차트 21 일봉 200일을 보면 원바닥 50,000원, 판바닥 100,000원을 만든 후 급상승하여 200,000원을 돌파한 후 장대음봉을 만들고 하락하기 시작하였다. 하락 도중에 앞에서 이야기한 내리막 폭포와 내리막 계단을 만들었다. 거의 반 토막이 난 후에 갑자기 거래량이 급증하면서 상한가를 친 후 24% 상승으로 마감하였다. 많은 주식 투자자가 대량 거래량이 폭발하면서 폭등을 하여 이 종목이 다시 상승세로 전환한 것으로 생각하고 진입하였다. 그러나 이런 경우는 대개가 세력들이 남은 물량을 정리하고자 하는 작업인 경우가 많다. 필자의 경험상 이런 경우는 다시 상승할 확률은 20%, 하락할 확률은 80%다. 이런 상황에서 자꾸 진입하여 물리게 되면 크게 물리는 경우가 너무나 많다. 필자도 이런 경우에 진입하여 물린 경우가 너무나 많아 다시는 속지 않으려고 이런 경우를 '내리막 외봉'이라고 이름 붙였다. 이런 내리막 외봉을 만나면 일단 진입하지 말고 2~3일 기다려 상승 에너지를 확인하고 판단하는 것이 최선이다.

차트 22 일봉 511일을 보면 아찔하다. 이미 원바닥 20,000원 대비 10배 이상 상승한 후 장대음봉을 맞고 하락하고 있는 종목이었다. 너무 높게까지 폭등하였는데 고점에서 세력이 물량을 털 수 있는 충분한 거래량이 발생하지 않아 아직 못 턴 것이 있는 것이 확실하다. 내리막 외봉을 크게 만든 것은 세력들이 개미를 유인하기 위한 수단임이 틀림없다. 하락 중에 만든 15만 원대의 횡보 구간을 돌파하기가 어려워 보인다. 이렇게 원바닥 대비 과도하게 상승한 종목은 무조건 진입하지 않는 것이 상책이다. 원칙을 그렇게 세워야 한다. 운이 좋아 몇 번은 수익을 실현할 수 있지만 한 번 물리면 날개 없이 계속 하락한다. 언제 내가 물린 가격을 회복할지 모른다. 아마 영원히 회복되지 않을 수도 있다.

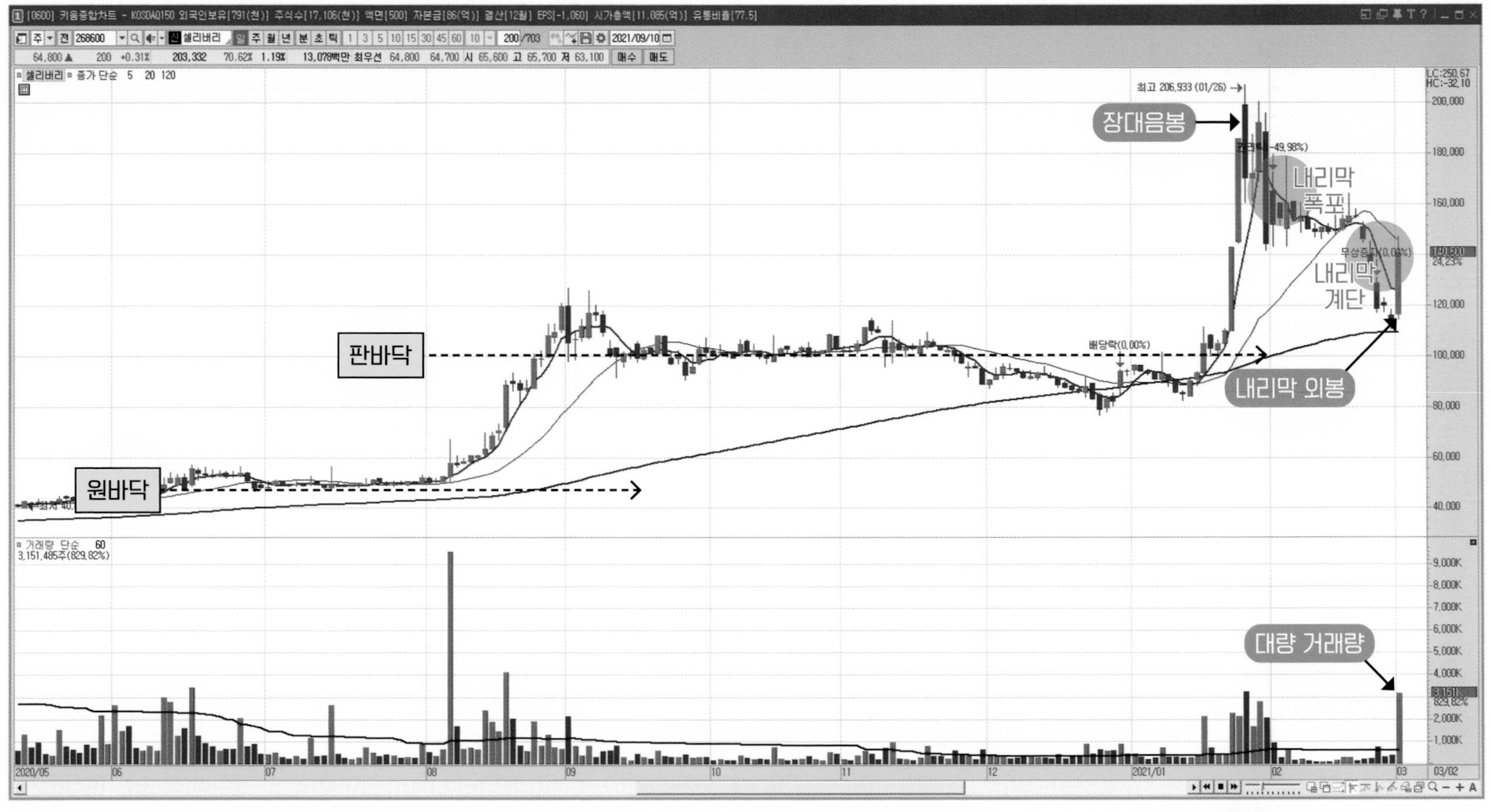

차트 21 셀리버리 | 일봉 | 200

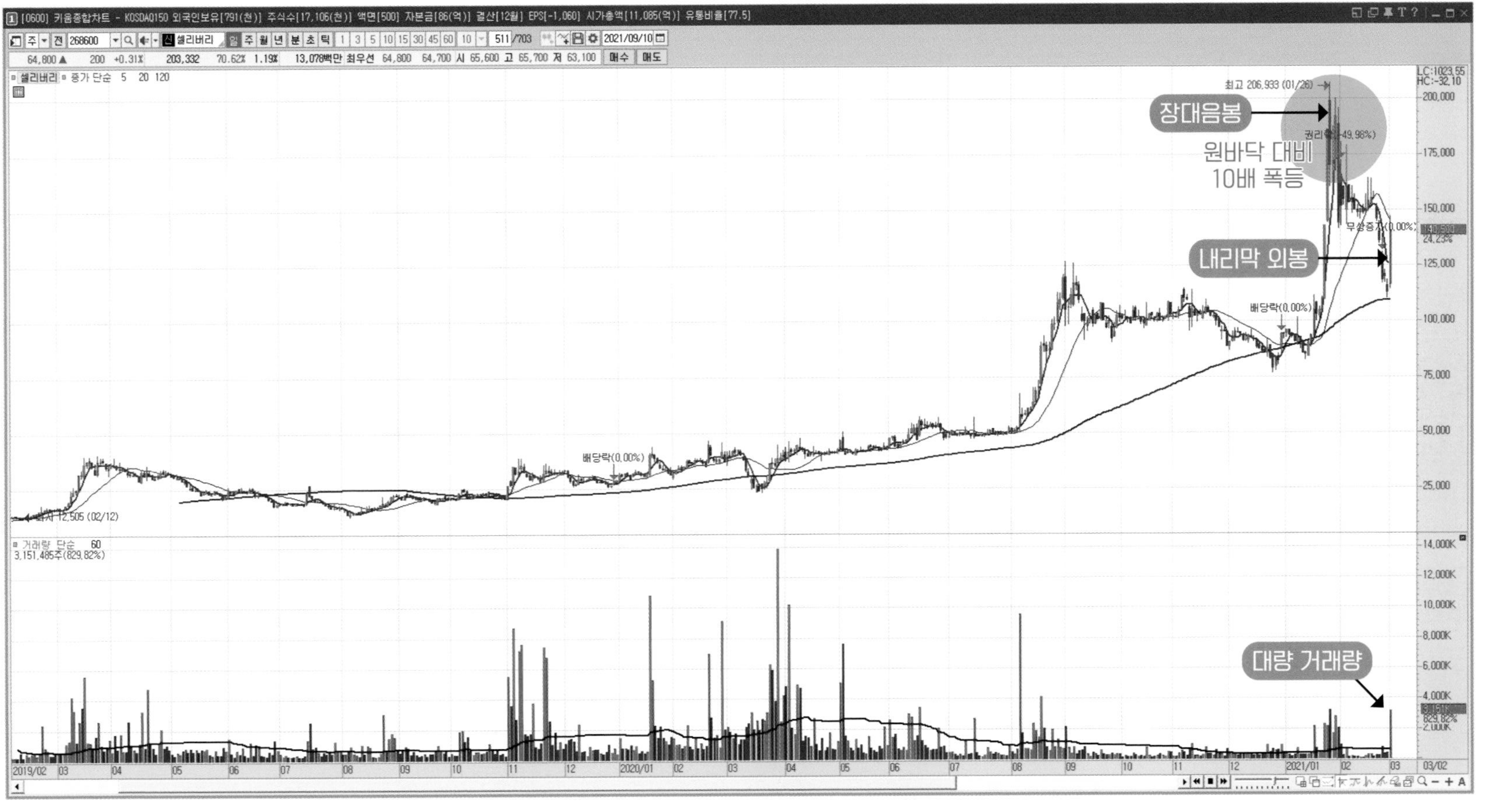

차트 22 셀리버리 | 일봉 | 511

차트 23 주봉을 보면 더욱더 아찔하다. 20만 원을 돌파한 주가가 긴꼬리를 단 채 내려오고 있고, 그다음 주에도 역시 긴꼬리를 달았다. 전 주의 고점을 돌파하지 못하고 주저앉았다. 이런 상황에서 주가가 하루 급등한다고 회복될 것을 기대하면서 진입하는 것은 합리적이지 못하고 추격매수 하는 것이다. 추격매수의 말로는 주식 투자자라면 누구든지 경험해 보았을 것이다.

차트 24 월봉을 봐도 주봉과 마찬가지다. 비록 양봉이지만 고점에서 만들어진 긴꼬리가 무섭기만 하다. 고점을 다시 돌파하기 위해서는 엄청난 에너지가 필요하다. 이렇게 힘든 종목을 일부러 뒤늦게 진입할 필요가 없다. 세력의 총알받이가 될 뿐이다. 다시 한번 이야기하지만, 종목은 여러 종목을 비교하여 상대적으로 좋은 종목을 들어가야 한다. 다른 좋은 종목도 많은데 굳이 이렇게 위험한 종목을 진입할 필요가 없다.

그 후 어떻게 되었을까? **차트 25** 일봉 600일 결과에서 보면, 결국은 고점 횡보 구간인 15만 원대를 돌파하지 못하고 계단식으로 하락하여 고점 대비 반 토막이 났다. 앞으로 원바닥을 향하여 더 하락할 가능성이 크다. 다음 장에서 상세히 설명하겠지만, 필자는 이런 식으로 하락하는 것을 '톱니바퀴' 하락이라고 이름 붙였다. 톱니바퀴 모양을 하면서 계단식으로 차근차근 내려오는데, 한 번 걸리면 톱니바퀴에 걸려 온몸에 상처를 남긴다. 커다란 손실만 계좌에 남을 뿐이다.

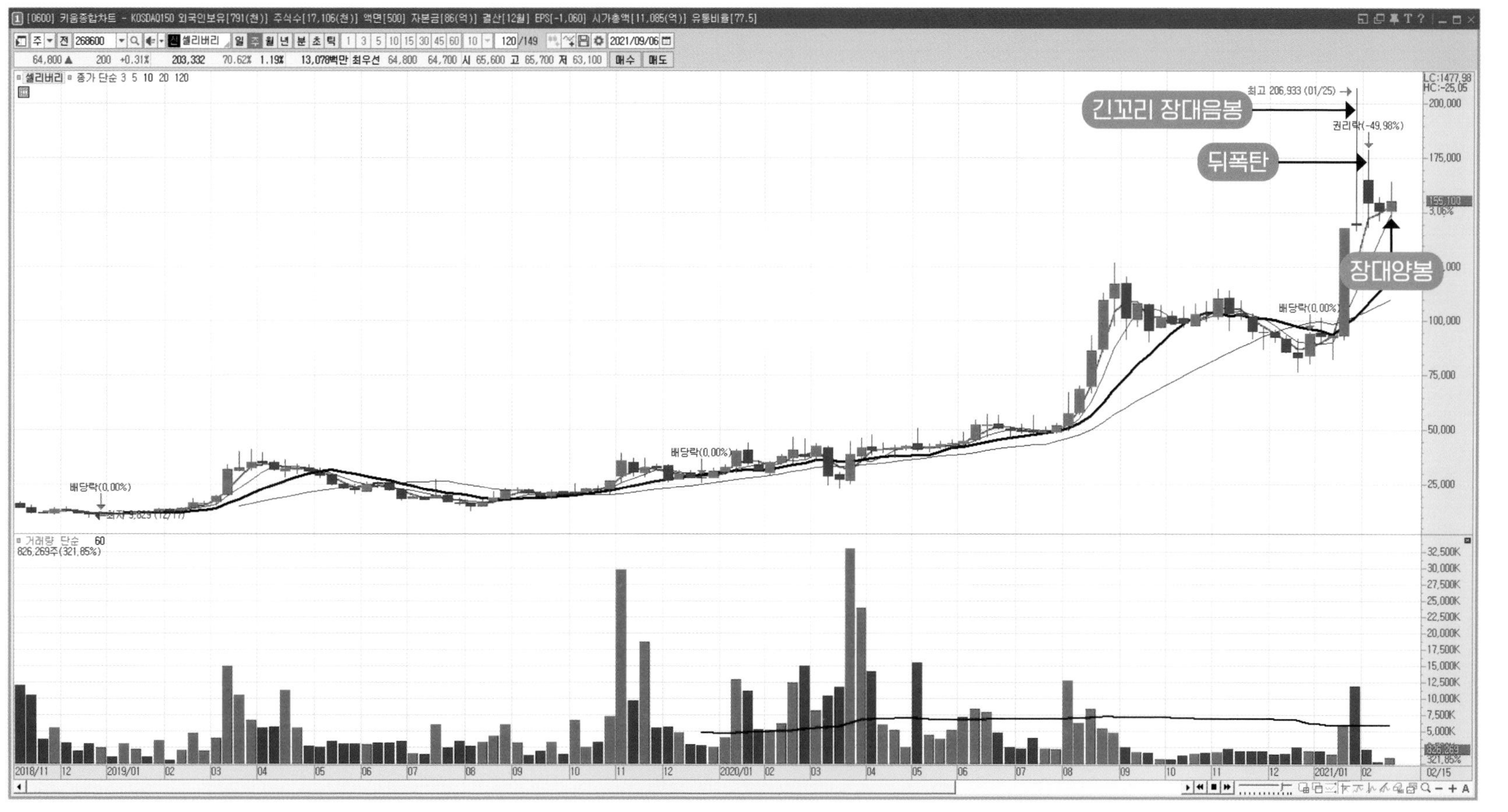

차트 23 셀리버리 | 주봉

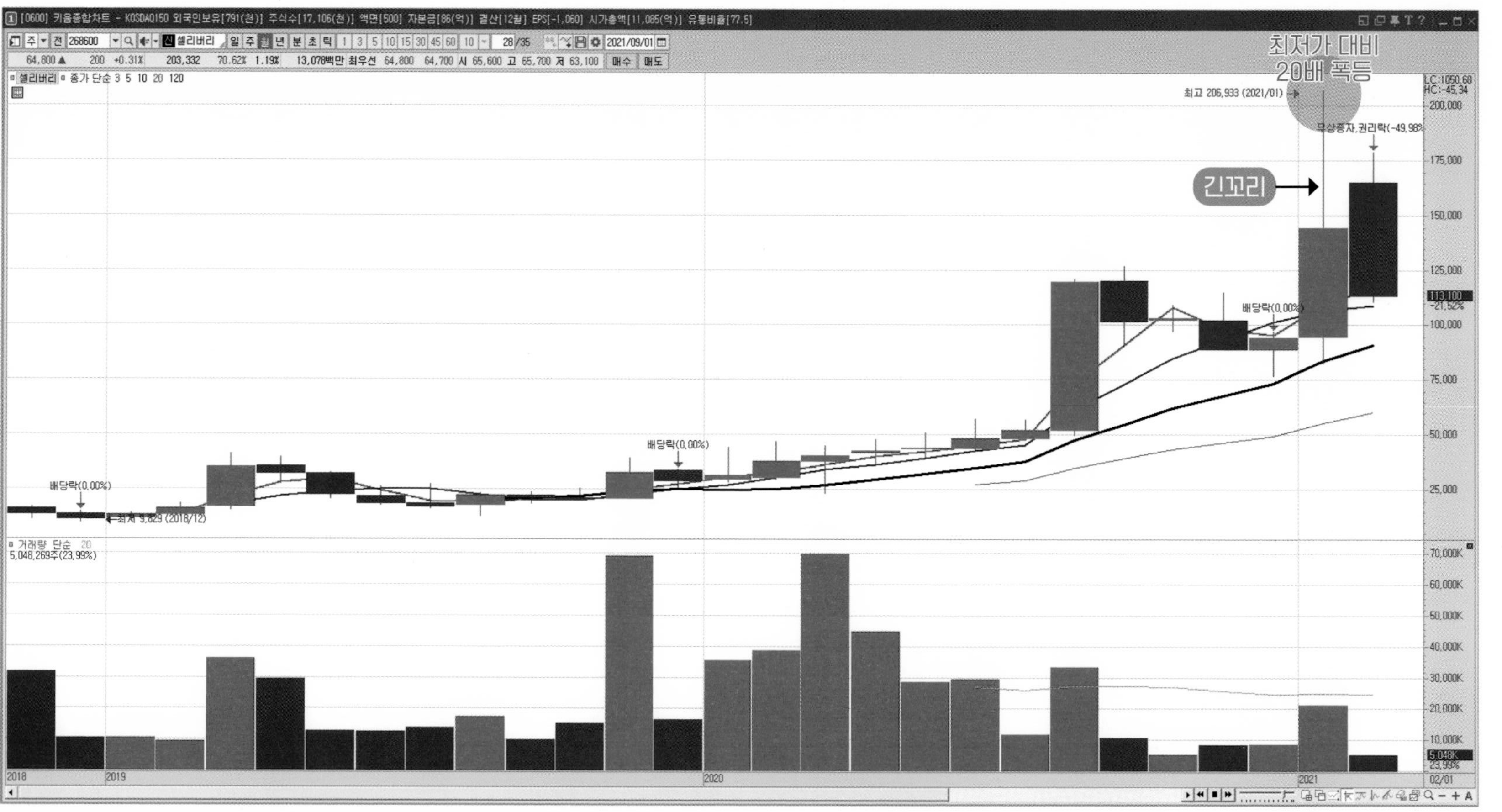
최저가 대비
20배 폭등
최고 206,933 (2021/01)
무상증자,권리락(-49.98%)
긴꼬리
배당락(0.00%)
최저 9,829 (2018/12)
셀리버리 종가 단순 3 5 10 20 120
거래량 단순 20
5,048,269주(23.99%)
2018
2019
2020
2021

차트 24 셀리버리 | 월봉

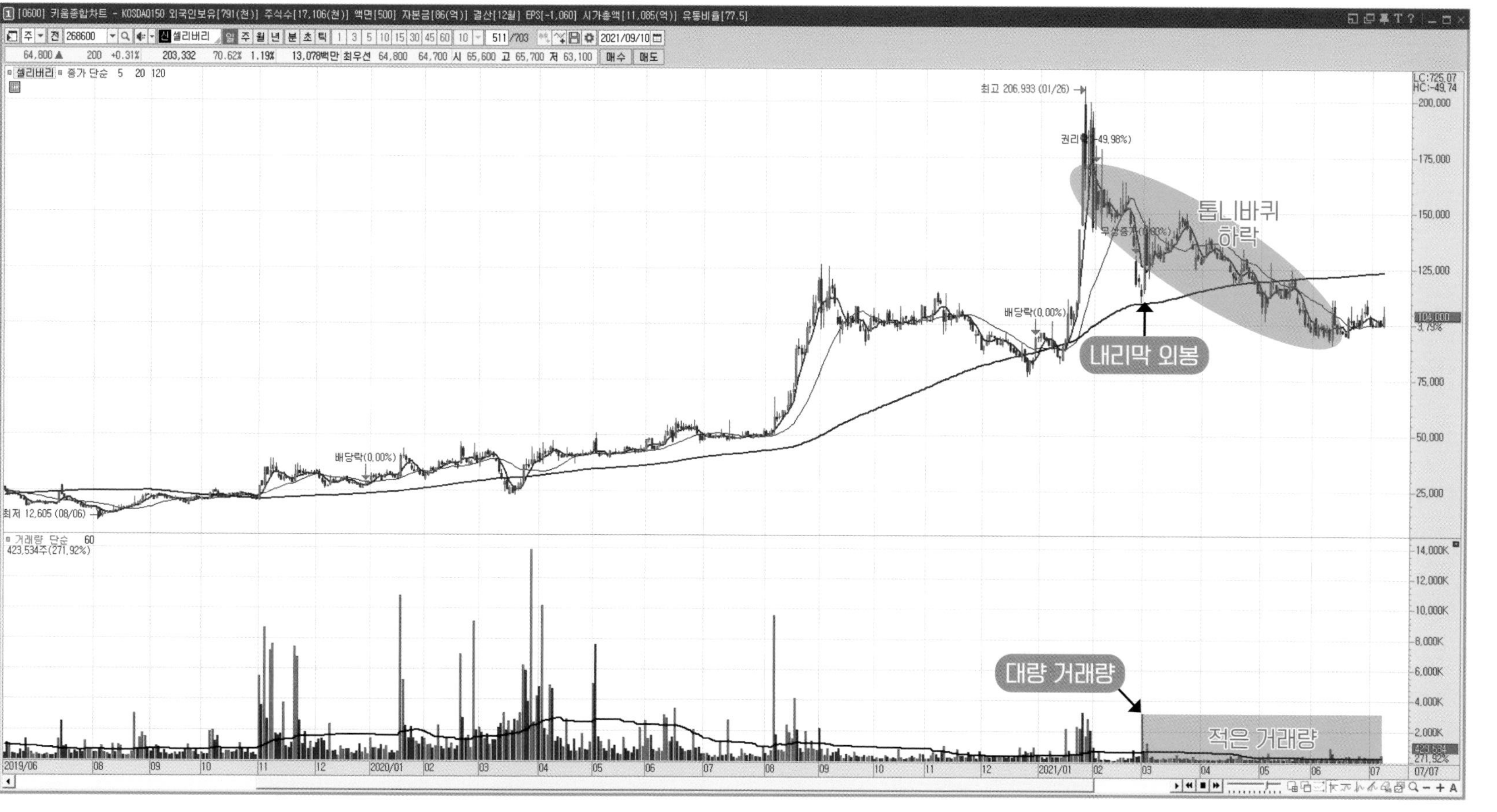

차트 25 셀리버리 | 일봉 | 600

톱니바퀴

차트 26 일봉 200일을 보면 2021년 1월 8일 장대양봉을 만들면서 25,000원 전후의 횡보 구간을 돌파하였다. 이 장대양봉은 우리 모두가 선호하는 장대양봉이다. 2020년 9월 8일 고점에서 장대음봉을 만든 후 하락 추세에 있었는데 그동안의 모든 거래량을 압도하면서 횡보를 돌파하였다. 이것만 보면 추가 상승할 것 같아 상승에 동참하는 투자자들이 많다. 그러나 자세히 앞을 살펴보면 2020년 8월 급등하면서 발생한 거래량의 절반에도 못 미치는 수준이다. 고점에서 물린 투자자들이 아직 물량 정리를 하지 못했을 가능성이 아주 크다. 잘못 들어가면 그때 물린 투자자들의 총알받이가 되기 쉽다. 개미들을 유혹하기 위한 술수이다. 종가가 28,000원이라 전고점인 35,450원을 돌파하기까지는 아직 갈 길이 멀다. 이런 경우는 바로 진입하지 말고 35,450원을 돌파하는 것을 보면서 같이 진입하는 것이 현명하다. 더 현명한 방법은 원바닥 7,500원 대비 이미 4배 정도 올랐으므로 포기하고 다른 종목을 찾아보는 것이다. 뒤에서 2021년 1월 8일 이후 일어난 현상을 보면 알겠지만, 바닥 대비 몇 배 이상 오른 종목이 하락할 때는 바로 하락하지 않고 다시 상승하는 척하면서 조금 올라갔다가 다시 하락하고, 다시 상승하는 척하다가 하락하고를 반복한다. 이런 현상을 필자는 '톱니바퀴'처럼 생겼다고 하여 '톱니바퀴'라 이름 붙였다.

차트 27 일봉 476일을 보면 이 종목이 얼마나 많이 올랐는지를 알 수가 있다. 최저가인 4,940원에 무려 7배를 단기간에 상승하였다. 이렇게 높게 상승했던 종목을 단지 조정 후 재상승의 기미가 보인다고 진입하는 것은 불을 보고 뛰어드는 불나방과 같다. 앞에서 살펴본 뒤폭탄의 일종일 수가 있다. 급등 후 고점에서 장대음봉 맞고 떨어지는 종목은 무조건 쳐다보지도 말고 도망치는 것이 최상책이다.

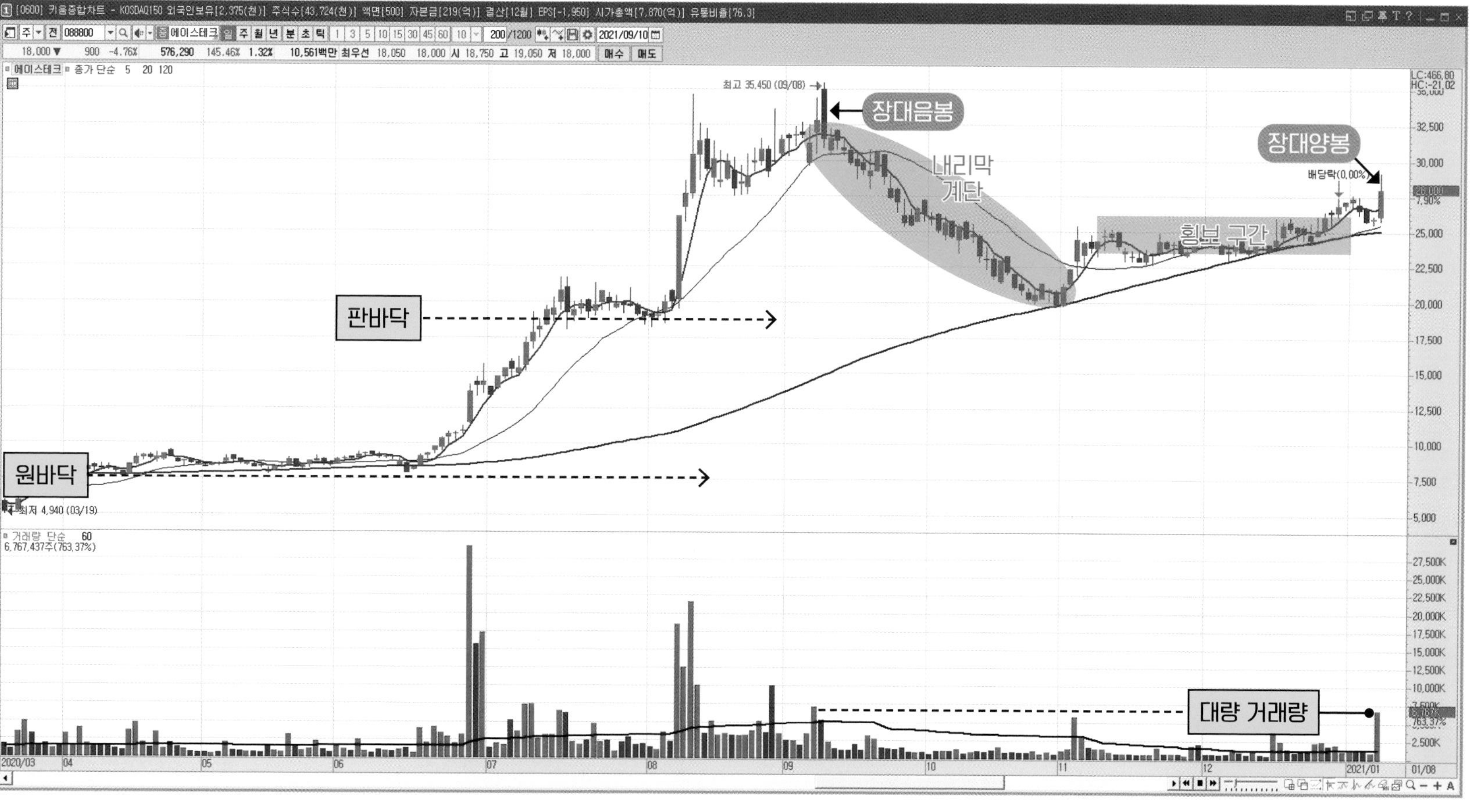

차트 26 에이스테크 | 일봉 | 200

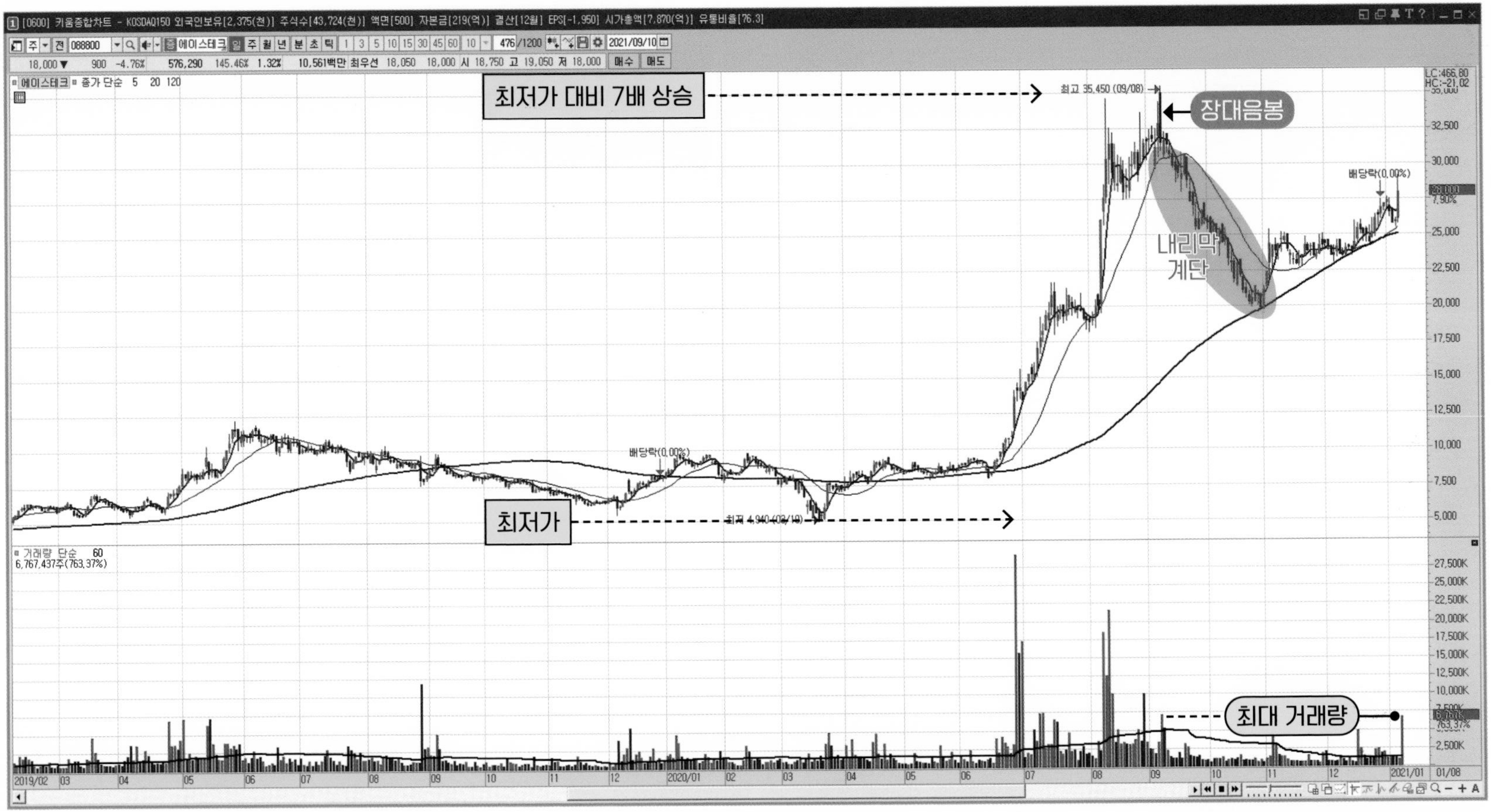

최저가 대비 7배 상승

장대음봉

내리막 계단

최저가

최대 거래량

차트 27 에이스테크 | 일봉 | 476

차트 28 주봉을 보면 더욱 아찔하다. 최저가 2,590원의 13배가 올랐다. 이렇게 급등한 종목을 뒤폭탄에 들어가는 것은 불을 지고 화약고에 뛰어드는 것과 같다. 유혹을 받을 때는 항상 일봉 200일, 일봉 600일, 주봉, 월봉을 같이 보아야 한다.

차트 29 월봉을 보면 진입하고 싶은 생각이 싹 사라질 것이다. 최저가 1,288원 대비 무려 27배가 올랐다. 이렇게 폭등한 종목에서 얼마나 이득을 보겠다고 뒤폭탄에 진입을 하는지 이해할 수가 없다. 무조건 도망쳐야 한다.

그 후 어떻게 되었을까? **차트 30** 일봉 600일 결과를 보면 그 후에 어떤 일이 발생했는지 알 수가 있다. 앞서 이야기한 바와 같이 톱니바퀴 모양을 만들었다. 상승할 듯하다가 하락하고, 다시 상승할 듯하다가 하락하고의 반복이다. 이런 모양은 앞으로도 계속 진행될 것으로 예상한다. 아마 10,000원 하향 돌파를 향해 나아가고 있는 모양이다. 만약 27,500원에 진입하여 손절매하지 못한 비자발적 장기 투자자라면 반 토막 이상을 각오해야 한다. 그리고 더 나쁜 소식은 언제 원가에 돌아올지 모른다는 것이다.

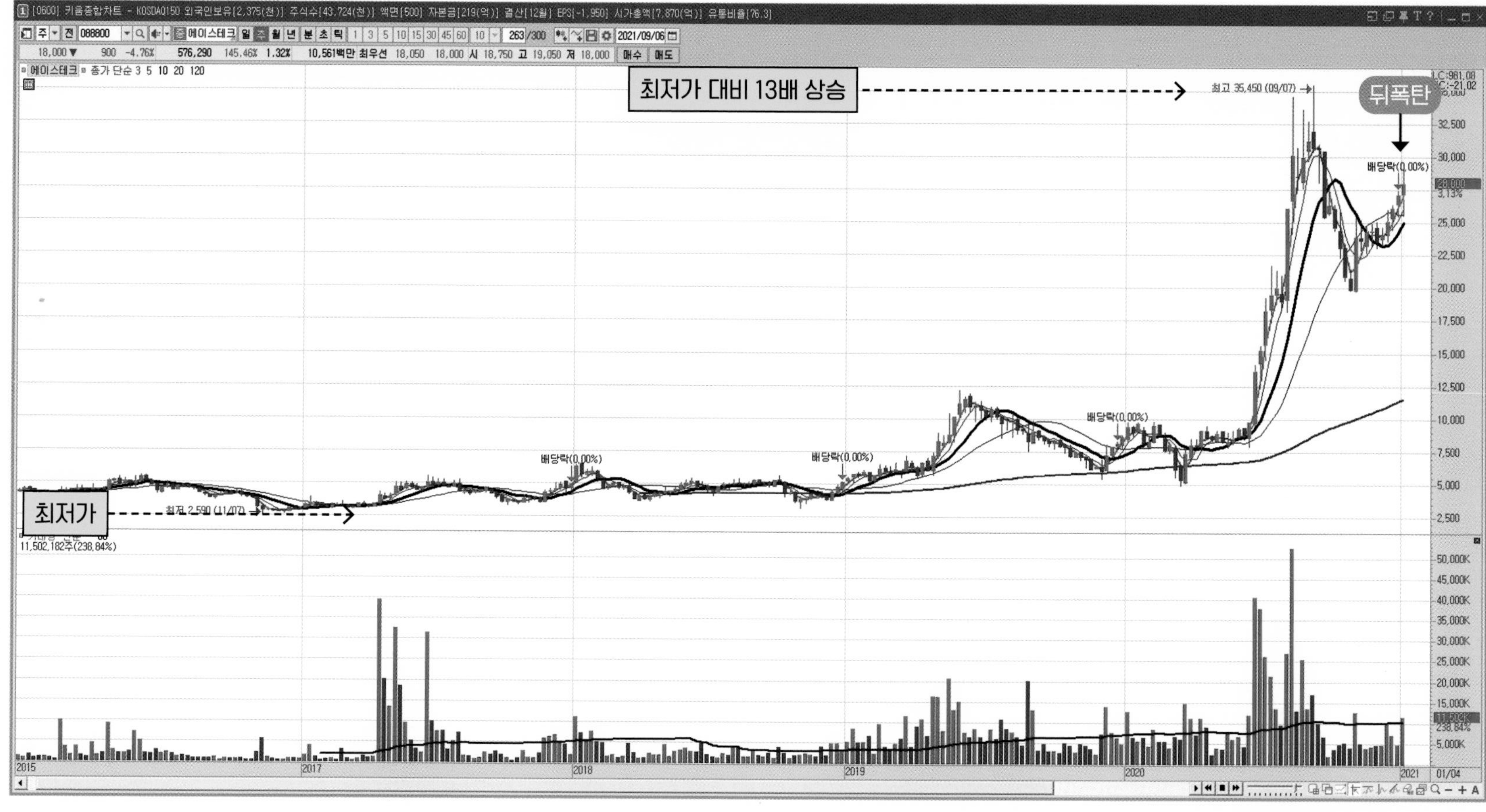

차트 28 에이스테크 | 주봉

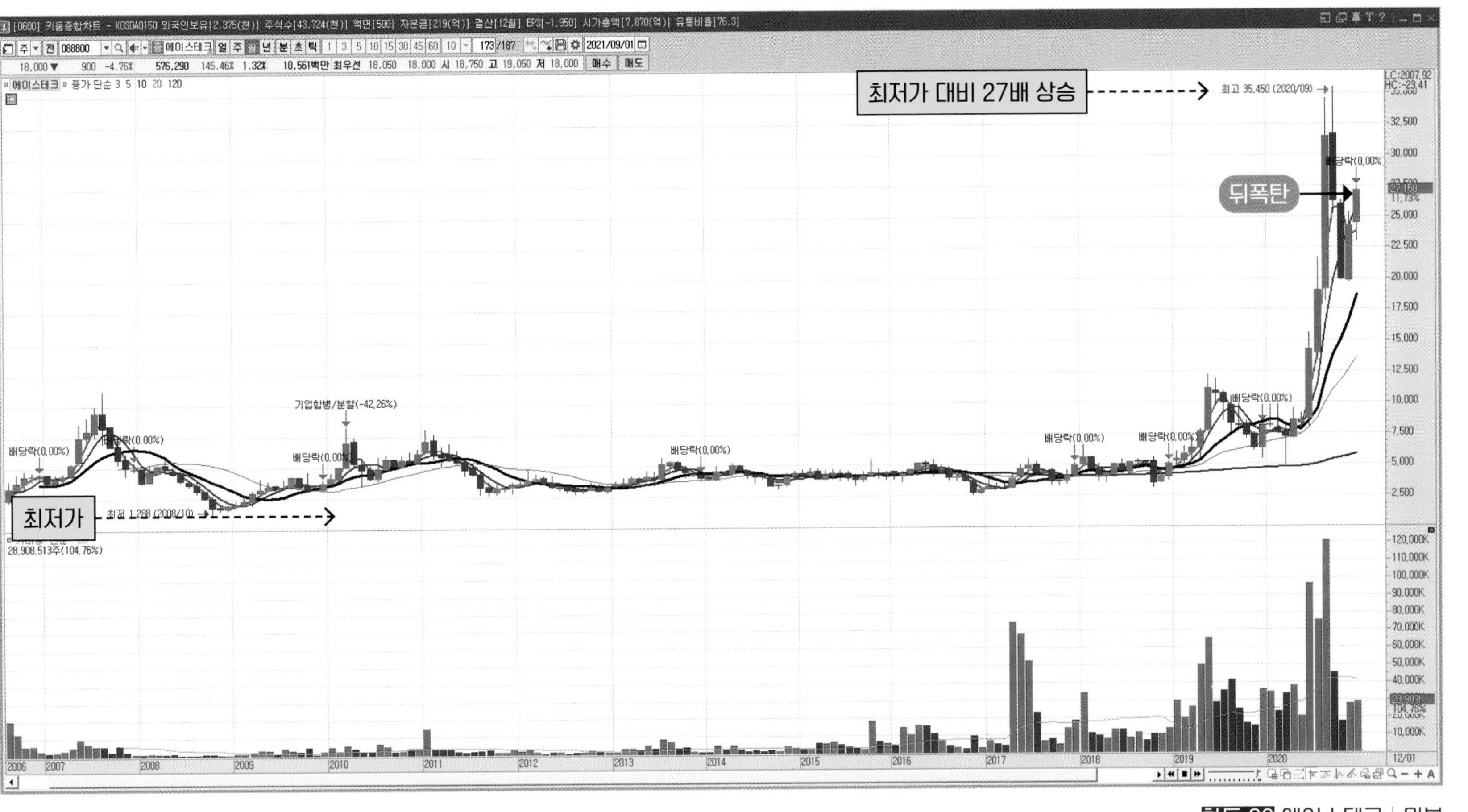

차트 29 에이스테크 | 월봉

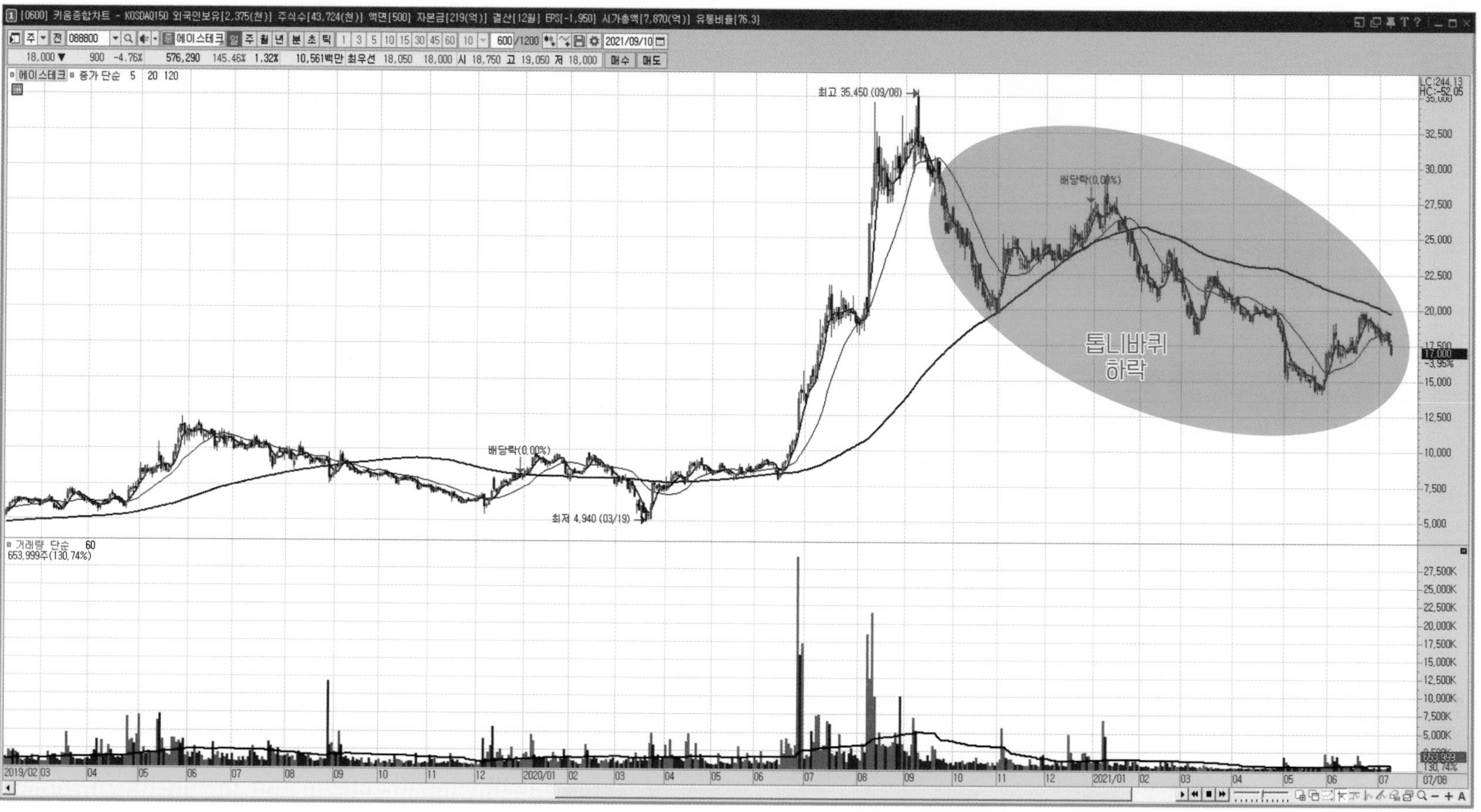

차트 30 에이스테크 | 일봉 | 600

다중턱

차트 31 일봉 200일을 보면 2021년 5월 4일 양봉을 3일 연속 만들면서 거래량도 많이 증가하였다. 4달간의 횡보 구간을 돌파한 형국이다. 바닥 대비 얼마 상승하지도 않았다. 가슴이 설레는 순간이다. 여기서 진입하면 순식간에 5,500원을 돌파하고 날아갈지 모른다는 생각이 든다. 손이 근질근질하다. 마우스에 자꾸 손이 간다. 매수할까 말까? 앞선 커다란 장대양봉이 나를 지켜줄 것만 같다. 마치 수호신과 같이 우뚝 서 있다. 그러나 이때를 조심해야 한다. 앞에 있는 커다란 장대양봉은 나의 수호신이 아니라 내가 들어오기만 기다리는 물린 투자자들이다. 패를 뒤집어 놓고 보아야 한다. 이 종목은 올라가다 어느 선에만 닿으면 주저앉는 종목인지를 확인해 보아야 한다. 이 차트만 해도 앞선 턱이 5개나 된다. 모두 긴꼬리를 달고 있다. 이렇게 비슷한 가격에 다중의 턱이 있는 것을 필자는 이해를 돕기 위해 '다중턱'이라 이름 붙였다.

차트 32 일봉 555일을 보면 더 많은 턱이 보인다. 5,500원만 넘으면 힘을 쓰지 못하고 내려앉는다. 이 종목의 특성이 그런 것이다. 누군가가 5,580원이 넘는 것을 원하지 않는 것이다. 이런 종목은 바닥 대비 많이 오르지 않아 상승 여력이 많을 것으로 생각하고 조기 진입하면 안 된다. 최고가인 5,580을 대량 거래량과 함께 돌파하는 것을 확인하고 진입해야 한다.

차트 33 주봉을 보면 다중턱의 모습이 더욱 명확해진다. 5,000원만 넘으면 긴꼬리를 달고 내려오는 것을 확인할 수가 있다. 관심 종목에 넣고 기다렸다가 5,580원을 돌파하는 순간 진입하는 것이 좋다. 일단 5,580원을 돌파하면 추가 상승 여력은 많다.

차트 31 고려산업 | 일봉 | 200

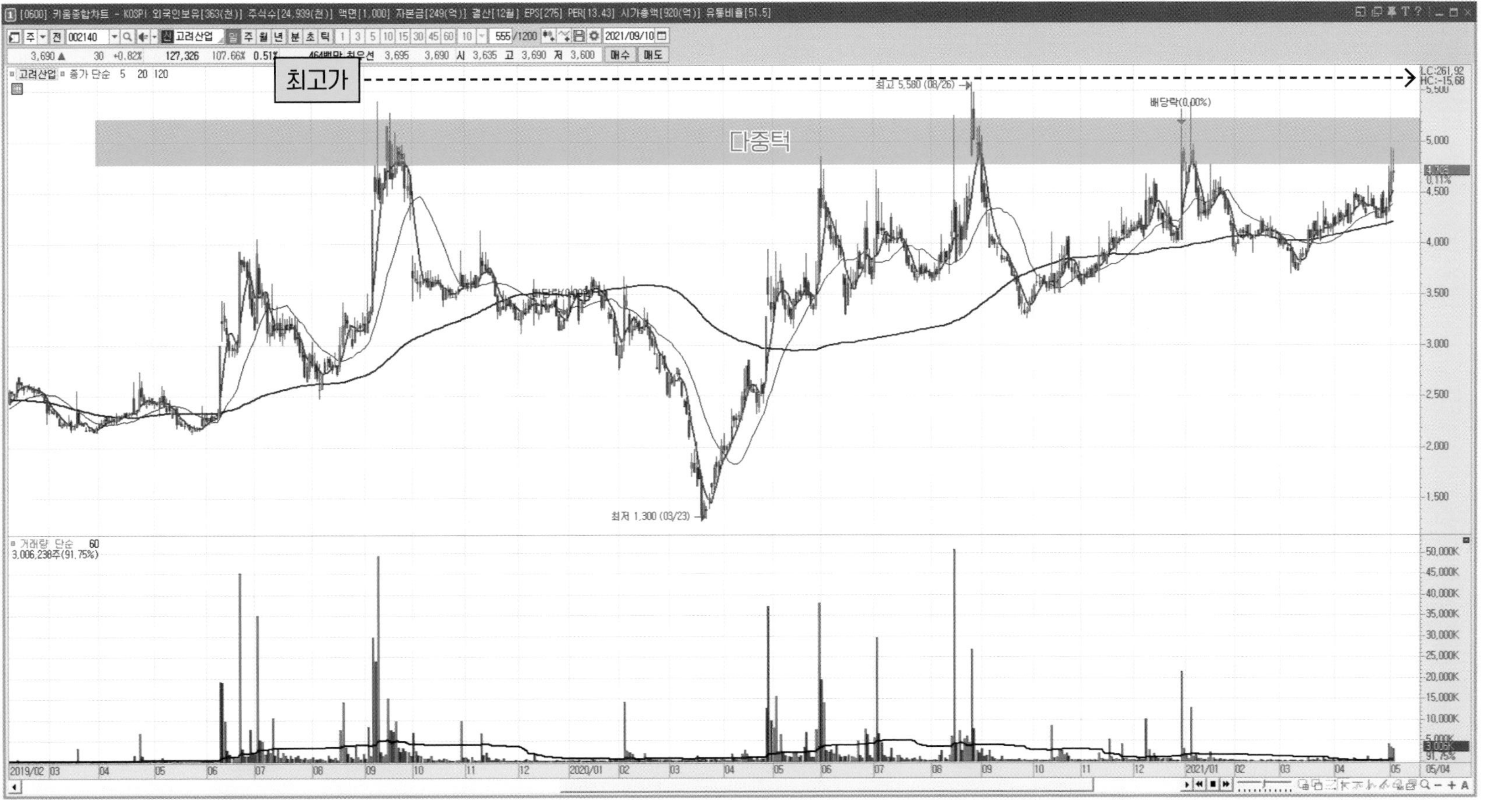

차트 32 고려산업 | 일봉 | 555

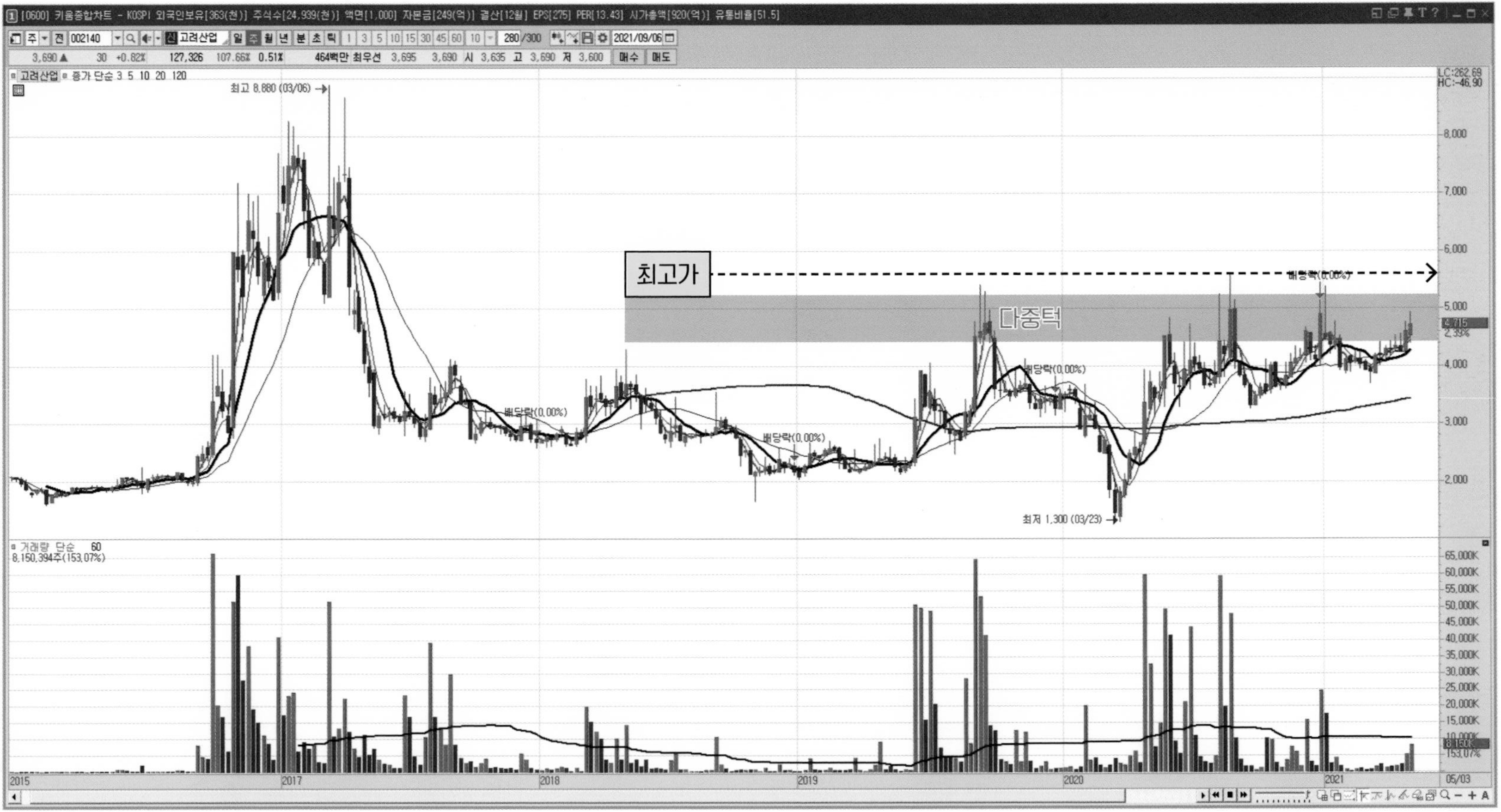

[0600] 키움종합차트 - KOSPI 외국인보유[363(천)] 주식수[24,939(천)] 액면[1,000] 자본금[249(억)] 결산[12월] EPS[275] PER[13.43] 시가총액[920(억)] 유통비율[51.5]
002140 고려산업
3,690 ▲ 30 +0.82% 127,326 107.66% 0.51%
최고 8,880 (03/06)
최고가
다중턱
배당락(0.00%)
최저 1,300 (03/23)
거래량 단순 60
8,150,394주(153.07%)
2015
2017
2018
2019
2020
2021

차트 33 고려산업 | 주봉

차트 34 월봉을 보면 다중턱의 모습이 더욱더 명확해진다. 이런 종목은 보이지 않는 손이 더는 올라가지 못하게 관리하는 것이다. 이런 종목에 도전장을 낼 필요가 없다. 검투사는 물러날 때를 알아야 한다.

그 후 어떻게 되었을까? **차트 35** 일봉 600일 결과를 보면 그 당시도 5,000원을 넘지 못하고 내리막 폭포를 만들면서 폭락하였다. 한 달 뒤인 2021년 6월 재차 돌파를 시도하였으나 또 5,000원을 넘지 못하고 하락하였다. 종목의 특성을 잘 파악하여 무리하게 진입할 필요가 없다. 피와 같은 돈을 아껴야 한다.

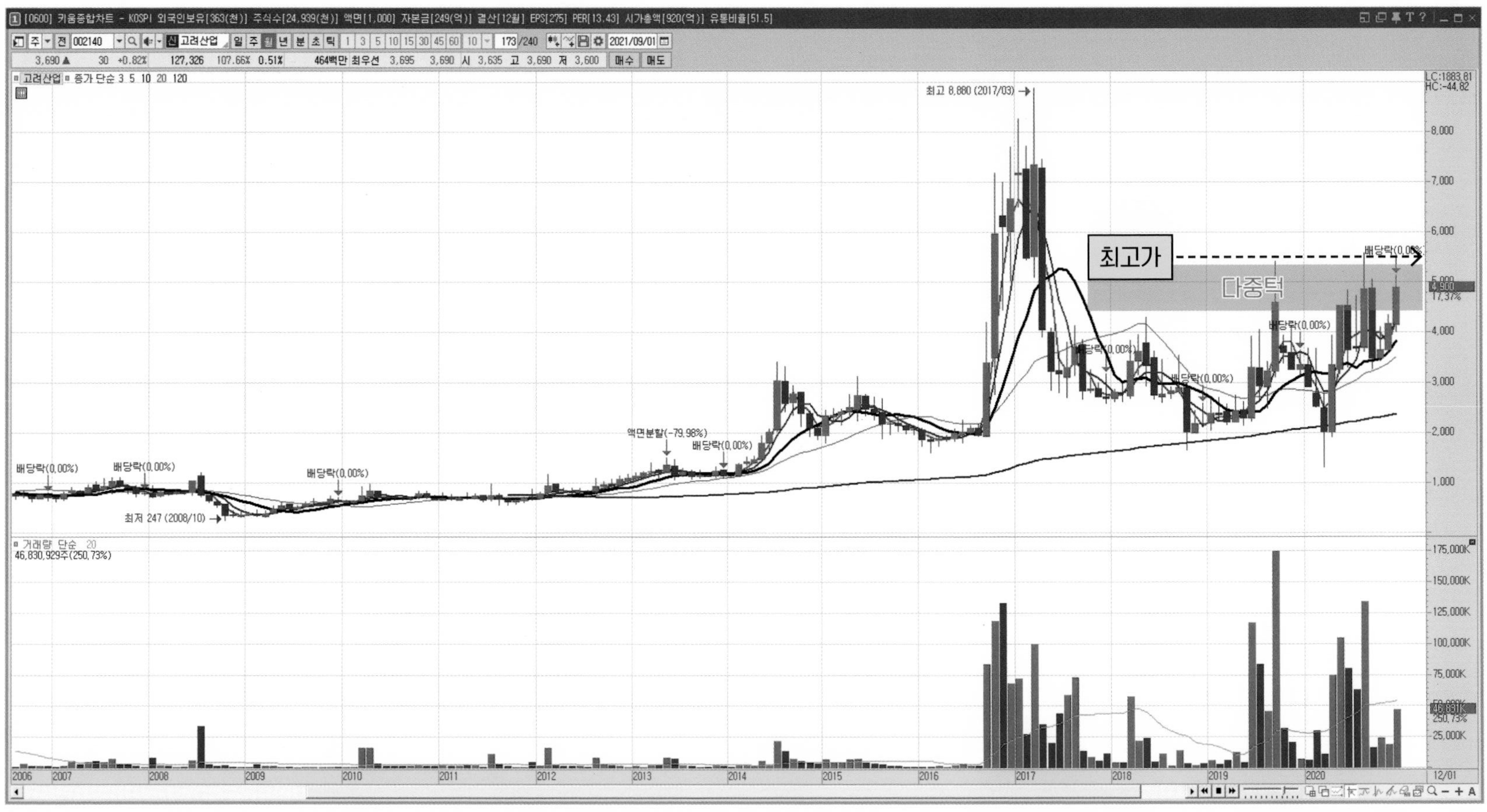

[0600] 키움종합차트 - KOSPI 외국인보유[363(천)] 주식수[24,939(천)] 액면[1,000] 자본금[249(억)] 결산[12월] EPS[275] PER[13.43] 시가총액[920(억)] 유통비율[51.5]
최고 8,880 (2017/03)
최저 247 (2008/10)
액면분할(-79.98%)
배당락(0.00%)
최고가
다중텍
거래량 단순 20
46,830,929주(250.73%)

차트 34 고려산업 | 월봉

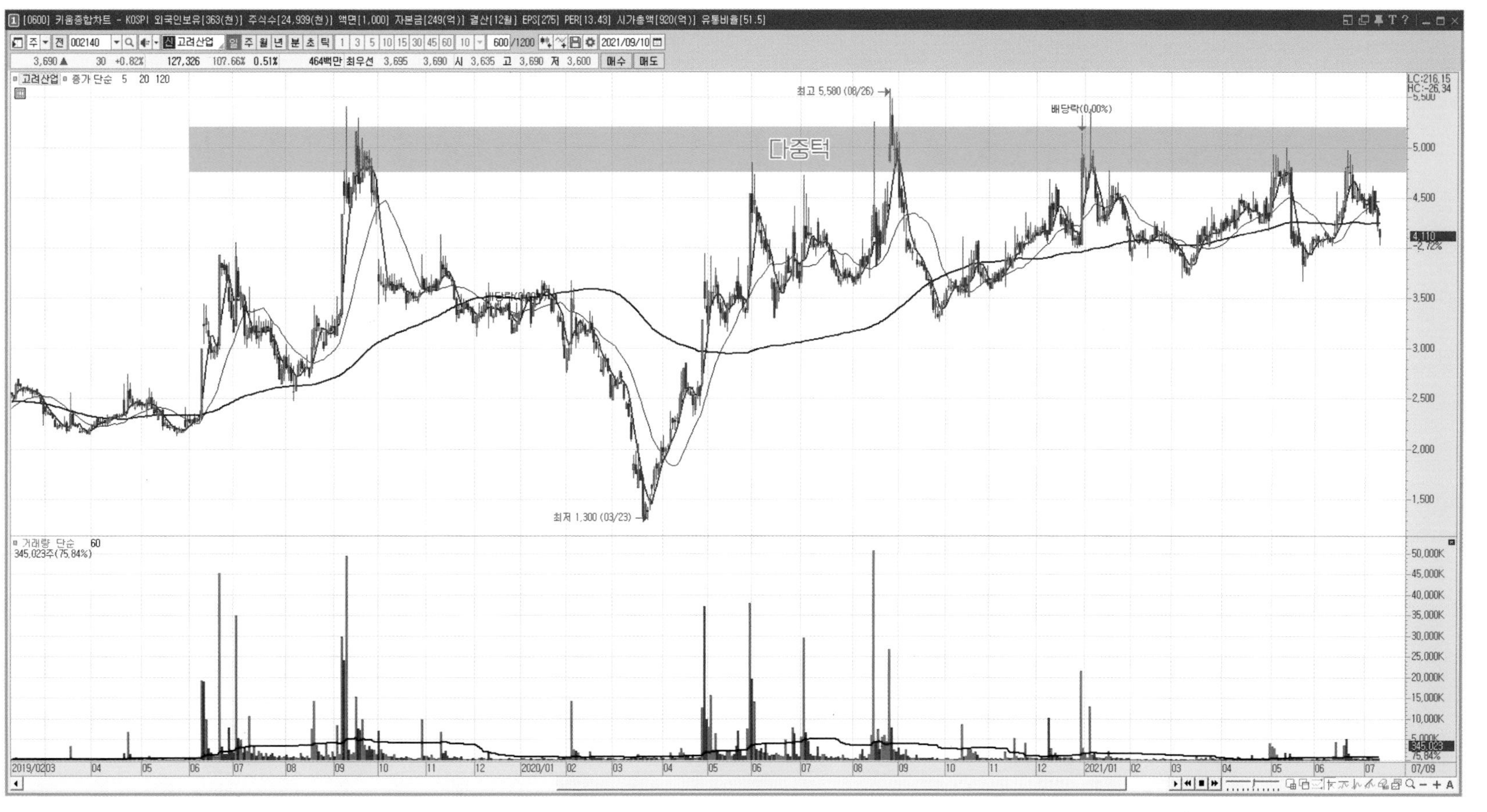

차트 35 고려산업 | 일봉 | 600

다중봉

차트 36 일봉 200일을 보면 2021년 6월 18일 장대양봉을 만들면서 약 7개월간의 조정을 마치고 전고를 돌파하면서 6% 상승하였다. 모양이 아주 좋아 보인다. 약 1달 전에 아주 큰 장대양봉을 만들었는데 이 장대양봉의 고점을 돌파하였으니 이제 추가 상승할 일만 남은 것처럼 보인다. 차트상의 저가 4,920원보다 많이 상승하지 않아 추가 상승 여력이 많을 것 같다. 가슴이 설레는 순간이다. 그러나 자세히 앞을 더 보면 2020년 9월 25일 거래량 6천만 주의 엄청난 장대양봉이 보인다. 이 장대양봉이 아군일까? 적군일까? 이 장대양봉만 돌파하면 큰 상승이 있을 것 같다.

차트 37 일봉 585일을 확대하여 보면 7,000원대에서 봉이 여러 개 형성되어 있는 것이 보인다. 이 종목은 2019년 이후 여러 번 대량 거래량이 터지면서 전고점 돌파를 시도하였으나 번번이 실패한 경력이 있다. 이번에는 돌파할 것 같지만 그렇지 못할 확률이 더 높다고 보는 것이 타당하다. 이 종목은 안전하게 8,000원을 돌파하는 순간 동참하는 것이 타당하다. 비싸게 주고 비싸게 팔아야 한다.

차트 38 주봉을 보면 다중봉이 겹겹이 형성되어 있는 것이 보인다. 2019년 6월 이후 여러 번 돌파를 시도했는데 그때마다 점프하지 못하고 주저앉았다. 안타깝기 그지없다. 더군다나 대량 거래량이 터졌는데도 실패한 것이 여러 번인 것을 보면 이번에도 예감이 불길하다.

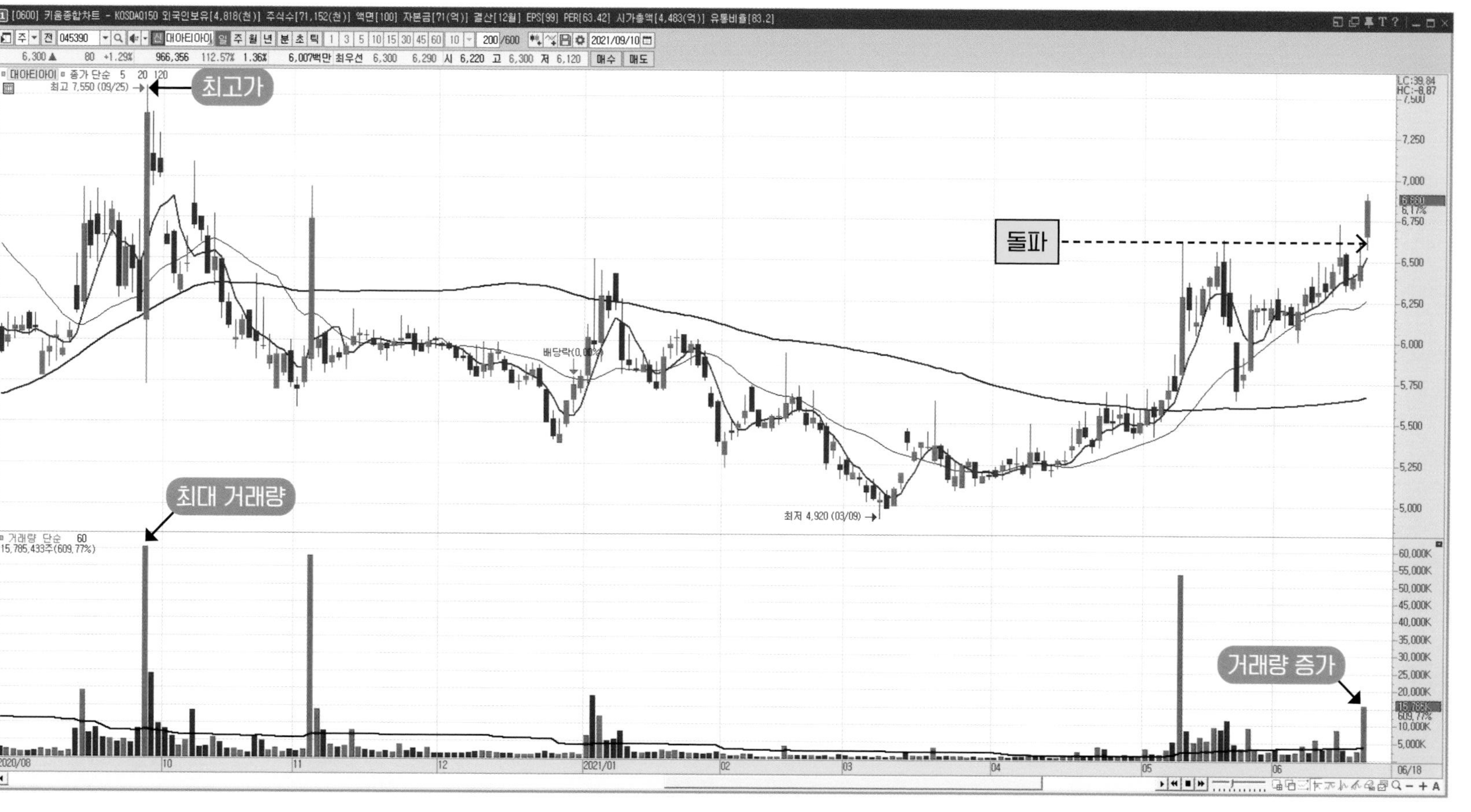

차트 36 대아티아이 | 일봉 | 200

차트 37 대아티아이 | 일봉 | 585

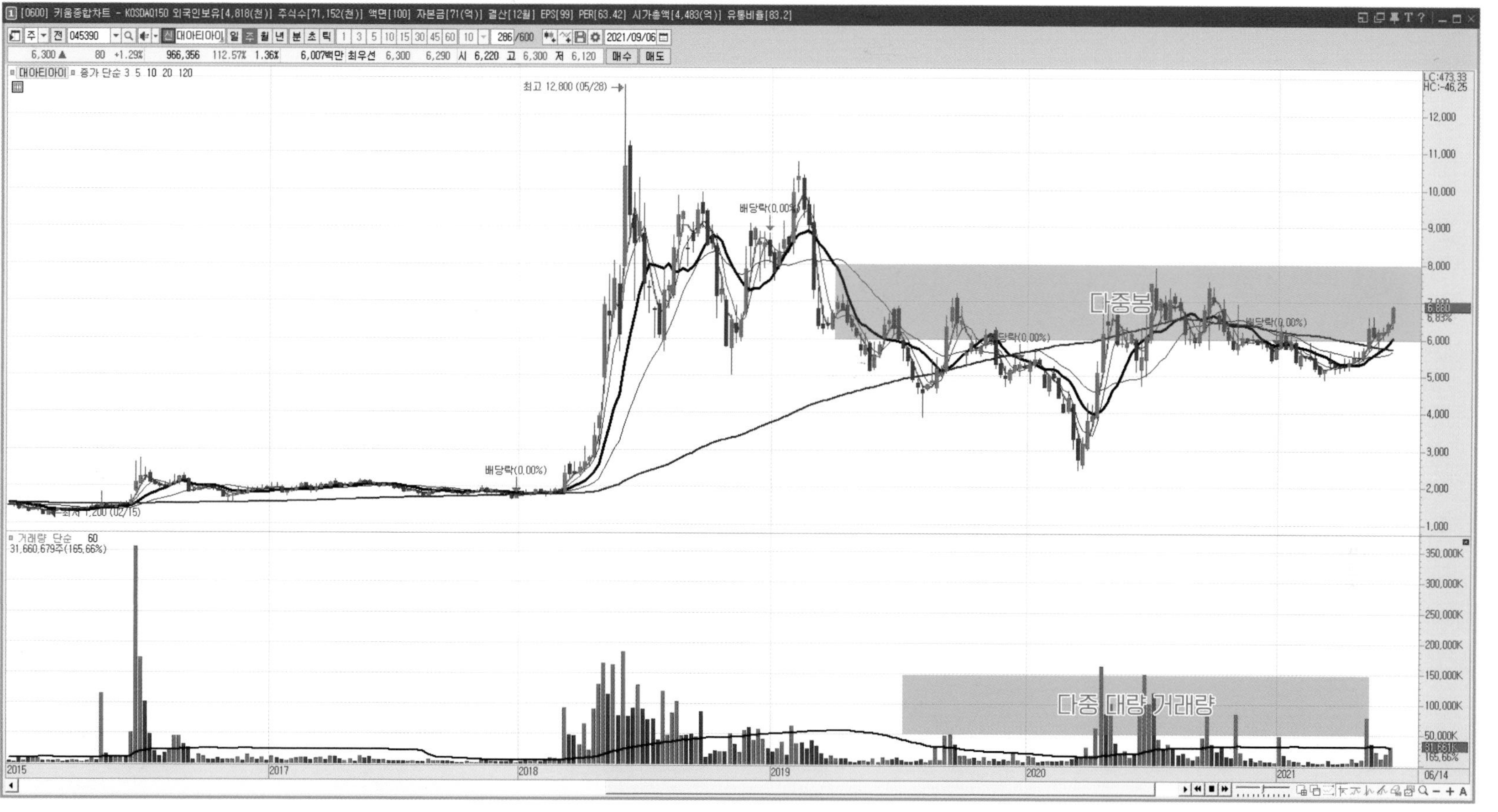

차트 38 대아티아이 | 주봉

차트 39 월봉을 보면 왜 이렇게 돌파를 하지 못하고 계속 주저앉았는지 알 수가 있다. 1,500원대가 바닥인 이 종목이 거의 8배 상승한 후 하락 중이고, 오랜 기간 조정을 받고 있어서 돌파를 못 하는 것이었다. 거래량도 최대 거래량이 터진 2018년 5월 거래량과 비교하여 보면 절반 수준이다. 추가 상승하기에는 에너지가 부족하였다. 2018년 최고가 수준에서 물린 투자자들이 아직 못 털고 있으면서 올라오기만을 목 빠지게 기다리고 있을 것이다.

그 후 어떻게 되었을까? **차트 40** 일봉 600일 결과를 보면 알 수 있다. 여지없이 7,000원을 잠깐 돌파한 후 다시 음봉을 형성하면서 6,000원으로 밀리고 있다. 이런 종목은 일봉만 보지 말고 주봉, 월봉 그리고 그 당시 거래량 등도 같이 보아 종합적으로 판단해야 한다.

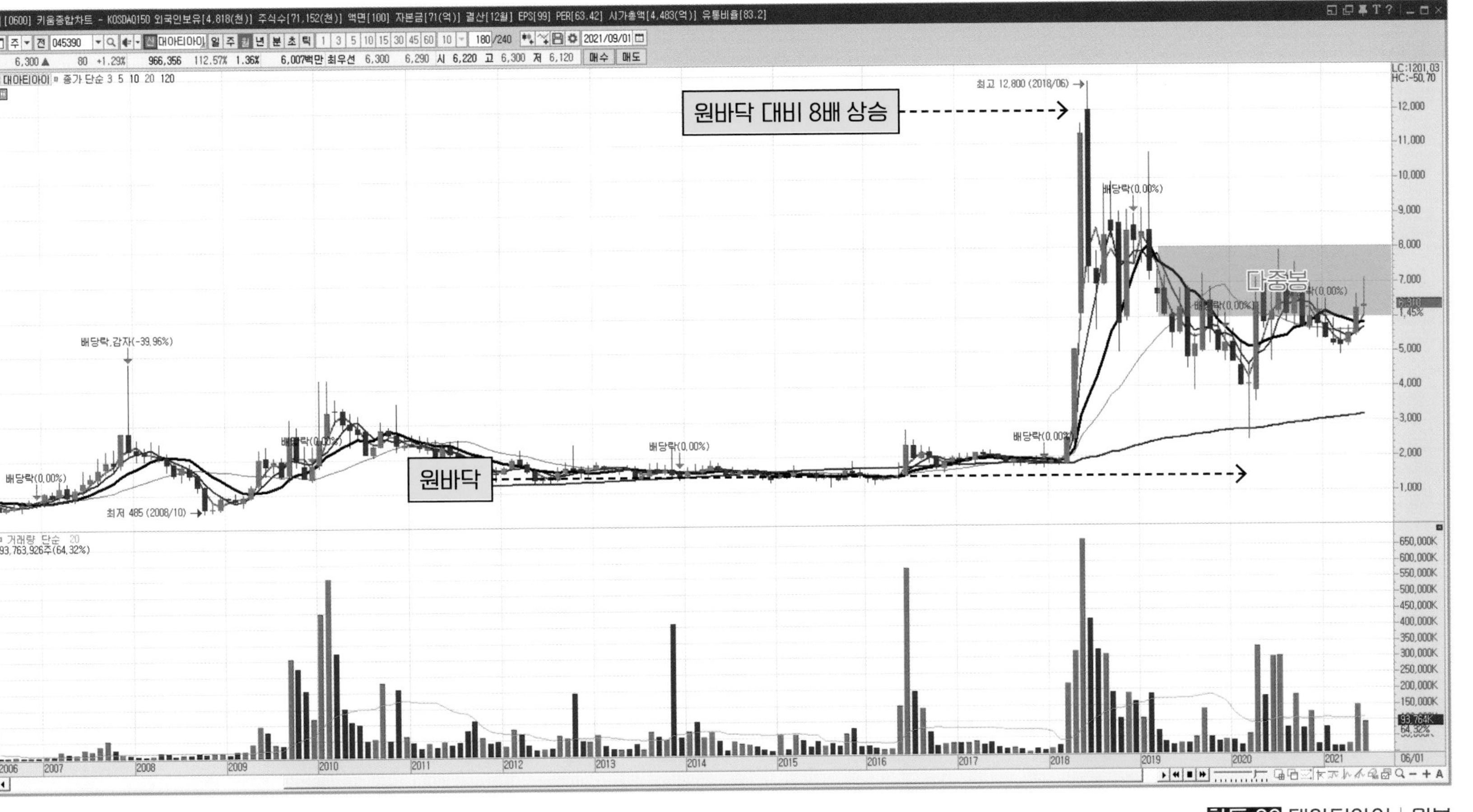

차트 39 대아티아이 | 월봉

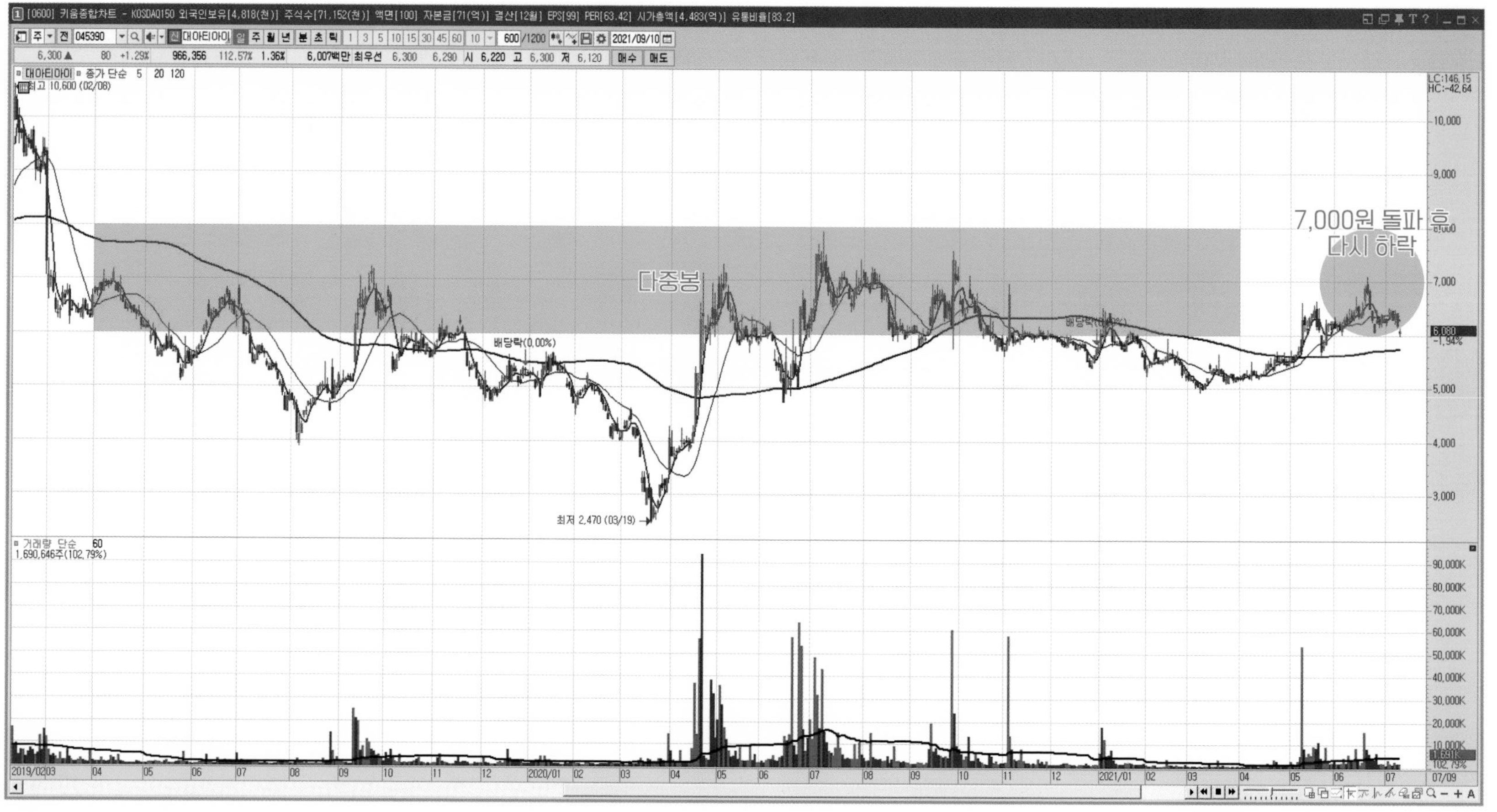

차트 40 대아티아이 | 일봉 | 600

다중꼬리

차트 41 일봉 200일을 보면 2021년 7월 1일, 200일 동안의 조정 기간을 거쳐 커다란 장대음봉 2개를 넘어 드디어 돌파의 순간이 왔다는 생각이 든다. 2개의 장대음봉 모두 엄청난 거래량을 터트린 음봉이라 더욱 의미가 크다. 비록 당일 거래량이 장대음봉 거래량에 비하면 미약하나 그래도 돌파는 돌파다. 계속 양봉을 만들면서 상승하였기에 힘을 받을 것으로 예상된다.

차트 42 일봉 594일을 보면 2020년에 다중의 꼬리를 만들면서 25만 원을 돌파하지 못하고 다시 하락을 반복한 것이 보인다. 25만 원에만 가면 강한 매도세가 나타나는 것이다. 이 차트에서 보면 무려 55만 원이 넘던 주가가 1/5 토막 이상이 난 후 다시 반등을 시도하고 있는데 번번이 실패하였다. 2020년 3월 초 강한 내리막 폭포가 생겼는데 이 폭포를 넘지 못하는 것이다.

차트 43 주봉을 보면 왜 이런 현상이 반복되는지 알 수 있다. 74만 원이 넘던 주가가 10만 원 아래까지 하락한 후 긴 기간 조정을 거치면서 반등을 시도하고 있다. 그런데 일봉에서 보면 별로 강하게 보이지 않았던 2020년 3월 내리막 폭포가 아주 선명하게 보인다. 바로 이 내리막 폭포 때문에 이 고비를 넘기지 못하고 있다. 이 내리막 폭포는 25만 원을 강하게 하향 돌파하면서 새로운 저가를 만들었기에 반대 상향 돌파도 힘든 것이다.

차트 41 메디톡스 | 일봉 | 200

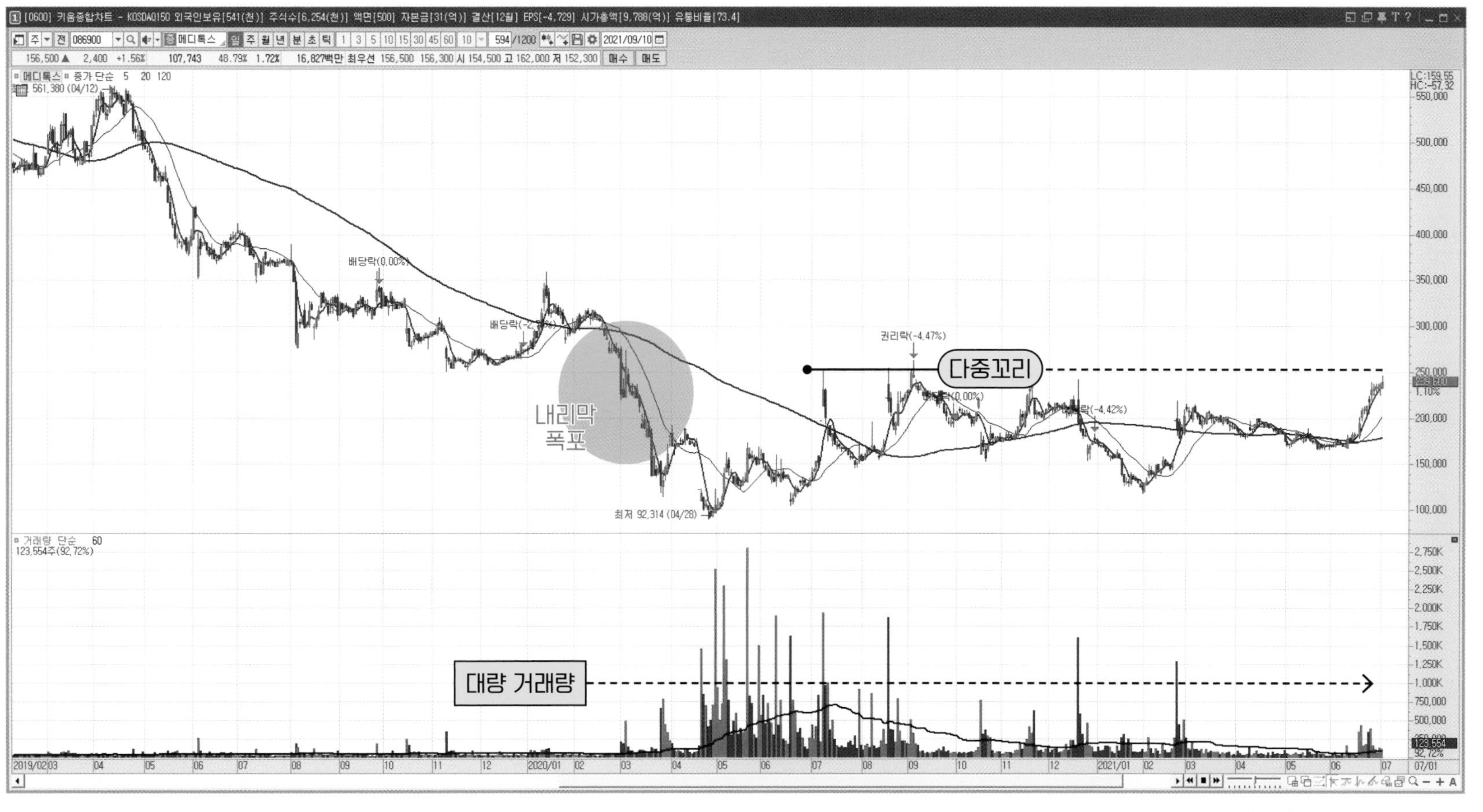

차트 42 메디톡스 | 일봉 | 594

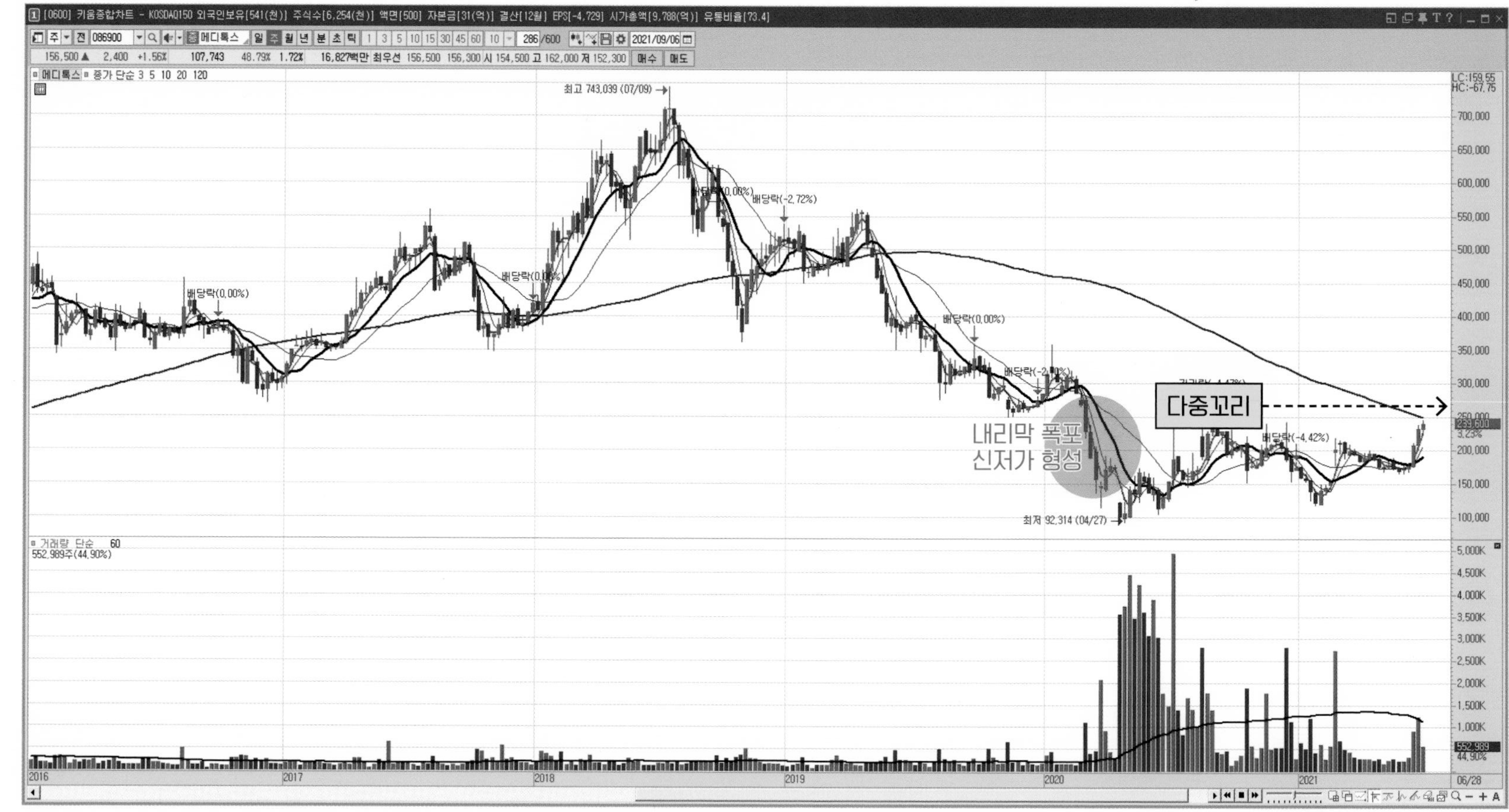
[0600] 키움종합차트 - KOSDAQ150 외국인보유[541(천)] 주식수[6,254(천)] 액면[500] 자본금[31(억)] 결산[12월] EPS[-4,729] 시가총액[9,788(억)] 유통비율[73.4]
메디톡스
2021/09/06
156,500 ▲ 2,400 +1.56% 107,743 48.79% 1.72% 16,827백만 최우선 156,500 156,300 시 154,500 고 162,000 저 152,300
매수
매도
메디톡스 종가 단순 3 5 10 20 120
최고 743,039 (07/09)
배당락(0.00%)
배당락(-2.72%)
최저 92,314 (04/27)
배당락(-4.42%)
내리막 폭포
신저가 형성
다중꼬리
거래량 단순 60
552,989주(44.90%)
2016
2017
2018
2019
2020
2021
06/28

차트 43 메디톡스 | 주봉

차트 44 월봉을 보면 더욱더 명확하게 원인을 알 수 있다. 2020년 3월의 내리막 폭포가 더욱 강하게 보이고, 원래 2만 원대이던 주가가 폭등하여 37배나 되는 높은 가격을 만든 후 하락 중이었다. 원바닥 기준으로 보면 아직도 10배나 되는 높은 수준이다. 어쩌면 제 가격을 찾아가고 있는 과정에 있을지 모른다. 이래서 차트를 볼 때는 항상 일봉, 주봉, 월봉을 같이 보아야 한다. 그래야 거시적인 관점에서 판단할 수 있다.

그 후 어떻게 되었을까? **차트 45** 일봉 600일 결과를 보면 25만 원을 찍고 다시 하락하고 있는 것이 보인다. 신이 알고 계셨는지 장세까지 안 좋아서 장세 따라 다시 하락하고 있다. 이런 종목에 진입하고 싶으면 25만 원을 아주 강하게 대량 거래량을 일으키면서 돌파할 때 매수하는 것이 좋다. 손절매도 25만 원이 하향 돌파되는 순간 미련 없이 하여야 할 것이다.

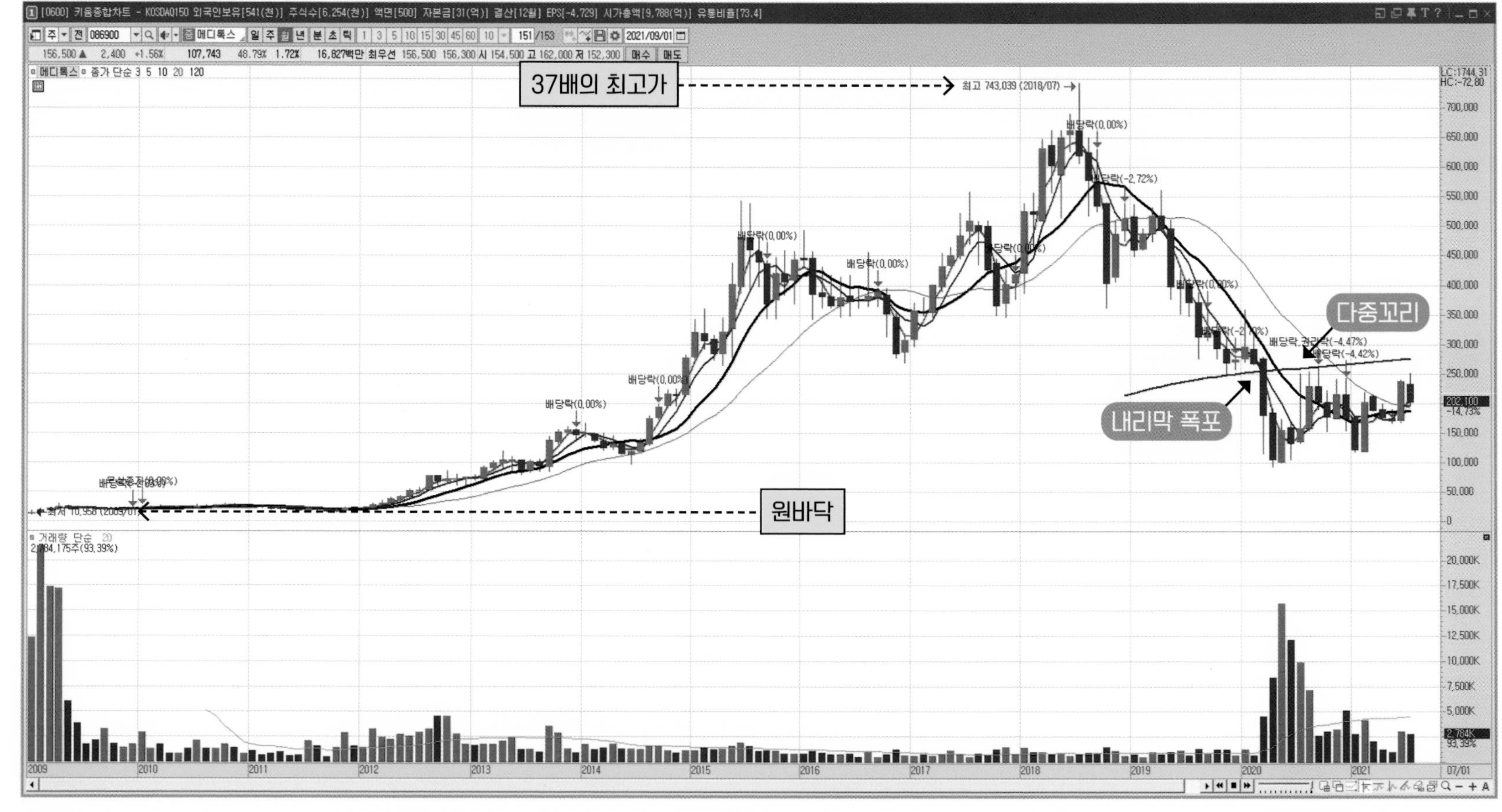

차트 44 메디톡스 | 월봉

차트 45 메디톡스 | 일봉 | 600

쌍봉

차트 46 일봉 200일을 보면 2021년 1월 20일, 그동안 약 6개월간 횡보하던 주식이 대량 거래량이 터지면서 21% 급등하는 좋은 모습을 보인다. 이 대량 거래량은 보통 대량 거래량이 아니다. 앞선 6개월 동안의 모든 거래량을 압도하는 대량 거래량이다. 2020년 7월 27일 고점과 긴꼬리 장대음봉을 만든 거래량의 5배나 되는 엄청난 거래량이다. 그야말로 폭발적인 에너지를 분출하고 있다. 이 모양만 보면 어떤 개인 투자자들도 드디어 이 주식이 날아가는구나 하고 생각한다. 과연 그럴 것인가? 아쉽게도 이 장대양봉은 전고가인 18,250을 돌파하지 못하고 18,150을 찍고 내려왔다. 다중봉만 위험한 것이 아니다. 쌍봉도 때에 따라서는 엄청난 위력을 발휘한다.

차트 47 일봉 483일로 확대하여 보면 쌍봉의 모양이 명확히 보인다. 원바닥 5,000원대에서 3배 이상 상승한 종목이 고점에서 긴꼬리를 달고 내려온 후 6개월 동안 조정을 받았다. 이 종목이 과거의 모든 대량 거래량을 압도하는 거래량을 발생하면서 장대양봉을 만들었다. 추가 상승의 여력이 많아 보인다. 드디어 내일부터는 18,250원을 돌파하고 날아갈 기세다.

차트 48 주봉을 보면 모양이 달라진다. 이 종목은 2017년에 최고가를 형성한 후 쌍봉을 맞고 1/4 토막이 난 경력이 있는 주식이다. 3년 이상의 어려운 시기를 거쳐서 이제 다시 최고가 인접하게 올라왔다. 이 주식이 진짜 지속해서 상승하기 위해서는 최고가인 20,200을 돌파해야 한다. 3년 전 쌍봉 하락이 마음에 크게 걸린다.

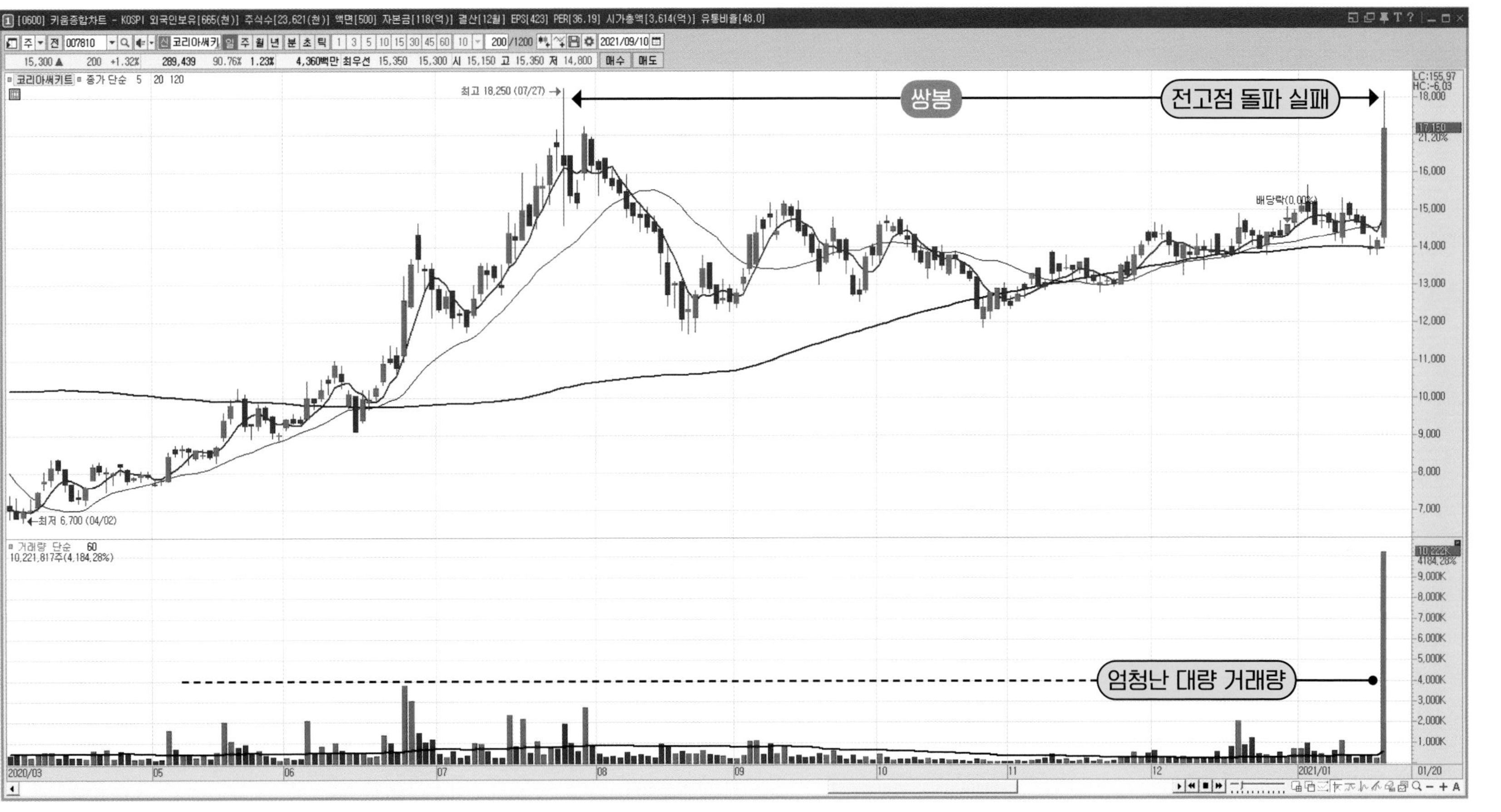

차트 46 코리아써키트 | 일봉 | 200

차트 47 코리아써키트 | 일봉 | 483

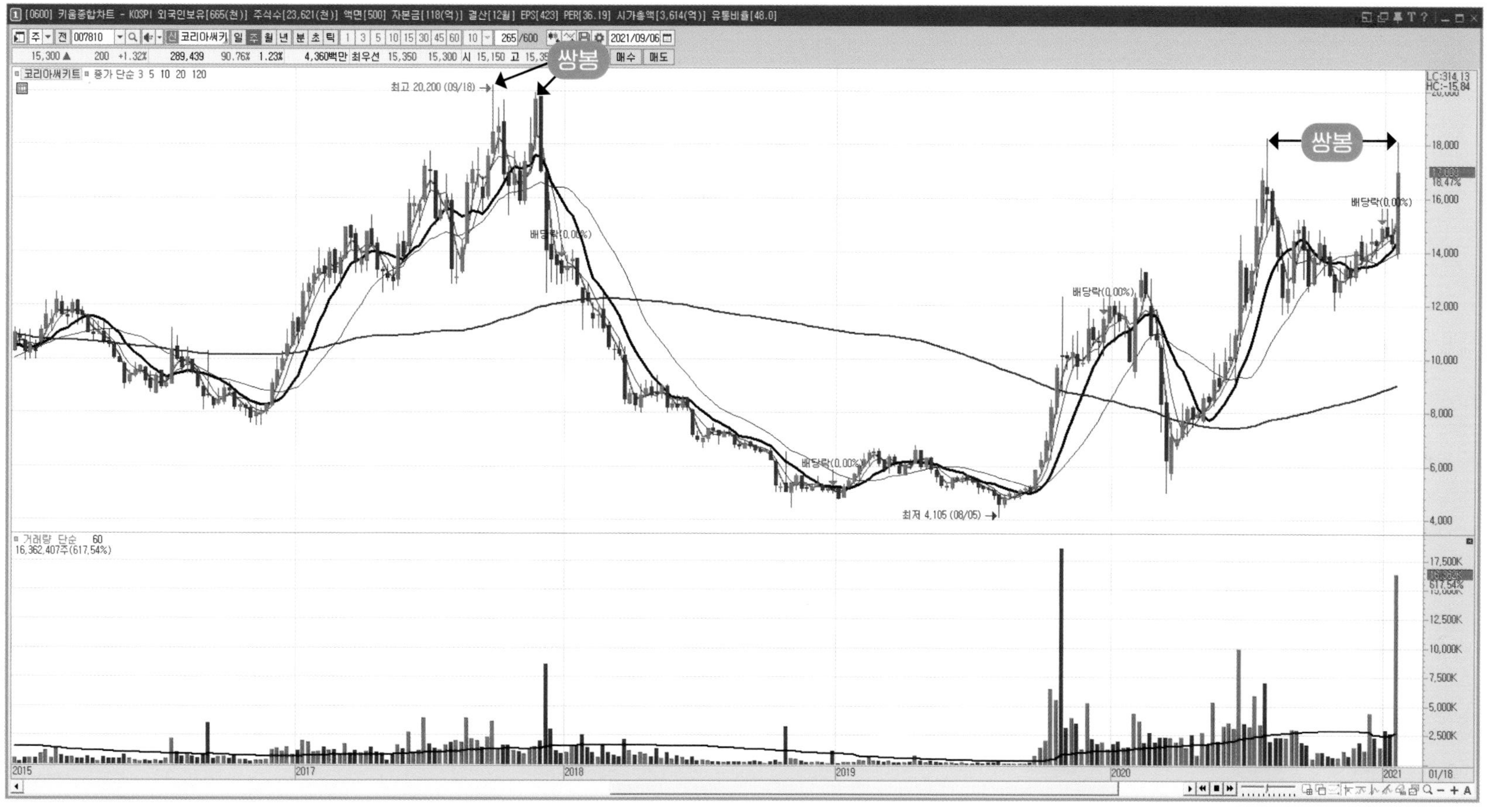

차트 48 코리아써키트 | 주봉

차트 49 월봉을 보면 모양이 더욱더 달라진다. 이 종목은 2012년에도 쌍봉을 맞고 하락하여 1/3 토막이 난 경험이 있다. 고점에만 올라오면 쌍봉을 맞고 하락하는 것이다. 이 종목이 더 높은 상승을 하기 위해서는 최고가인 23,220원을 돌파해야 한다. 2021년 1월 20일의 쌍봉이 이제는 우려스럽게 보인다.

그 후 어떻게 되었을까? **차트 50** 일봉 600일 결과를 보면 알 수 있다. 다음날 전일보다 적은 거래량이 발생하면서 전일 고가를 돌파하지 못하더니 계속 밀리고 있다. 그 도중에 뒤폭탄, 내리막 계단을 만들고 있다. 전고 돌파가 점점 어려워 보인다. 이 종목을 단순히 2021년 1월 20일 발생한 엄청난 거래량의 장대양봉만 믿고 진입하였다가는 크게 물릴 가능성이 크다. 또다시 바닥권인 5,000원까지도 내려올 수 있다. 다중봉뿐만 아니라 쌍봉도 조심해야 한다.

차트 49 코리아써키트 | 월봉

차트 50 코리아써키트 | 일봉 | 600

쌍꼬리

차트 51 일봉 200일을 보면 2021년 1월 11일, 전일 대량 거래량으로 강한 돌파를 하면서 긴꼬리 장대양봉을 만든 다음 날 다시 긴꼬리를 만들면서 양봉을 만들었다. 거래량이 전일 대량 거래량의 1/3 수준이다. 당일 고가도 전일 고가를 돌파하지 못하였다. 비록 양봉을 만들고 4% 이상 상승했지만, 거래량도 적어지고 가격도 전고가를 돌파하지 못하였다. 이런 경우는 어떻게 해야 할까? 전일 매수한 투자자라면 당일 전고가를 돌파하지 못하고 꺾이는 순간에 매도했어야 할 것이다. 당일 매수한 투자자라면 꺾이기 전에 매수한 투자자는 꺾이는 순간에, 아직 매수하지 않은 투자자라면 매수를 보류해야 한다. 매수하고 싶으면 전고가인 18,000원을 돌파하는 것을 확인하고 매수해야 한다.

차트 52 일봉 476일을 보면 아주 좋아 보인다. 비록 최저가 대비 3배 이상 상승했지만, 원바닥 10,000원 대비 2배 이하로 상승했다. 전일 거래량도 기존 모든 거래량을 압도하는 대량 거래량이다. 앞에도 약 1년간 조정을 받은 모든 것을 돌파하였다. 이제 상승하는 일만 남은 것 같다. 단지 전일 고가만 돌파하지 못했을 뿐이다.

차트 53 주봉을 보면 더 좋아 보인다. 그동안의 횡보 구간을 대량 거래량으로 강력하게 돌파하였다. 앞 1년간의 장애물도 없다. 에너지도 충만하다. 모든 것이 좋아 보인다.

차트 51 엘엠에스 | 일봉 | 200

차트 52 엘엠에스 | 일봉 | 476

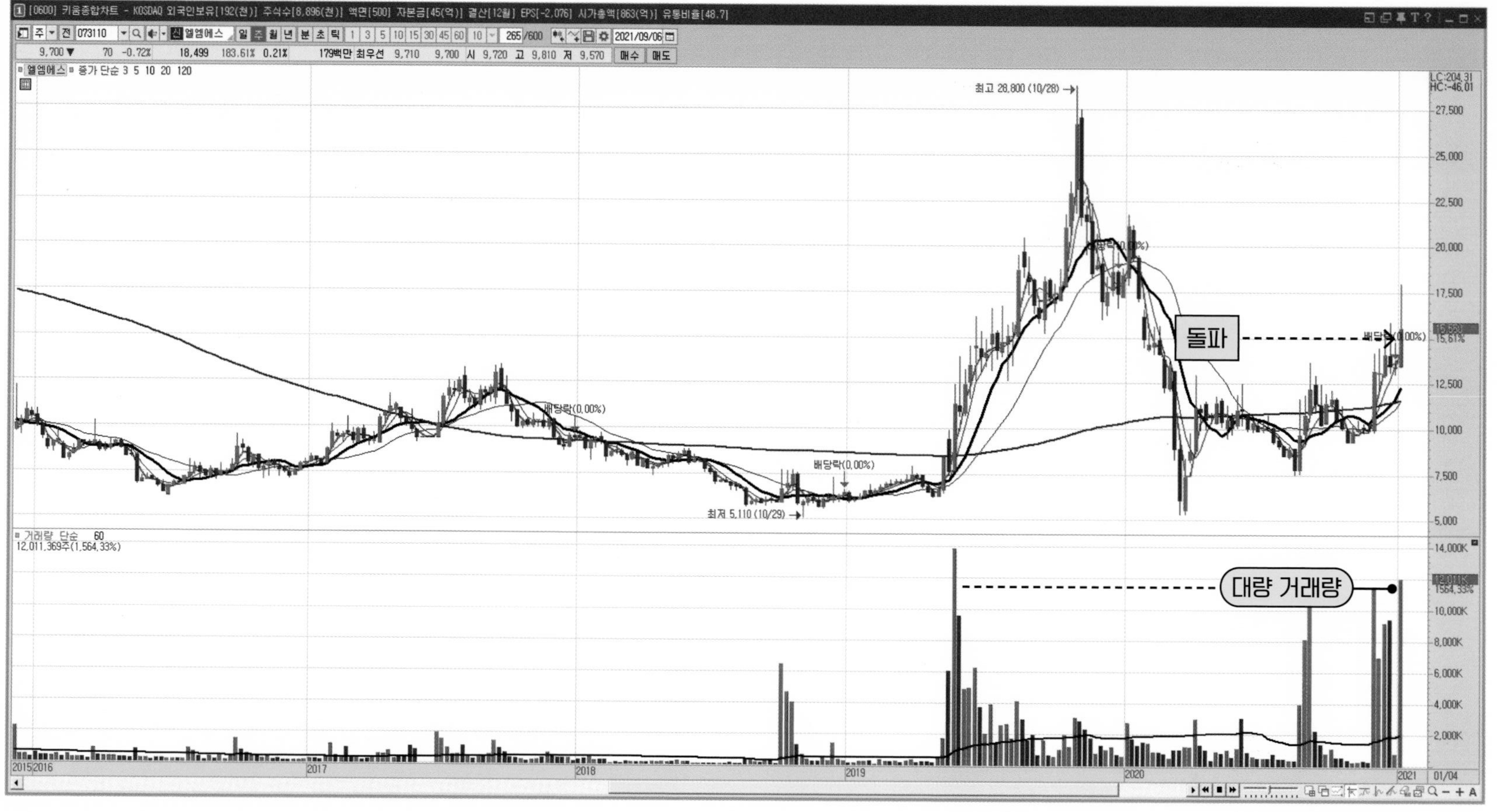
[0600] 키움종합차트 - KOSDAQ 외국인보유[192(천)] 주식수[8,896(천)] 액면[500] 자본금[45(억)] 결산[12월] EPS[-2,076] 시가총액[863(억)] 유통비율[48.7]
073110 엘엠에스 2021/09/06
9,700 ▼ 70 -0.72% 18,499 183.61% 0.21% 179백만 최우선 9,710 9,700 시 9,720 고 9,810 저 9,570 매수 매도
엘엠에스 종가 단순 3 5 10 20 120
최고 28,800 (10/28)
배당락(0.00%)
배당락(0.00%)
최저 5,110 (10/29)
돌파
배당락(0.00%)
거래량 단순 60
12,011,369주(1,564.33%)
대량 거래량
2015 2016 2017 2018 2019 2020 2021 01/04
차트 53 엘엠에스 | 주봉

차트 54 월봉을 보면 더욱더 좋아 보인다. 지금은 지난 기록을 보아서 음봉으로 보이는데 1월 11일 당시에는 아주 강력한 양봉이었을 것이다. 고가 28,800원이 반 토막 이상 나도록 조정을 받았고 오랫동안 기간 조정을 거쳐 돌파하였기에 문제가 없어 보인다.

그 후 어떻게 되었을까? **차트 55** 일봉 600일 결과를 보면 다음 날 내리막 폭포를 만들면서 11% 이상 하락 마감하였다. 거래량도 전일 거래량의 반 토막이 났다. 그 뒤 내리막 폭포를 타오르지 못하고 계속 하락 조정을 받으면서 어려운 시기를 보내고 있다. 쌍꼬리라고 우습게 보지 말라. 때에 따라서는 다중꼬리보다 더 강한 영향력을 행사할 수가 있다. 이런 쌍꼬리가 모여 다중꼬리가 되는 것이다. 이 종목은 고수라면 2021년 1월 11일에 절대 진입하지 않았을 것이다. 전고가인 18,000원이 강력하게 돌파되기를 기다렸을 것이다. 주식은 비싸게 사고 비싸게 팔아야 한다.

[0600] 키움종합차트 - KOSDAQ 외국인보유[192(천)] 주식수[8,896(천)] 액면[500] 자본금[45(억)] 결산[12월] EPS[-2,076] 시가총액[863(억)] 유통비율[48.7]
073110 엘엠에스 2021/09/01
9,700 ▼ 70 -0.72% 18,499 183.61% 0.21% 179백만 최우선 9,710 9,700 시 9,720 고 9,810 저 9,570 매수 매도
엘엠에스 종가 단순 3 5 10 20 120
최고 28,800 (2019/10) →
최저 3,075 (2008/10) →
배당락(0.00%)
돌파
거래량 단순 20
22,187,933주(58.88%)
2007 2008 2009 2010 2011 2012 2013 2014 2015 2016 2017 2018 2019 2020 2021

차트 54 엘엠에스 | 월봉

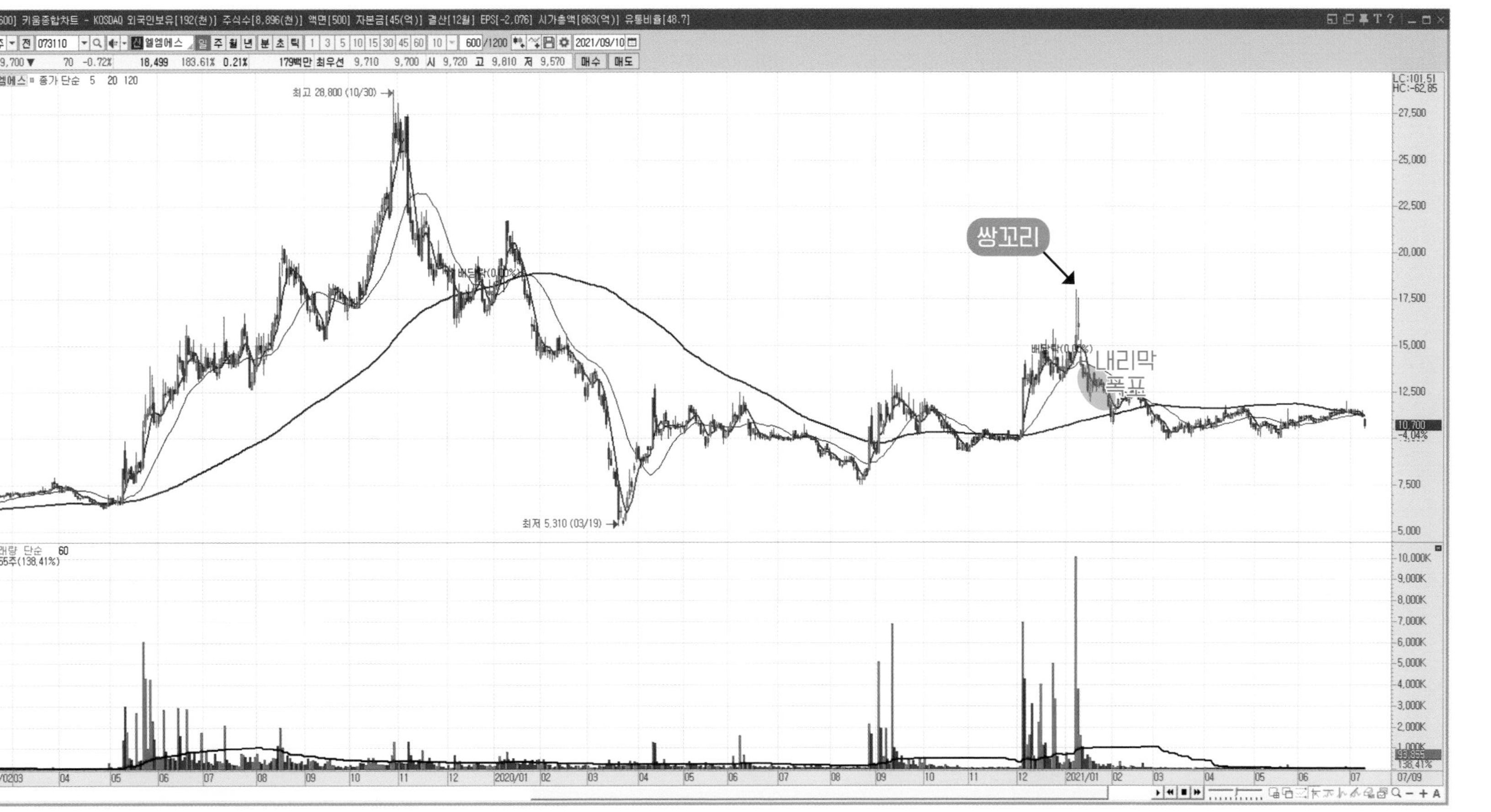

차트 55 엘엠에스 | 일봉 | 600

고점 횡보

차트 56 일봉 200일을 보면 2021년 3월 8일 전고점을 돌파한 후 강한 상승세가 이어지지 못하고 횡보를 하는 것이 보인다. 최저가인 1,490원의 두 배를 넘긴 상황에서 더 나아가고 있지 못한 것이다. 돌파 당시 전 최대 거래량의 1/3 수준에도 못 미치는 거래량으로 돌파하였다. 횡보 구간에서도 거래량이 대폭 감소하고 있다. 이런 상황에서 매수해야 하나? 아니면 기다려야 하나? 아주 애매한 상황이다.

차트 57 일봉 523일을 보면 원바닥 1,500원대 두 배 이상 상승한 후 거래량 감소로 추가 상승하지 못하고 횡보하고 있는 것이 보인다. 에너지가 부족한 상태다. 앞의 다중봉을 돌파할 때는 강한 거래량으로 강력한 에너지를 동반하면서 기운차게 돌파하였으나 그 후 에너지가 많이 소진된 모습을 보인다.

차트 58 주봉을 보면 과거 4년간의 기간 조정, 가격 조정을 거치면서 돌파한 모습이 보인다. 아주 좋은 모습이다. 앞으로 추가 상승 여력이 많아 보인다. 다만 고점에서 거래량이 줄고 있는 모습이 마음에 걸릴 뿐이다.

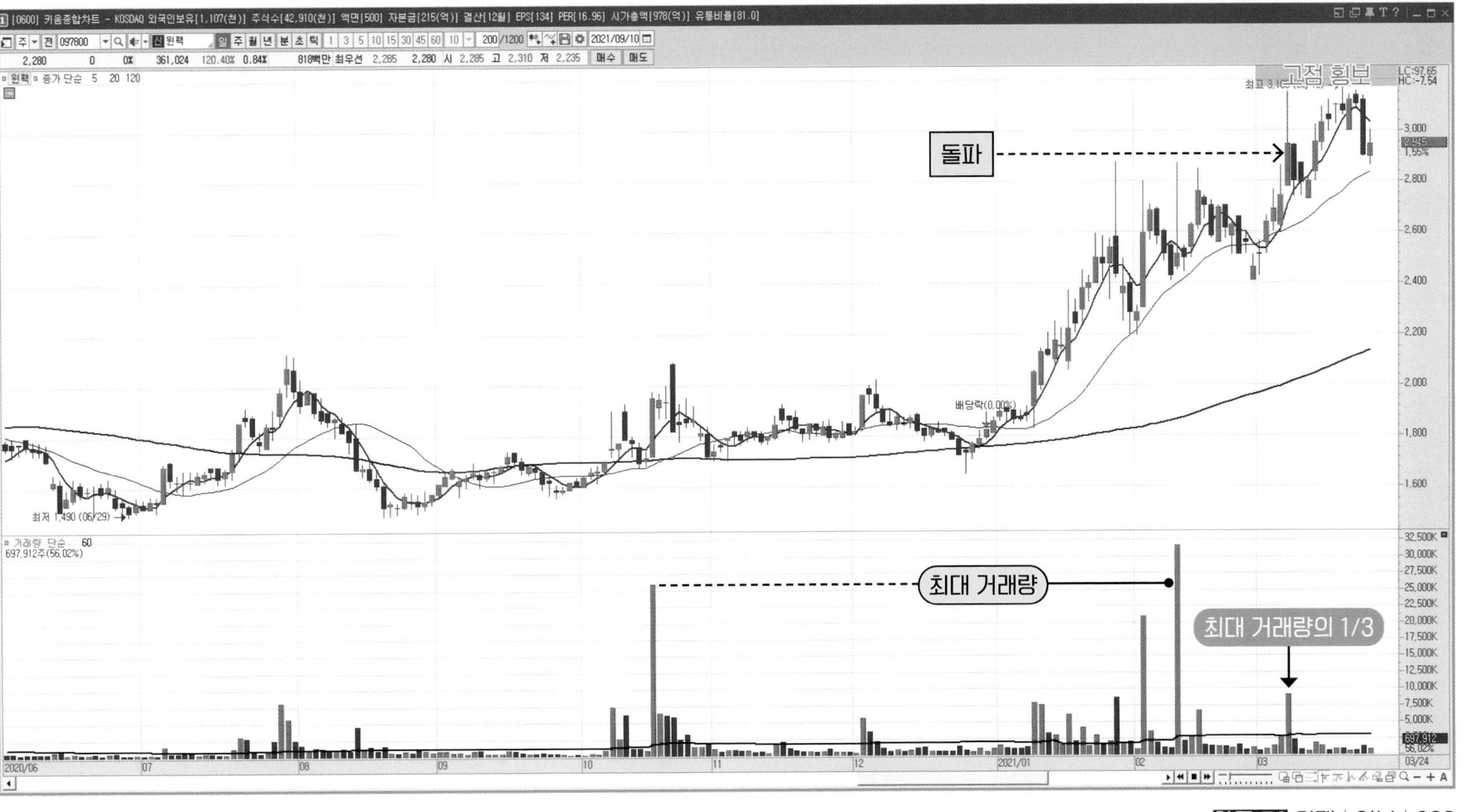

차트 56 윈팩 | 일봉 | 200

차트 57 윈팩 | 일봉 | 523

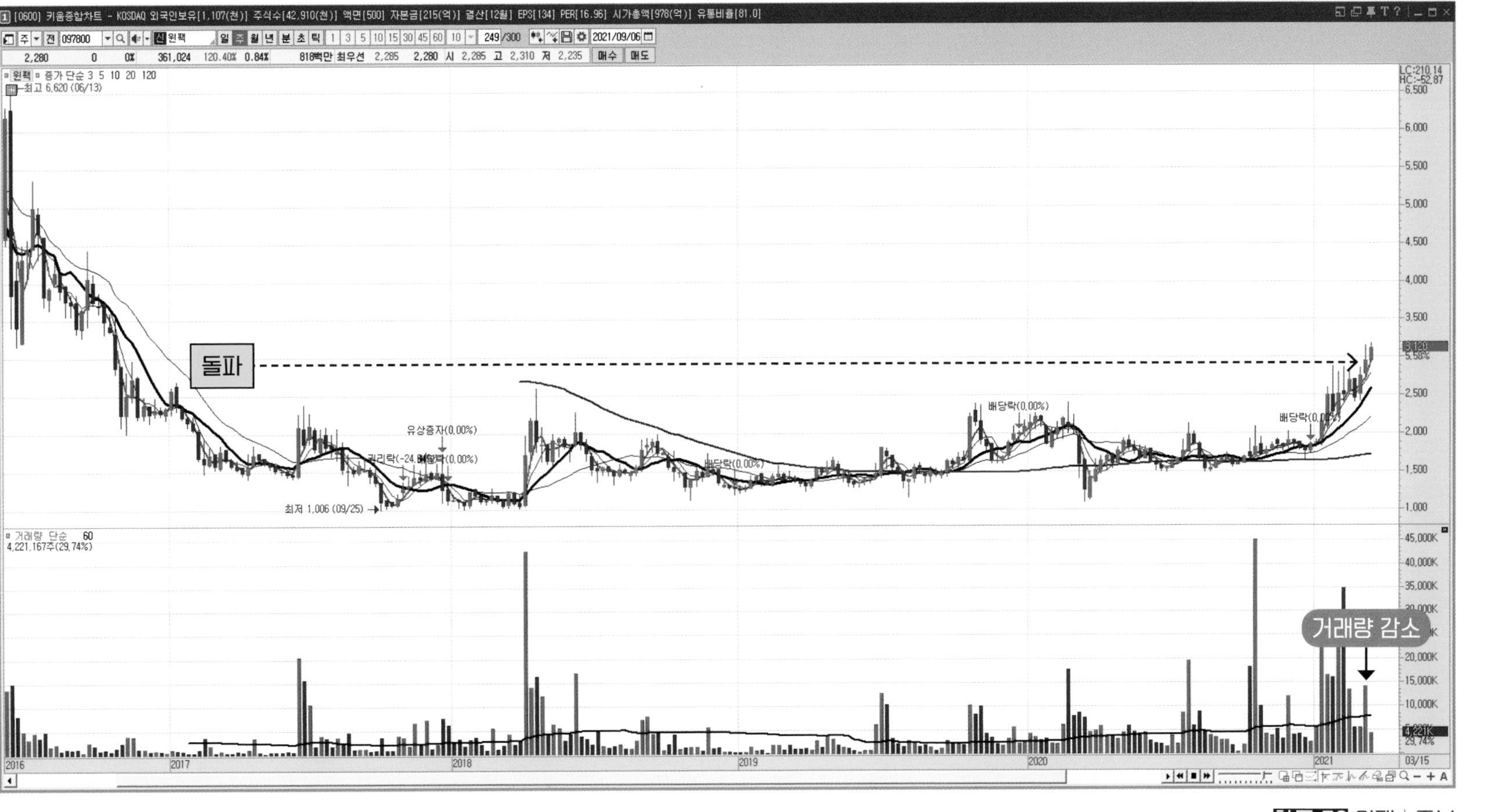

차트 58 윈팩 | 주봉

차트 59 월봉을 보면 2016년 최고가 7,233원을 만들고 무려 1,006원까지 하락한 후 3년 이상의 기간 조정, 가격 조정을 거치면서 어려운 시기를 보낸 것이 보인다. 이제 이 모든 것을 돌파하였기에 이제 추가 상승할 일만 남은 것 같은 분위기다. 사실 주식 투자를 하다 보면 이렇게 깔끔한 돌파를 한, 바닥을 치고 턴 어라운드 하는 종목을 만나기도 힘들다.

그 후 어떻게 되었을까? **차트 60** 일봉 600일 결과를 보면 알 수 있다. 결국은 거래량 부족, 에너지 부족으로 전고점을 강력하게 돌파하지 못하고 하락하였다. 고점 돌파 후 강한 거래량이 뒷받침하지 못한 것이 큰 원인이다. 내려오는 동안 뒤폭탄, 내리막 계단, 내리막 외봉 등을 만들고 있다. 이런 종목은 3,200원을 큰 거래량을 동반하면서 강하게 돌파할 때 매입하는 것이 정답이다. 거래량 없이 횡보하는 구간에서 미리 매입했다가는 크게 물린다. 고점일수록 비싸게 사고 비싸게 팔아야 한다. 조금 싸게 사겠다고 생각하다가는 오히려 더 위험하다. 거래량이 힘이다. 거래량이 에너지다.

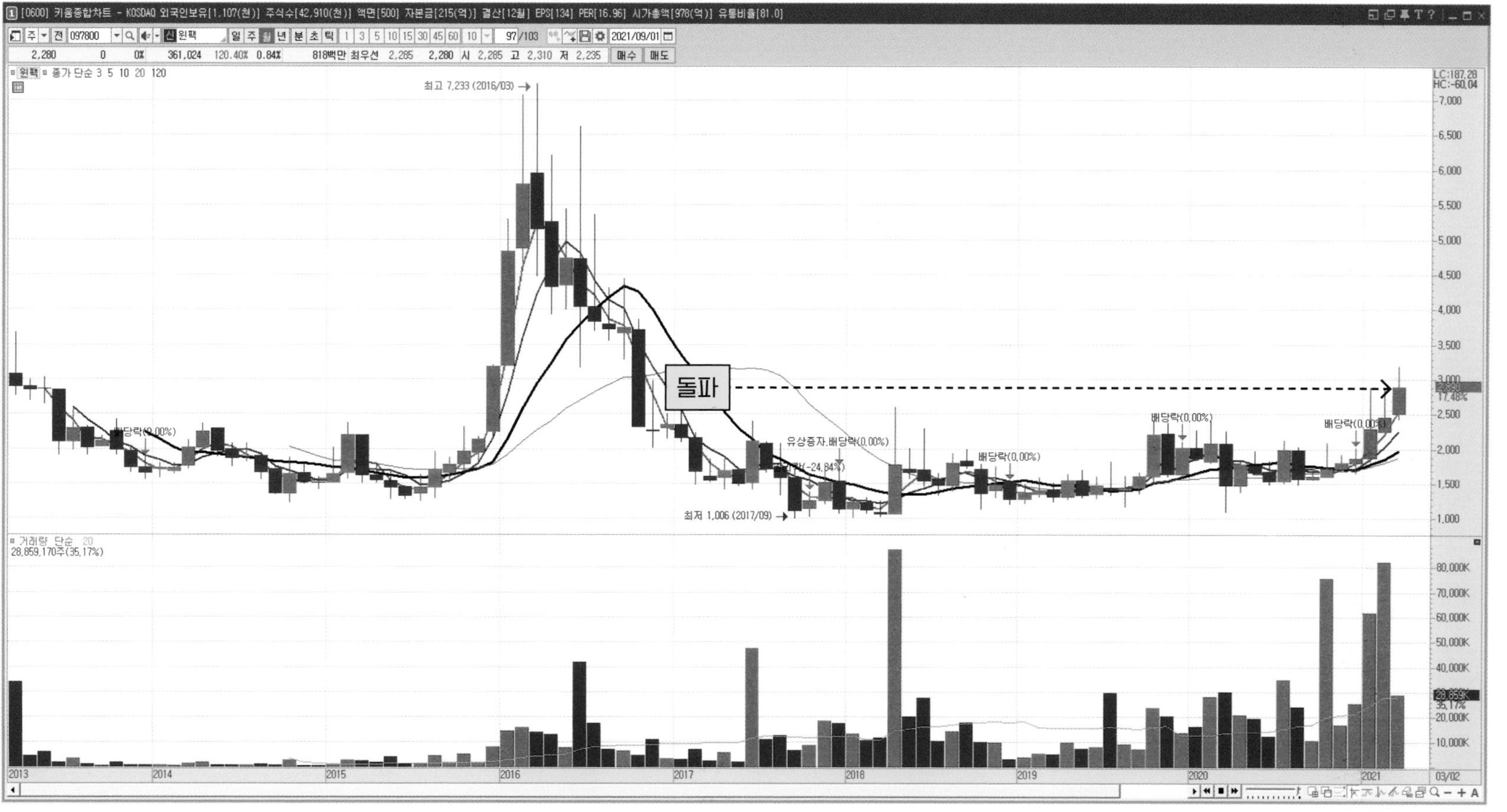
[0600] 키움종합차트 - KOSDAQ 외국인보유[1,107(천)] 주식수[42,910(천)] 액면[500] 자본금[215(억)] 결산[12월] EPS[134] PER[16.96] 시가총액[978(억)] 유통비율[81.0]
최고 7,233 (2016/03)
돌파
유상증자,배당락(0.00%)
배당락(0.00%)
최저 1,006 (2017/09)
거래량 단순 20
28,859,170주(35.17%)

차트 59 윈팩 | 월봉

차트 60 원팩 | 일봉 | 600

4

큰돈 벌게 해준

이런 종목 반드시 사라

저점 장대양봉

차트 01 일봉 200일을 보면 2021년 5월 11일 전 거래량 대비 엄청난 거래량이 폭발하면서 아주 큰 장대양봉을 만들었다. 6개월 전 장대양봉을 만든 후에 기간 조정을 거치면서 에너지를 응축하고 있었다. 당일엔 거래량도 압도하였을 뿐만 아니라 전고 가격도 사뿐히 돌파하였다. 최고가 29%, 종가 13% 상승하였다. 비록 긴꼬리를 달았지만, 종가가 전고가 이상에서 안착하였다. 원바닥 2,000원 대비 1.5배밖에 오르지 않았다. 모든 것이 좋아 보인다.

차트 02 일봉 557일을 보면 더욱 좋아 보인다. 비록 멀리 쌍봉이 보이지만 1년 전 일이고 당일 거래량이 당시 거래량을 압도하고 있기에 안심이 된다. 무엇보다 1년 정도의 기간 조정을 거치면서 원바닥을 2,000원으로 만들었고 지금 가격은 원바닥의 +50% 수준밖에 되지 않는다. 원바닥의 2배 수준까지 가려면 아직 1,000원, 30%의 상승 여력이 있다. 장세가 좋으면 6,000원까지 갈 수도 있다.

차트 03 주봉을 보면 더욱더 좋아 보인다. 최고가 15,000원이었던 것이 하락의 하락을 거듭하여 1,275원까지 떨어진 후 1년 이상의 기간 조정을 거쳤다. 이 기간 조정을 강력한 거래량을 동반하면서 돌파하였기에 아름답기 그지없다.

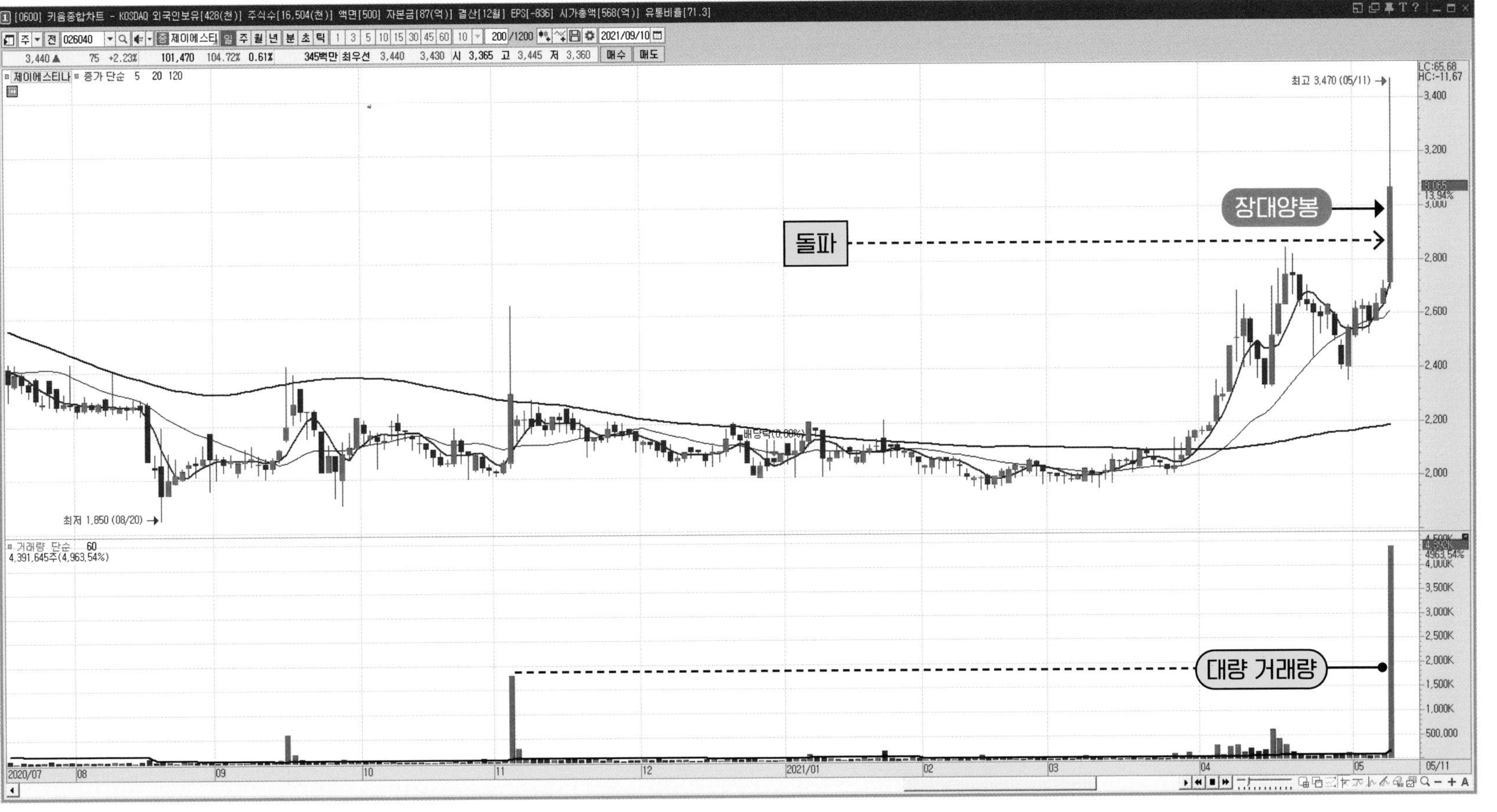

차트 01 제이에스티나 | 일봉 | 200

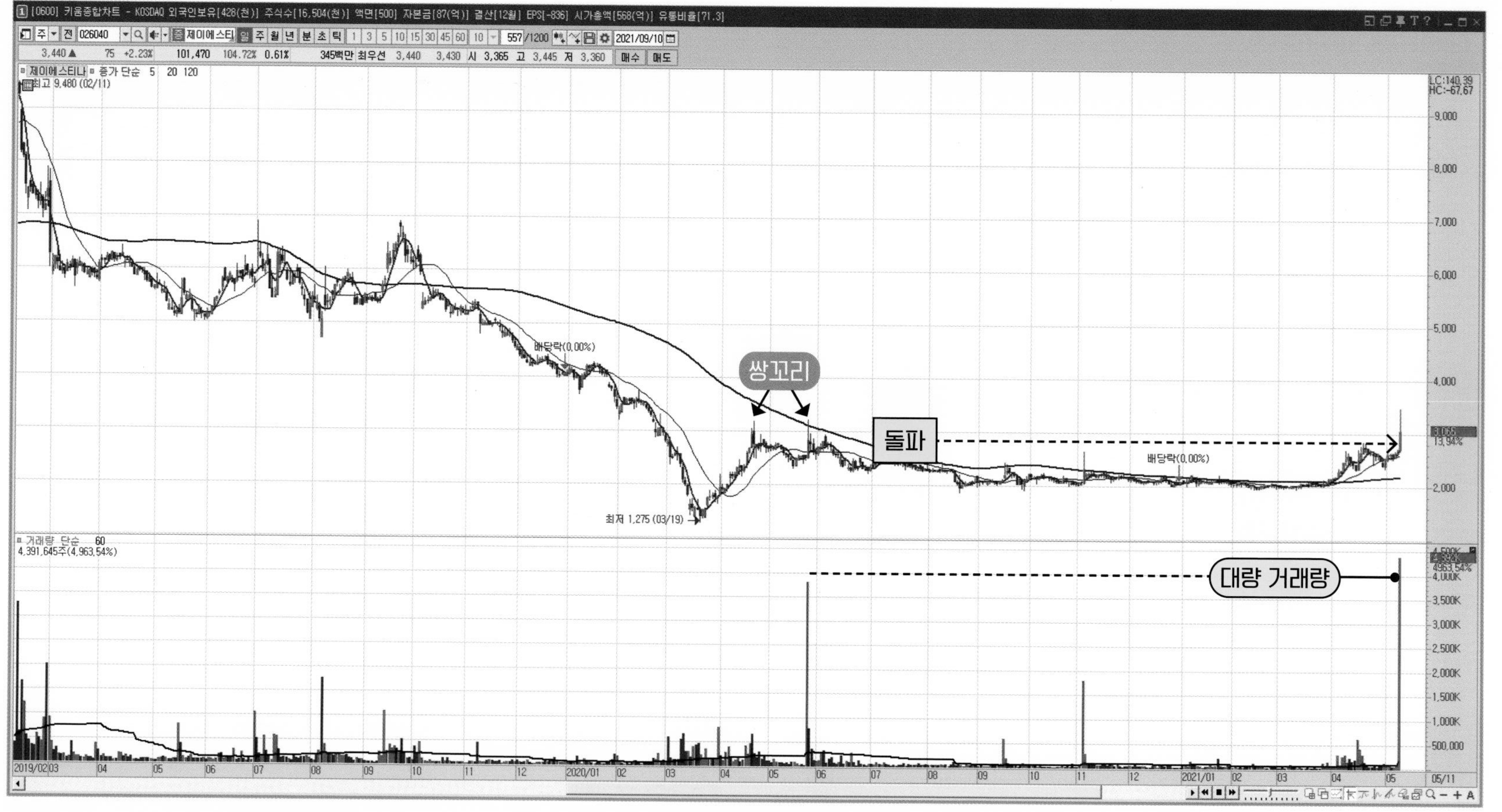

차트 02 제이에스티나 | 일봉 | 557

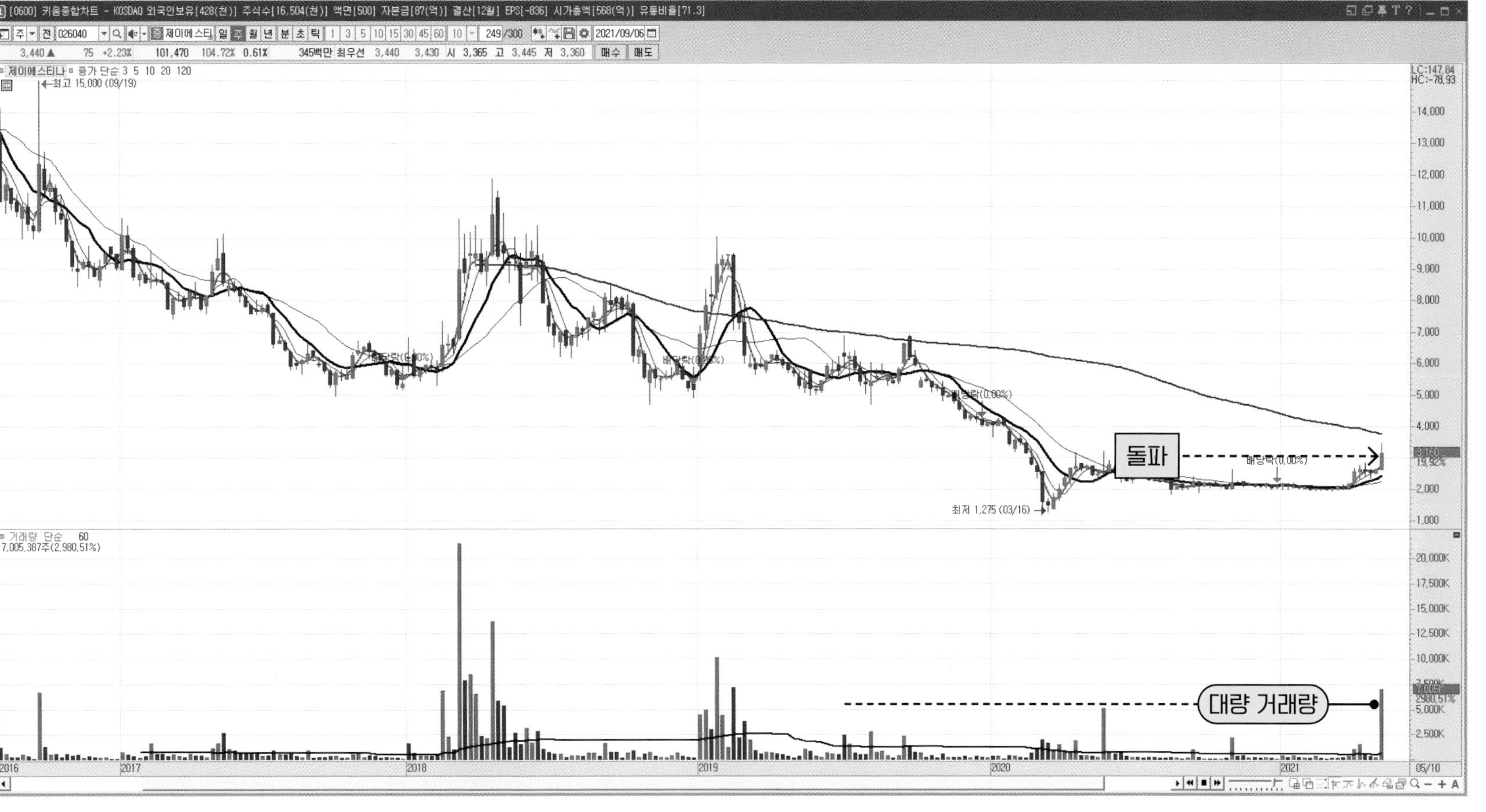

차트 03 제이에스티나 | 주봉

차트 04 월봉을 보면 이 종목이 완전히 턴 어라운드한 것을 볼 수가 있다. 2015년 최고가 22,100원을 만든 후 5년 이상의 기간 동안 최고가의 5.8% 수준까지 떨어진 후 1년 이상의 바닥 기간 조정을 거친 것이 보인다. 거래량도 급증하고 있다. 이런 종목은 주식 투자를 하다 보면 몇 달에 하나 만나기도 힘들다. 황금알을 낳는 황금 종목이다.

그 후 어떻게 되었을까? 차트 05 일봉 600일 결과를 보면 알 수 있다. 4,000원을 돌파하여 4,050원 고점을 찍고 다시 3,000원 대로 밀린 것이 보인다. 3,000원대에 진입한 투자자는 4,000원이 꺾이는 순간 이익 실현을 했을 것이다. 이미 원바닥의 2배가 되었기 때문이다. 30% 수준의 이익을 보았을 것이다. 주식을 하다 보면 주식 시장에 있는 돈 다 먹을 것 같아도 10% 수익 내기가 얼마나 힘든지 주식 투자자라면 다 알 것이다. 이 주식은 일단 이익을 실현한 후 중장기적으로 계속 상승할 가능성이 크므로 조정을 받을 때마다 물량을 늘려 가면 나중에 큰 수익을 볼 확률이 매우 높다. 지금의 조정은 아름다운 조정일 가능성이 매우 크다. 다시 한번 말하지만 이런 주식 만나기 힘들다. 아울러 이 종목은 혹시 물려서 평가손이 많이 났다고 하여도 손절매해서는 절대로 안 된다. 아직 세력이 나간 흔적이, 물량을 턴 흔적이 전혀 보이지 않는다. 세력은 절대 손해 보지 않는다. 시간이 조금 걸려도 반드시 다시 올린다. 내가 할 수 있는 유일한 일은 조정을 받을 때마다 사 모아서 평균 단가를 낮추면서 기다리는 것이다. 반드시 크게 웃을 날이 온다.

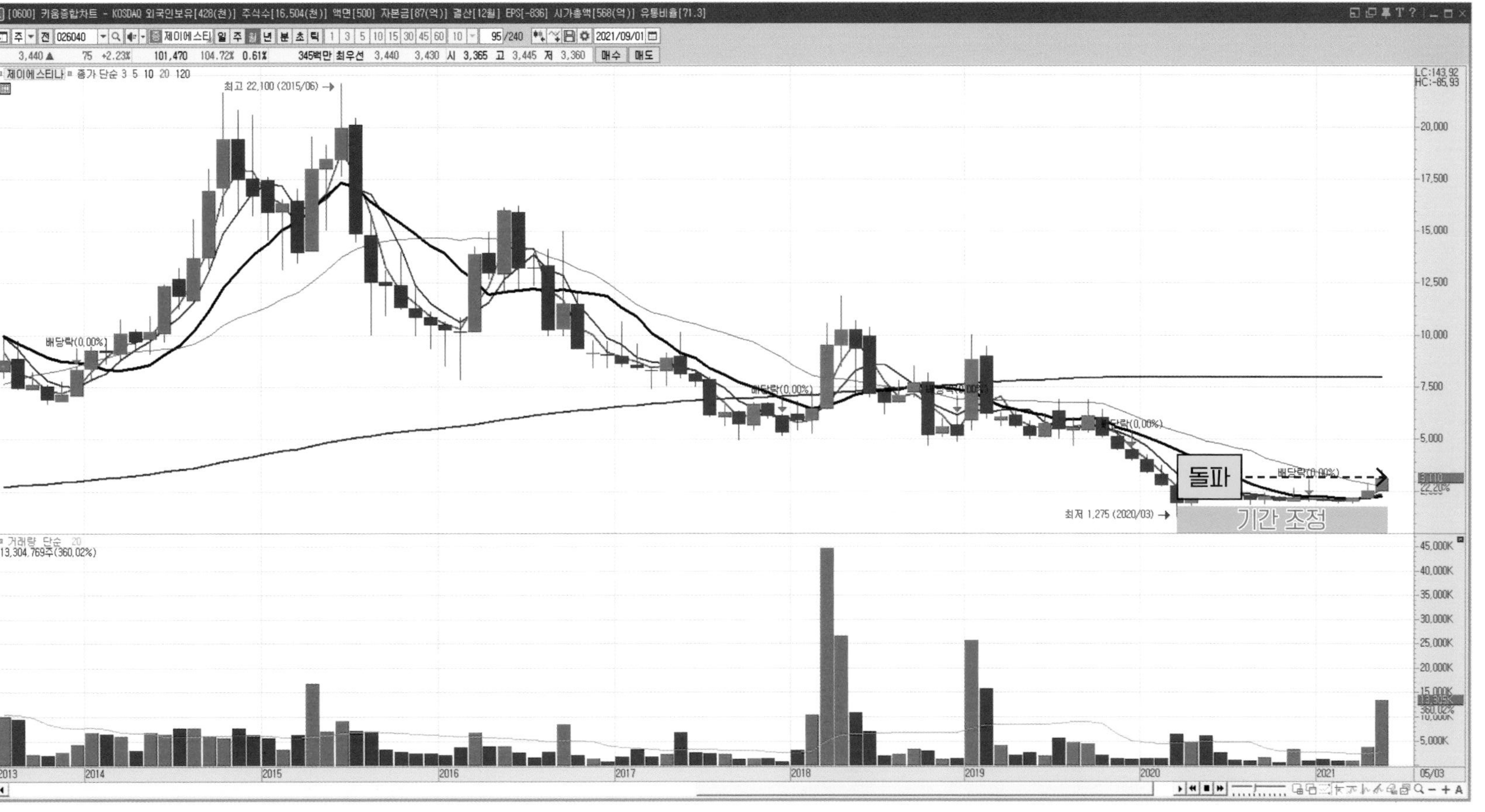

차트 04 제이에스티나 | 월봉

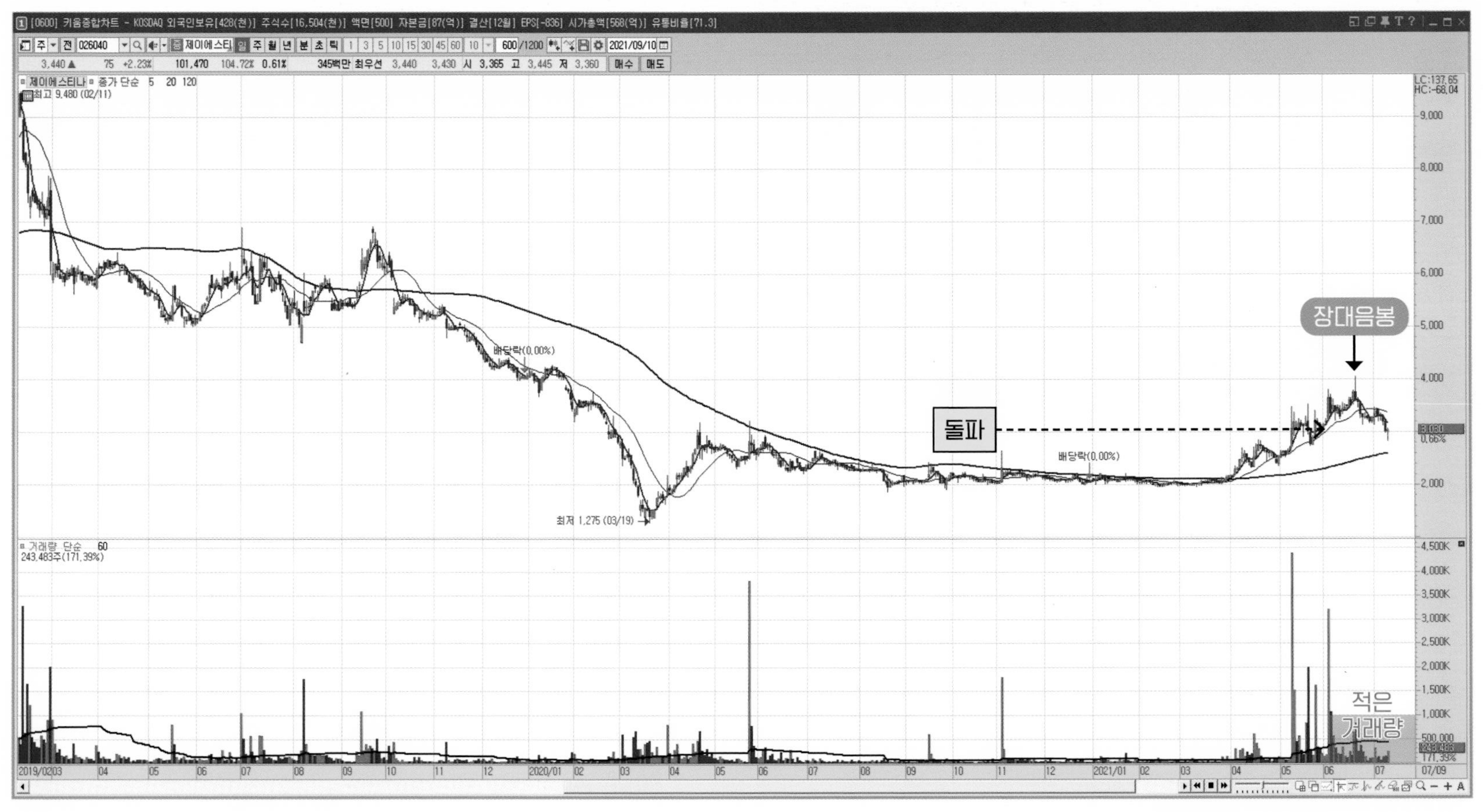

차트 05 제이에스티나 | 일봉 | 600

저점 돌파

차트 06 일봉 200일을 보면 2021년 4월 21일, 그동안의 횡보 구간을 많은 거래량으로 강하게 돌파하면서 24% 상승하였다. 위꼬리도 적어 아주 환상적이다. 더군다나 원바닥이 8,000원인데 지금 11,600원이니 얼마 오르지 않았다. 이제 상승하기 시작한 것이다. 거래량이 1.4백만 주밖에 되지 않아 다른 주식에 비하여 절대적으로 적은 거래량이지만 이 종목의 거래량으로는 상대적으로 엄청난 거래량이다. 60일 평균 거래량이 십만 주밖에 되지 않았는데 1.4백만 주가 거래되었으니 무려 14배의 거래량이 터진 것이다. 세상에는 코끼리같이 큰 동물도 살지만, 개미같이 작은 동물도 산다. 상대적이다. 1.4백만 주 거래량이 나중에는 10배 이상의 거래량으로 커질 수 있는 것이다.

차트 07 일봉 545일을 보면 그동안의 고점 10,000원을 강력한 거래량을 동반하면서 크게 돌파한 것을 볼 수가 있다. 앞의 커다란 거래량을 동반한 장대음봉이 보이지만 이 가격을 훌쩍 뛰어넘어 장애가 되지 않는다. 그동안 바닥을 형성한 7,000원, 8,000원을 딛고 강한 돌파를 한 것이다. 아주 깔끔하다. 필자는 이런 주식을 좋아한다. 이런 주식은 한 달에 한 건만 발견해도 커다란 수익을 가져다 준다.

차트 08 주봉을 보면 그동안 10,000원에서 몇 번 돌파를 시도하였으나 번번이 실패한 것을 볼 수가 있다. 긴꼬리를 달고 다중꼬리를 형성하면서 돌파를 방해하고 있었다. 그러나 당일 시원하게 전고가 10,550원을 돌파하여 10,850원에 안착하였다. 2018년 3월의 최대 거래량이 이제는 적군이 아니라 아군으로 변하였다. 저항이 지지가 된 것이다. 안심이 크게 된다. 다중꼬리를 강하게 돌파하면 다중꼬리가 이제는 저항이 아니라 지지가 되어 크게 상승할 수 있다.

차트 06 옵티시스 | 일봉 | 200

차트 07 옵티시스 | 일봉 | 545

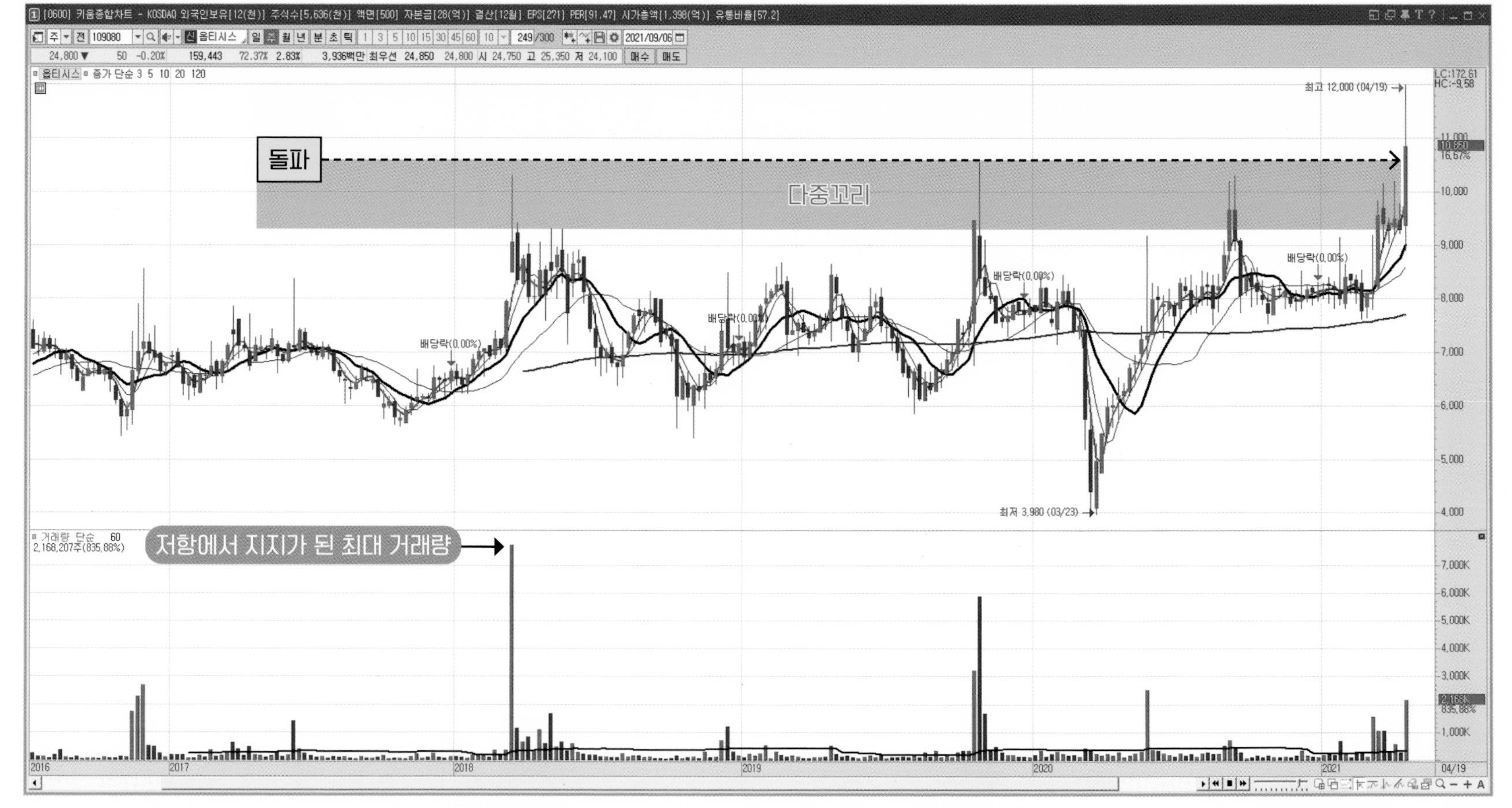

차트 08 옵티시스 | 주봉

차트 09 월봉을 보면 이 종목이 역사적 신고가를 기록했음을 알 수 있다. 상장 후 약 8년을 5,000원에서 10,000원 사이를 오고 가다가 드디어 전고가 10,550원을 돌파하고 새로운 기록을 향해 힘찬 첫걸음을 내디딘 것이다. 더욱 좋은 것은 바닥 대비 얼마 오르지 않은 것이다. 추가 상승 여력이 아주 크다는 것을 의미한다. 드디어 때가 온 것이다. 정말로 이런 주식은 쉽게 발견하기 힘들다. 그저 가슴이 설렐 뿐이다.

그 후 어떻게 되었을까? **차트 10** 일봉 600일 결과를 보면 알 수 있다. 약 한 달간 조정을 받다가 폭등하여 무려 3배 상승하였다. 거래량도 최대 거래량이 8백만 주를 넘었다. 개미가 코끼리로 변한 것이다. 장기간 저가에서 횡보하다가 강한 돌파를 하면 주가가 얼마나 강하게 상승하는지를 실감하게 하는 종목이다. 저점 돌파는 발견하기만 하면 돈이 된다. 주식 투자자에게 환상적인 이익을 안겨 준다.

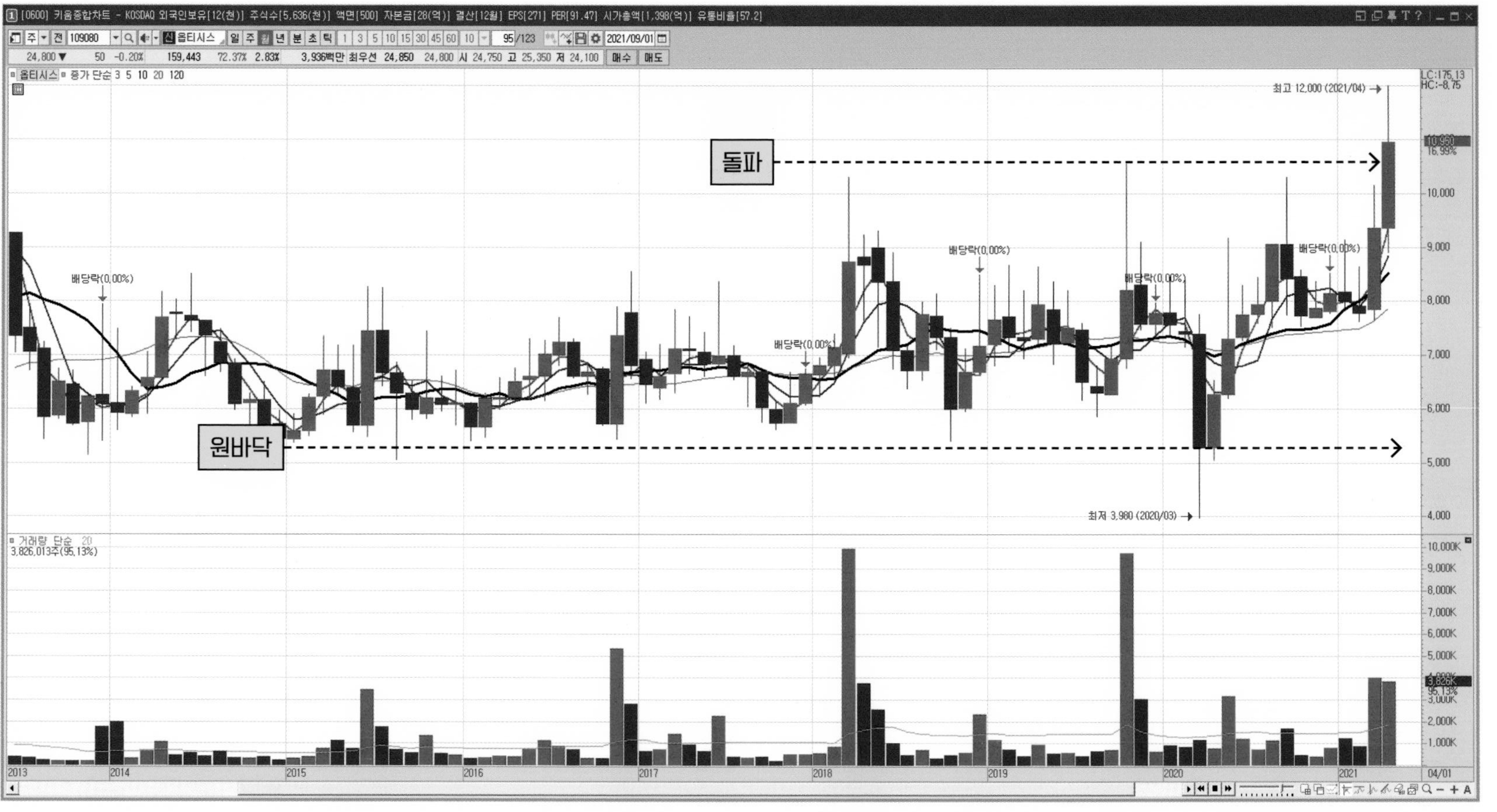
[0600] 키움종합차트 - KOSDAQ 외국인보유[12(천)] 주식수[5,636(천)] 액면[500] 자본금[28(억)] 결산[12월] EPS[271] PER[91.47] 시가총액[1,398(억)] 유통비율[57.2]
109080
옵티시스
2021/09/01
24,800 ▼ 50 -0.20% 159,443 72.37% 2.83% 3,936백만 최우선 24,850 24,800 시 24,750 고 25,350 저 24,100
매수
매도
옵티시스 종가 단순 3 5 10 20 120
최고 12,000 (2021/04)
돌파
원바닥
배당락(0.00%)
최저 3,980 (2020/03)
거래량 단순 20
3,826,013주(95.13%)
2013
2014
2015
2016
2017
2018
2019
2020
2021
04/01

차트 09 옵티시스 | 월봉

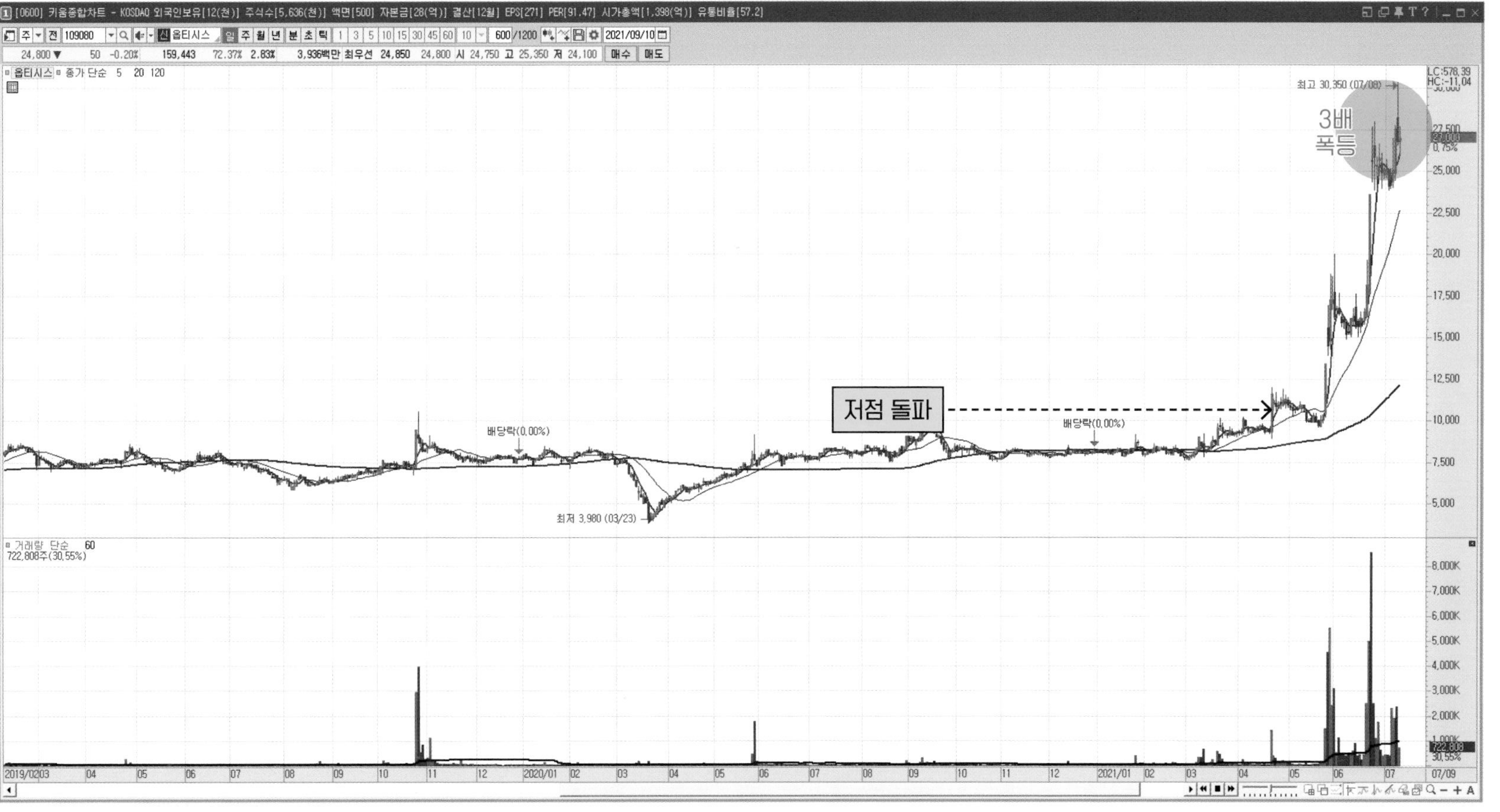

차트 10 옵티시스 | 일봉 | 600

저점 눌림목

차트 11 일봉 200일을 보면 2020년 12월 17일, 일주일 전 전고가를 돌파한 주가가 5일 동안 고가놀이 하더니 더 강한 거래량을 동반하면서 상한가를 찍고 17% 상승으로 마감하였다. 거래량이 무려 5백만 주나 넘었고 일주일 전 최대 거래량의 5배나 되는 거래량이었다. 더군다나 일주일 전 전고 돌파한 주가가 조정받은 것도 아니고 고가놀이 하더니 바로 돌파하였다. 아주 좋은 모양이다. 우리가 바로 전에 살펴본 저점 장대양봉, 저점 돌파였다. 원바닥이 4,500원 수준이니 얼마 상승하지도 않아서 추가 상승 여력이 많아 보인다.

차트 12 일봉 462일을 보면 반드시 바로 급등할 것처럼 보인다. 우선 거래량이 압도적이다. 종전의 모든 거래량을 몇 배 초과하는 거래량으로 횡보 구간을 돌파하였다. 주가도 그동안 저항 가격으로 느껴졌던 6,000원을 단숨에 넘어 6,730원으로 마감하였다. 멀리 다중봉이 보이지만 멀기도 하고 거래량이 워낙 압도적이라 결코 큰 장애가 되지 않을 것 같은 생각이 든다.

차트 13 주봉을 보면 아주 깔끔하다. 그동안 횡보 구간을 가볍게 돌파하여 넘었다. 거래량도 과거 2년 이상의 기간에서 압도적으로 많다. 고점 18,500원을 찍고 3,005원까지 무려 1/5 토막이 났던 주가가 횡보 후 반등한 것이다. 그것도 엄청난 거래량을 동반하면서……

차트 14 월봉을 보아도 주봉과 마찬가지다. 2016년, 2018년 폭등하기 전 바닥가가 4,000원인데 20년에 4,000원을 하향 돌파한 후 다시 상승하였다. 충분히 바닥을 다졌다는 이야기다. 신뢰성이 더욱더 배가된다.

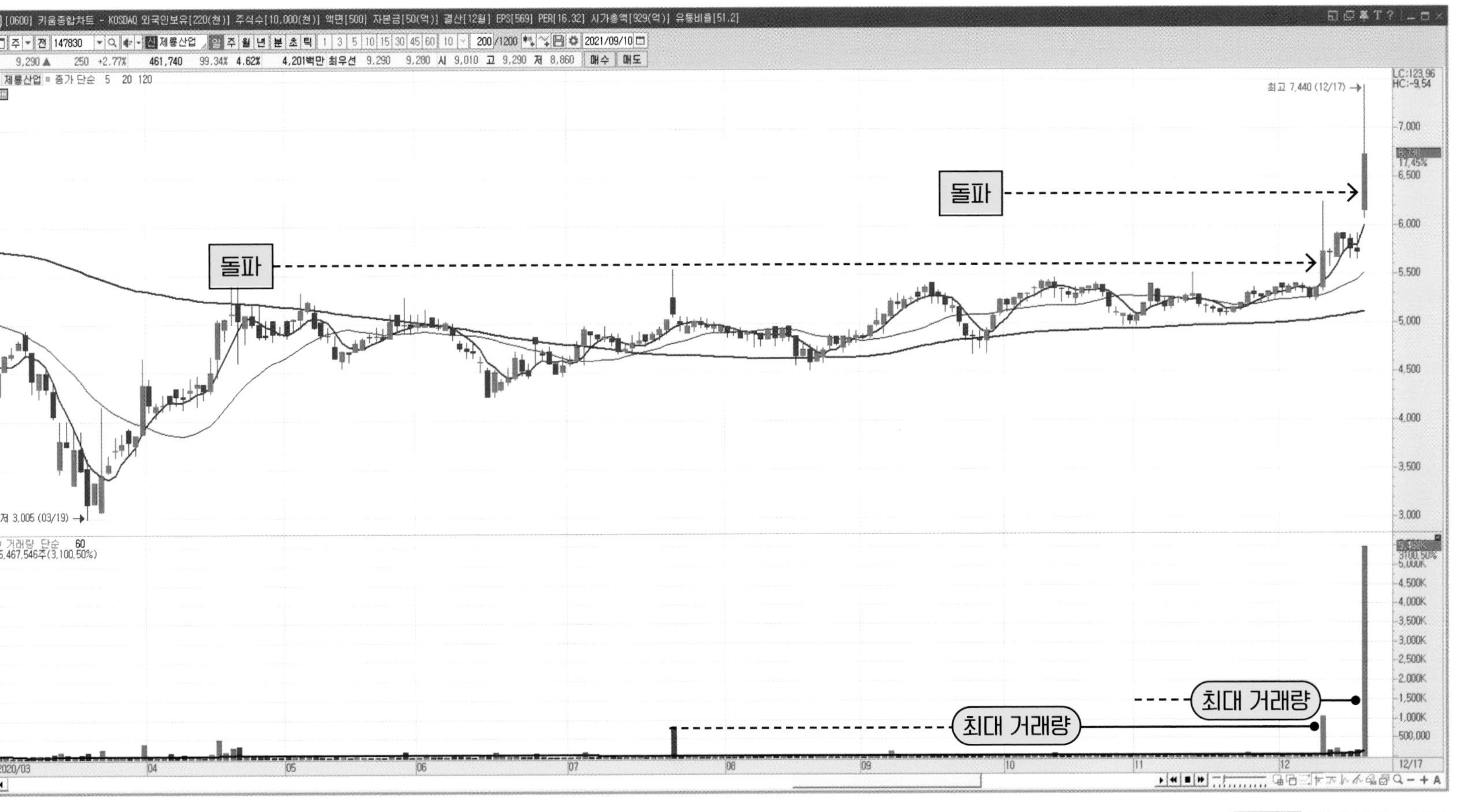

차트 11 제룡산업 | 200

차트 12 제룡산업 | 일봉 | 462

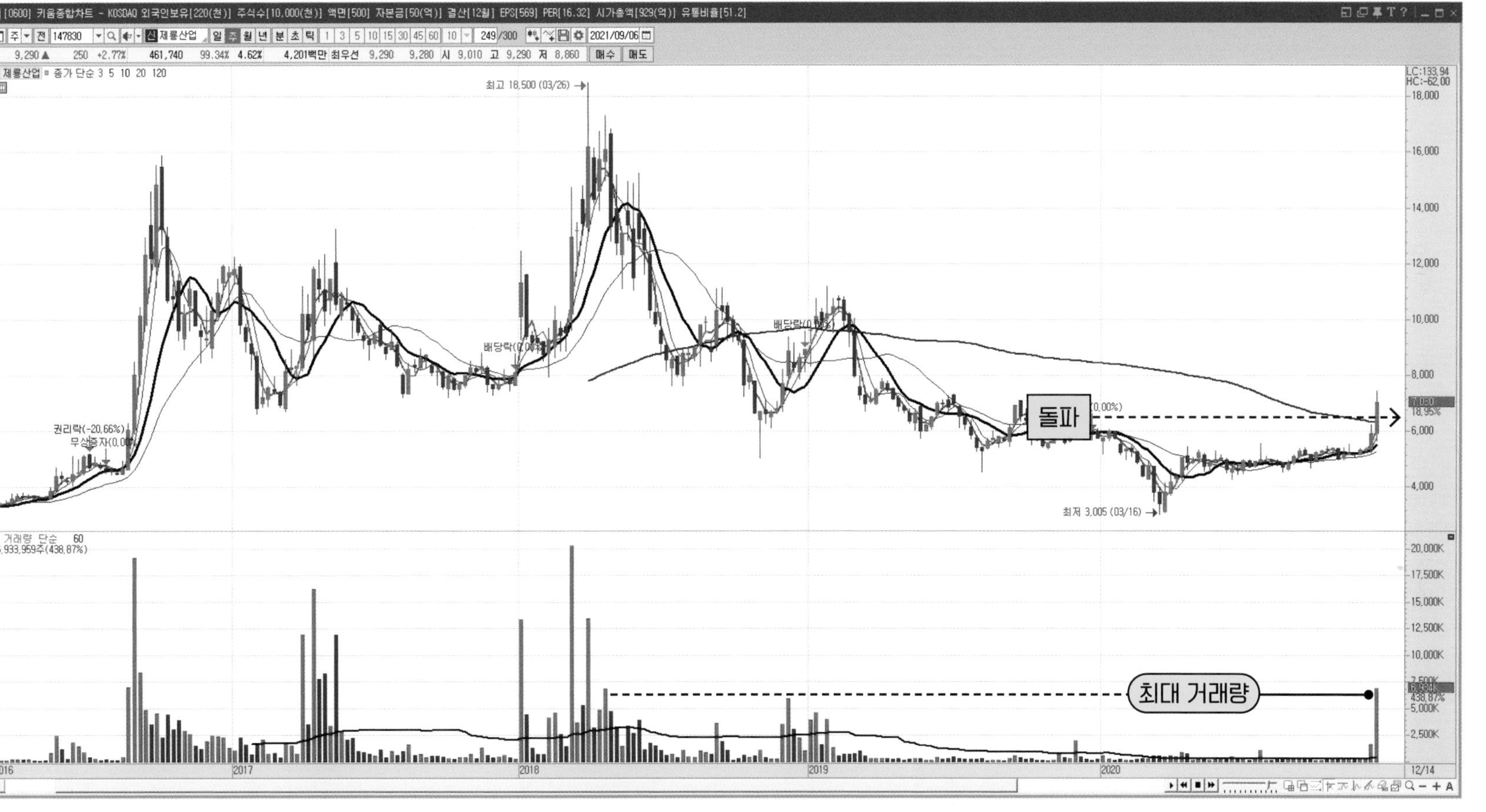

차트 13 제룡산업 | 주봉

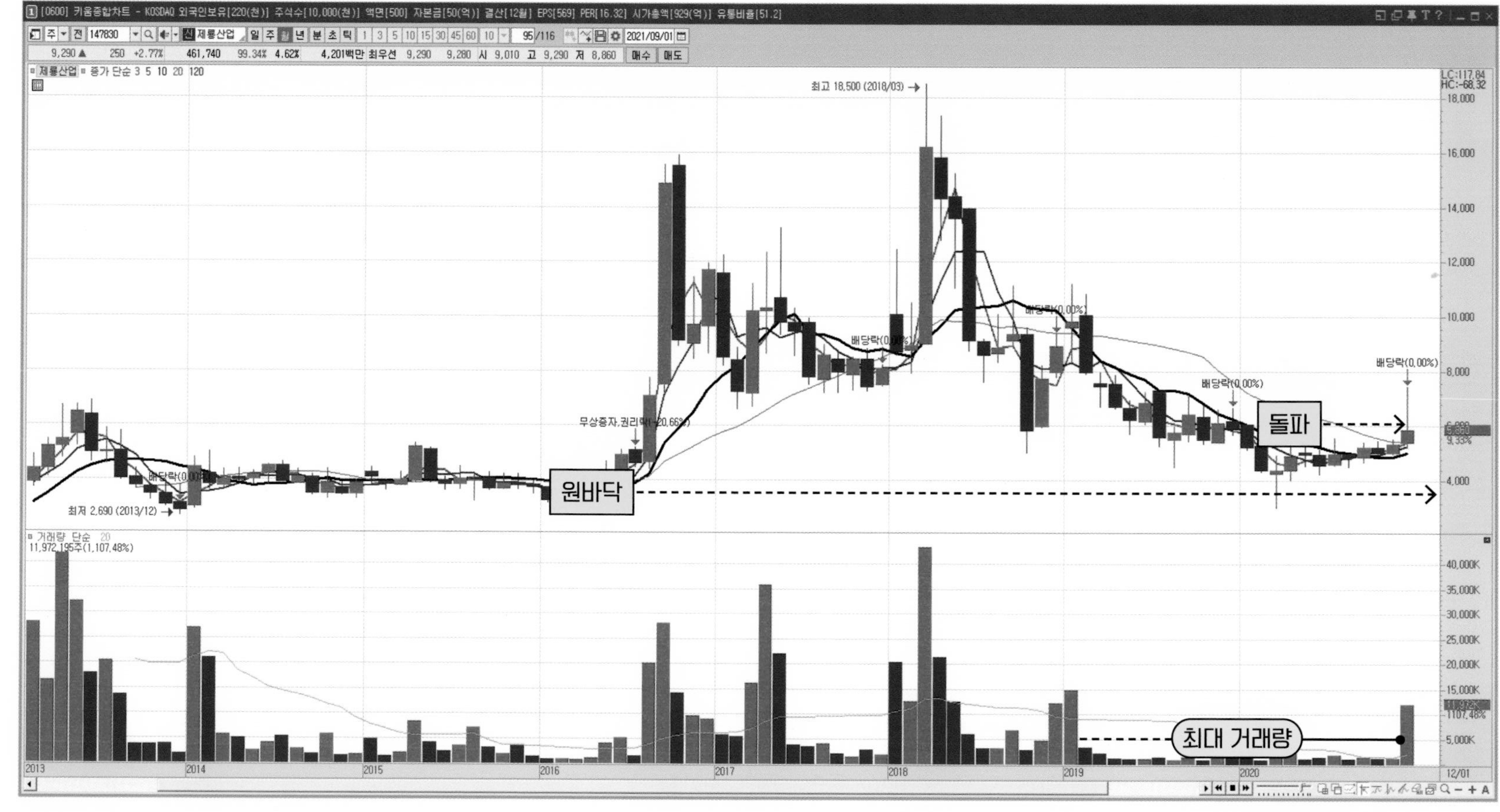

차트 14 제룡산업 | 월봉

차트 15 일봉 600일 결과를 보면 알 수 있다. 바로 폭등할 것처럼 보였던 주가가 며칠 고가놀이를 하더니 내리막 폭포를 만들면서 주저앉았다. 안타깝기 그지없다. 7,000원대 주가가 6,000원으로 13% 정도 하락한 것이다. 이때 물린 투자자들은 절대 손절매하면 안 된다. 일반 주식 투자서에 의하면 손절매는 생명이다. 무조건 -3%, -5%, -10% 등등이 되면 손절매해야 한다고 말한다. 그러나 손절매는 쉽게 하는 것이 아니다. 필자도 교과서에 나와 있는 모든 손절매 방법을 다 해 보았다. 그러나 손절매를 교과서대로 하다 보면 손절매 금액이 크게 누적되어 이익 금액으로 커버할 수가 없다. 개미들의 특징이 손실은 크고 이익은 작은 것 아닌가? 주식 투자로 10% 이익 내기가 얼마나 힘든데 10% 손절매를 그리 쉽게 하다니…… 많은 실전 경험을 통해 잦은 손절매는 이익으로 커버할 수 없다는 것을 깨달았다. 주식 시장은 변동성이 아주 큰 것이 특징인데 변동성대로 손절매하다가는 얼마 못 가서 모든 원금을 날릴 것이다. 손절매는 아주 큰 거래량을 동반하면서 장대음봉이 생긴 경우에만 해야 한다. 세력이 확실히 털고 나가는 경우에만 손절매해야 한다. 세력이 못 털고 있는 종목은 세력이 어떻게 해서든지 다시 올린다. 세력은 절대 손해 보지 않는다. 세력을 따라 진입하고 세력을 따라 이탈해야 원금을 보전할 수가 있다. 결국, 이 종목은 저점 눌림목을 형성한 후 다시 전고가 7,440원을 돌파하여 10,200원까지 상승하였다.

이 종목은 비록 7,000원에서 하락하였지만, 거래량을 동반한 장대음봉이 발생하지 않았고 세력이 떠났다는 징후는 어디에서도 찾아볼 수가 없다. 세력이 보유 물량을 털 기회 자체가 없었다. 이렇게 눌림목을 형성하는 경우는 손절매해야 하는 것이 아니라 조정 시마다 물량을 확보해서 나중에 주가 회복 시 이익을 극대화해야 한다. 차트에서 보는 바와 같이 약 3달 동안 기간 조정을 한 후 다시 장대양봉을 형성하면서 돌파하였다. 높은 이익이 실현되는 순간이다. 4월 강한 돌파 이후 또 눌림목을 형성하다 2달 뒤 다시 전고가를 돌파하였다. 이때부터는 조심해야 한다. 왜냐하면, 바닥 대비 2배 이상 상승하였기 때문이다. 앞에서 살펴본 앞폭탄을 맞기 쉽다. 저가 눌림목은 손절매의 타이밍이 아닌 이익 극대화의 기회임을 잘 명심하고 활용하면 큰 이익을 거둘 수가 있다.

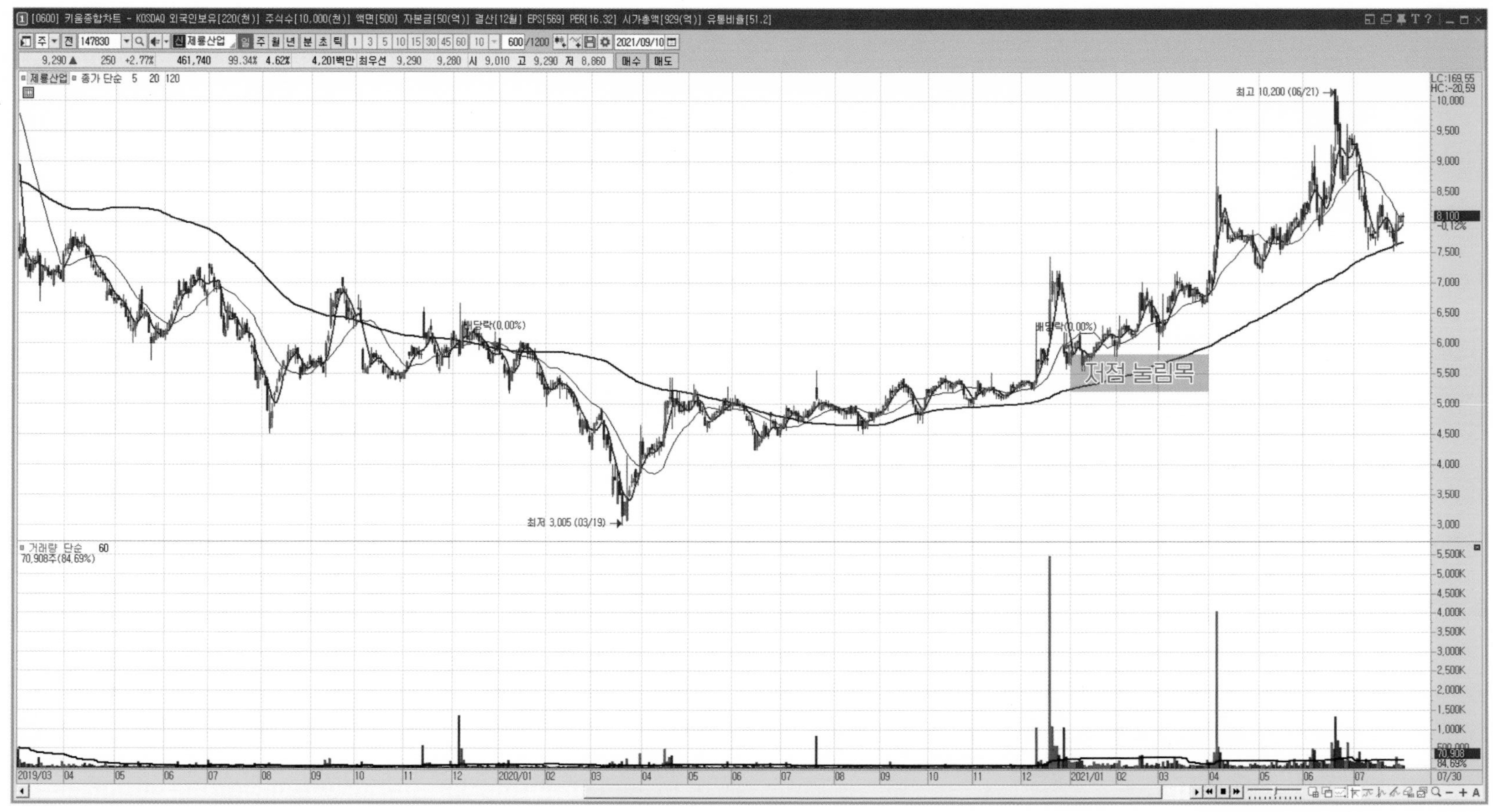

차트 15 제룡산업 | 일봉 | 600

저점 고가놀이

차트 16 일봉 200일을 보면 2020년 7월 6일, 2백만 주 이상 거래되면서 장대양봉을 만든 후 주가가 장대양봉 시가 아래로 빠지지 않고 8개월간 횡보하였다. 이런 현상이 바로 위에서 살펴본 저가 눌림목 현상이다. 장대양봉이 주가가 내리지 않도록 수호신으로 든든히 지켜주고 있다. 드디어 2021년 3월 31일 수호신 장대양봉의 최고가를 돌파하고 종가로 수호신 장대양봉의 최고가를 만들어 냈다. 최고가 10,000원이 지지가 된 것이다. 4월부터는 10,000원 이하로 주가가 내리지 않고 계속 10,000원 이상에서 형성되고 있다. 이런 현상을 '저점 고가놀이'라고 필자가 이름 붙였다. 저점 고가놀이 초기에 진입하면 주가가 항상 매수가 이상에서 형성되기에 심리적으로 매우 안정된 마음으로 기다릴 수가 있다. 진정한 꽃놀이 패가 시작되는 것이다.

차트 17 일봉 544일을 보면 바닥이 7,500원~9,000원이고 고가가 10,000원 안의 범위에서 주가가 주로 움직이다가 2021년 4월 1일부터 10,000원 이상에서 움직이는 현상을 볼 수가 있다. 오랫동안 주가가 가두리 양식장에 갇힌 것처럼 움직이다가 상향 돌파한 것이다. 비록 적은 거래량으로 돌파했지만, 저가인데다가 수호신 장대양봉이 지지하고 있기에 든든하다고 할 수 있다.

차트 18 주봉을 보면 2016년 말 최고가 12,250원을 만들고 하락하여 반 토막까지 난 것이 보인다. 무려 4년간을 바닥권에서 머물렀다. 드디어 10,000원을 돌파하고 호시탐탐 추가 상승의 기회를 엿보고 있다. 그러나 2016년 말과 2017년 초에 형성된 매물대가 만만치 않아 보인다. 어쩌면 주가가 12,000원 돌파에 실패하고 다시 내려올 수도 있겠다는 생각도 든다.

차트 16 코메론 | 일봉 | 200

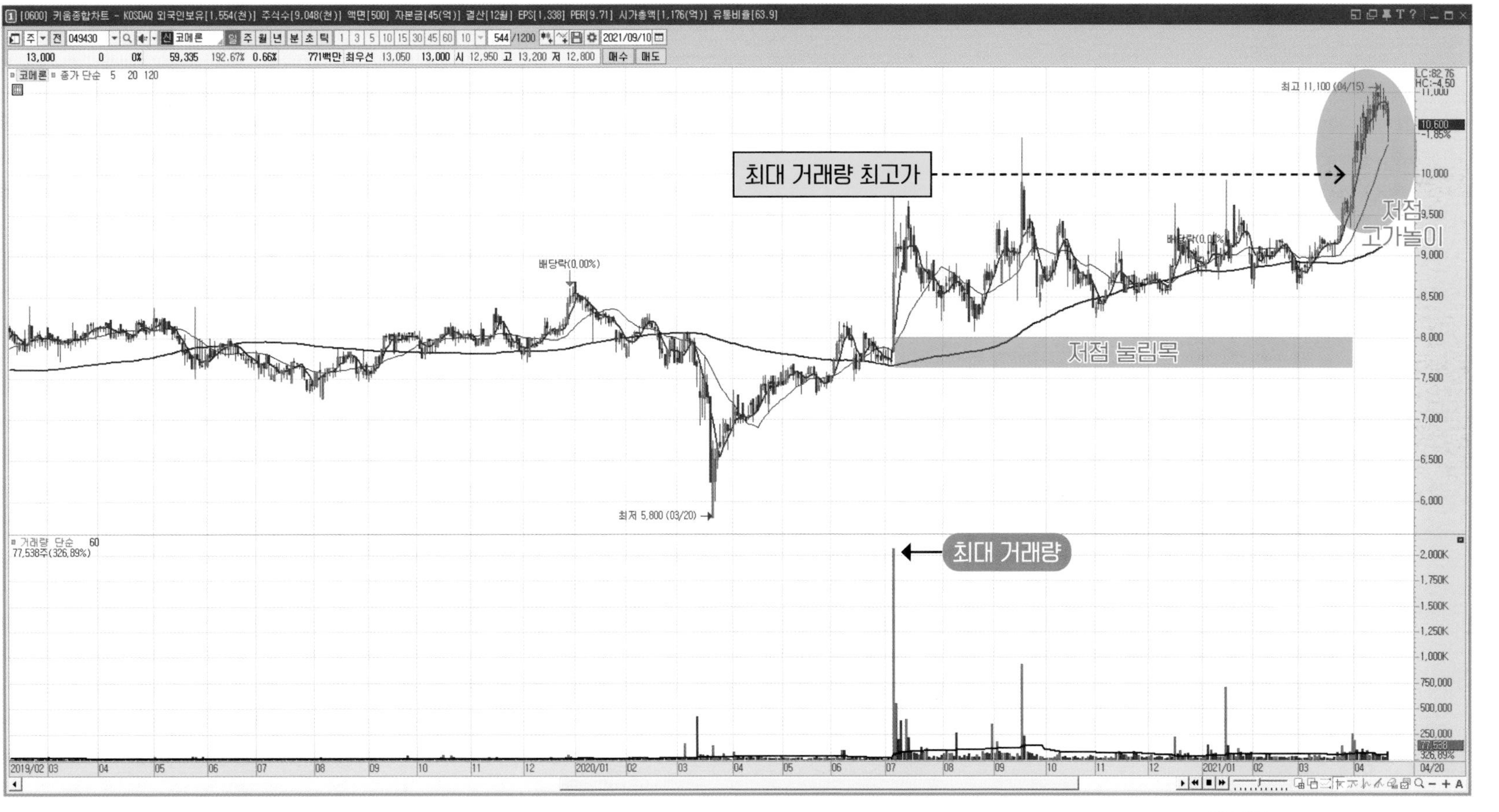

차트 17 코메론 | 일봉 | 544

차트 19 월봉을 보면 최고가가 2015년에 12,800원이고 16년 말과 17년 초에 쌍봉을 맞고 하락한 것이 한눈에 보인다. 그 후 4년간의 기간 조정을 거쳐서 재상승을 시도하고 있다. 그러나 앞의 쌍봉의 매물대가 상당히 부담스러워 보인다.

그 후 어떻게 되었을까? 차트 20 일봉 600일 결과를 보면 상상할 수도 없을 것 같았던 일이 일어났다. 2021년 4월 초 고가놀이를 하다가 2021년 4월 21일 장대양봉이 터지면서 12,000원을 한번 돌파하더니 또 고가놀이를 하였다. 약 1달 이상의 고가놀이를 하다가 드디어 2021년 5월 21일에는 엄청난 거래량을 터트리면서 14,000원도 가볍게 돌파하였다. 이후 돌파와 눌림목을 반복하더니 2021년 6월 21일 역사적 신고가 22,100원을 찍었다. 이는 바닥 가격의 3배 이상이 되는 놀라운 폭등이었다. 이렇게 바닥권에서 돌파 후 밀리지 않고 저점 고가놀이 하는 종목은 자신 있게 진입해야 한다. 고가놀이 한다는 그 자체가 매도세가 없고 매수세만 있다는 것이다. 추가 상승할 기회만 노리고 있다. 이런 종목에 진입해야 안전하게 수익을 챙길 수 있다. 또한, 돌파와 고가놀이, 눌림목을 반복하기에 여러 번 이익을 챙길 수 있다.

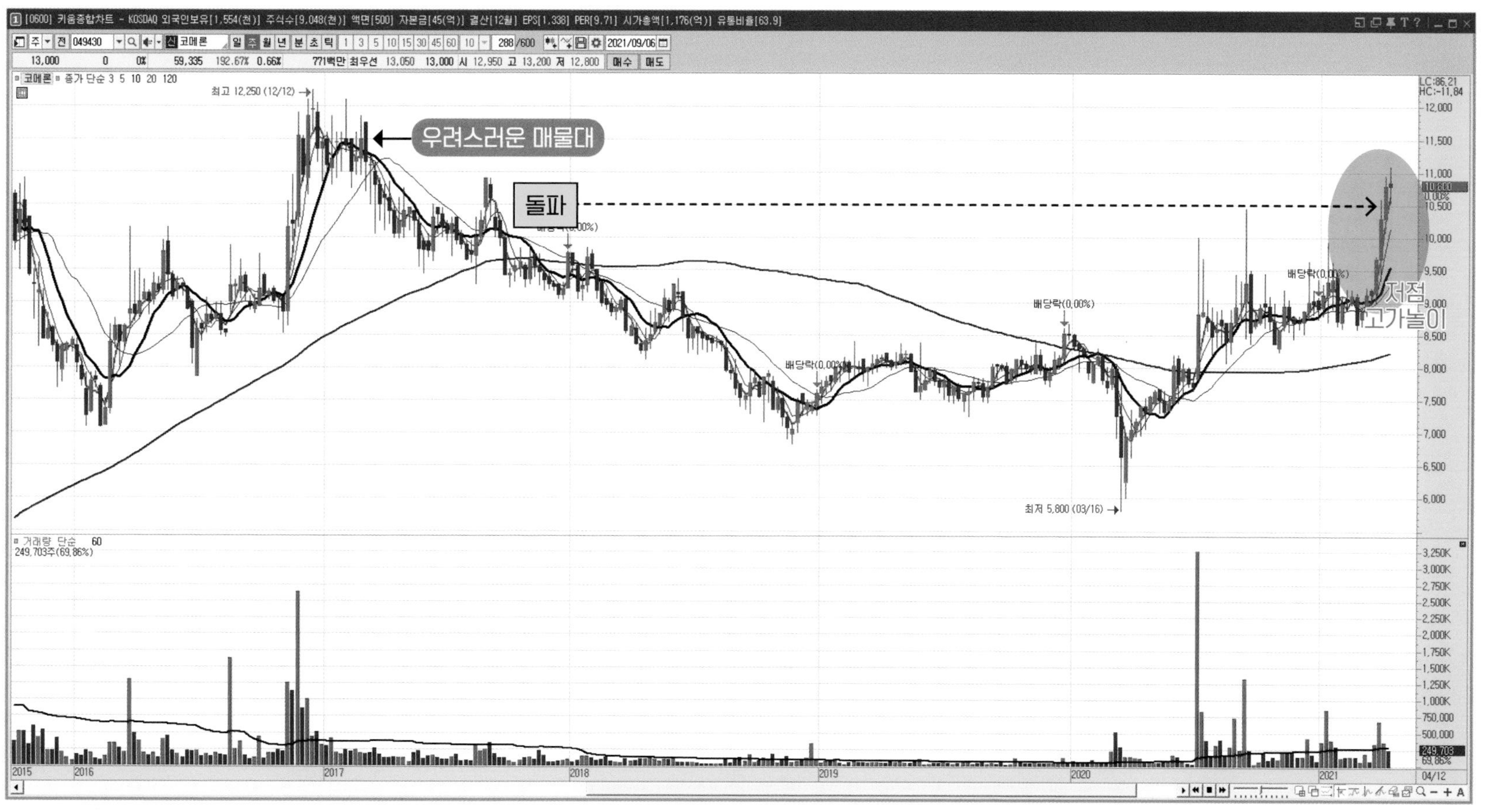

차트 18 코메론 | 주봉

[0600] 키움종합차트 - KOSDAQ 외국인보유[1,554(천)] 주식수[9,048(천)] 액면[500] 자본금[45(억)] 결산[12월] EPS[1,338] PER[9.71] 시가총액[1,176(억)] 유통비율[63.9]
049430 코메론
2021/09/01
13,000 0 0% 59,335 192.67% 0.66% 771백만 최우선 13,050 13,000 시 12,950 고 13,200 저 12,800 매수 매도
코메론 종가 단순 3 5 10 20 120
최고 12,800 (2015/07)
우려스러운 쌍봉
최저 1,510 (2008/10)
거래량 단순 20
1,061,042주(202.32%)

차트 19 코메론 | 월봉

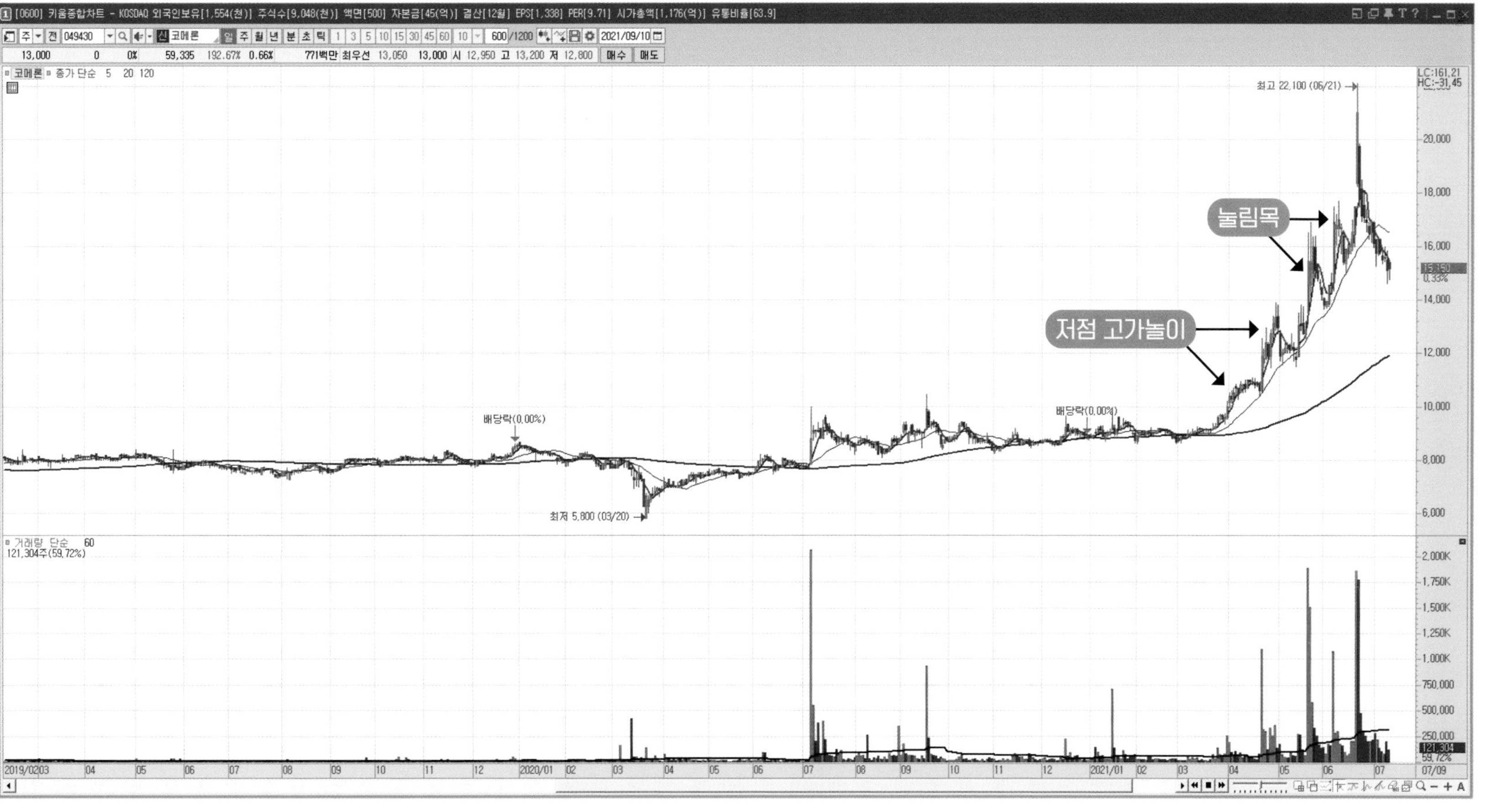

차트 20 코메론 | 일봉 | 600

중점 장대양봉

차트 21 일봉 200일을 보면 2021년 5월 17일, 전고가 28,737원을 강하게 돌파하면서 상한가로 마감하였다. 앞의 긴꼬리 쌍봉을 돌파한 것이다. 물론 거래량이 이전 최대 거래량보다는 적지만 상당한 거래량이었다. 바닥 대비 2배에 이르는 가격이라 상당히 부담스러운 것도 사실이다. 저점이 아닌 중점, 고점에서 진입하는 경우는 언제 급락할지 몰라 상당히 조심스럽다. 본인이 노리고 있는 가격에 진입해야 한다. 이 경우는 전고가인 28,737원을 돌파하는 순간 같이 매입해야 한다. 아울러 하락 반전하는 경우는 언제든지 매도할 준비를 하고 있어야 한다. 앞에서 이야기한 바와 같이 쌍꼬리, 다중꼬리 등은 돌파하는 순간 저항이 지지가 된다. 저점보다는 중점이, 중점보다는 고점이 더 위험하다.

차트 22 일봉 562일을 보면 원바닥이 12,500원, 판바닥이 17,500원 수준으로 이전 최고가 28,737원은 다소 부담스러운 가격이다. 최고가가 원바닥의 2배를 넘었기 때문에 이를 돌파할 때 진입한다는 것은 이미 저점이 아니고 중점 수준인 것이다. 그러나 만약 쌍봉을 강하게 돌파한다면 신고가를 만드는 것이기에 추가 상승을 노리고 진입해 볼 만하다.

차트 23 주봉을 보면 27,500원과 30,000원 사이에 여러 개의 다중꼬리가 달린 것이 보인다. 수년간, 이 가격대에만 올라가면 두들겨 맞고 다시 내려왔다. 이번에도 다시 돌파하지 못할 수도 있다는 가정하에 조정 시 빠르게 매도한다는 마음 자세로 진입해야 한다.

차트 21 이연제약 | 일봉 | 200

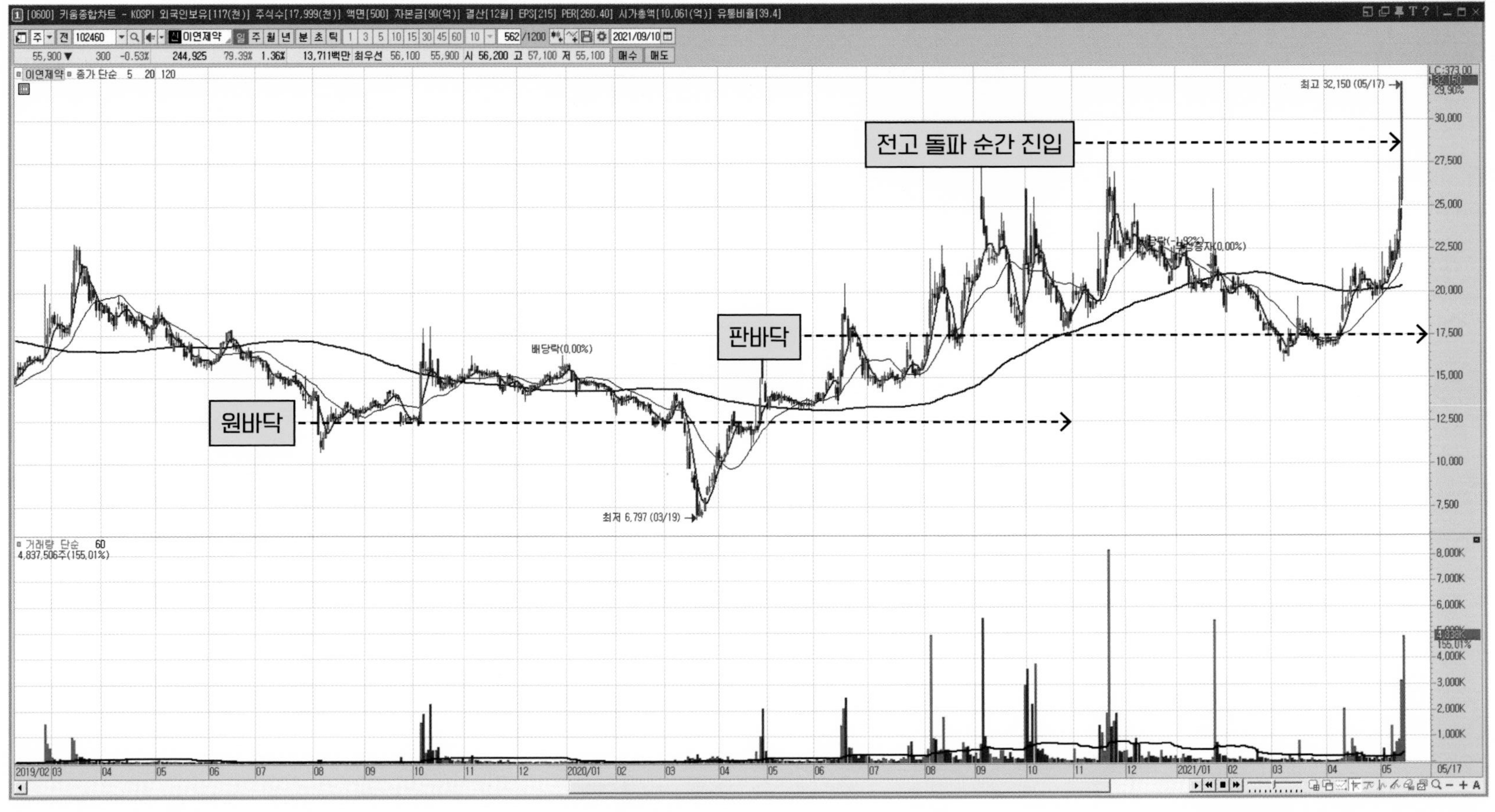

차트 22 이연제약 | 일봉 | 562

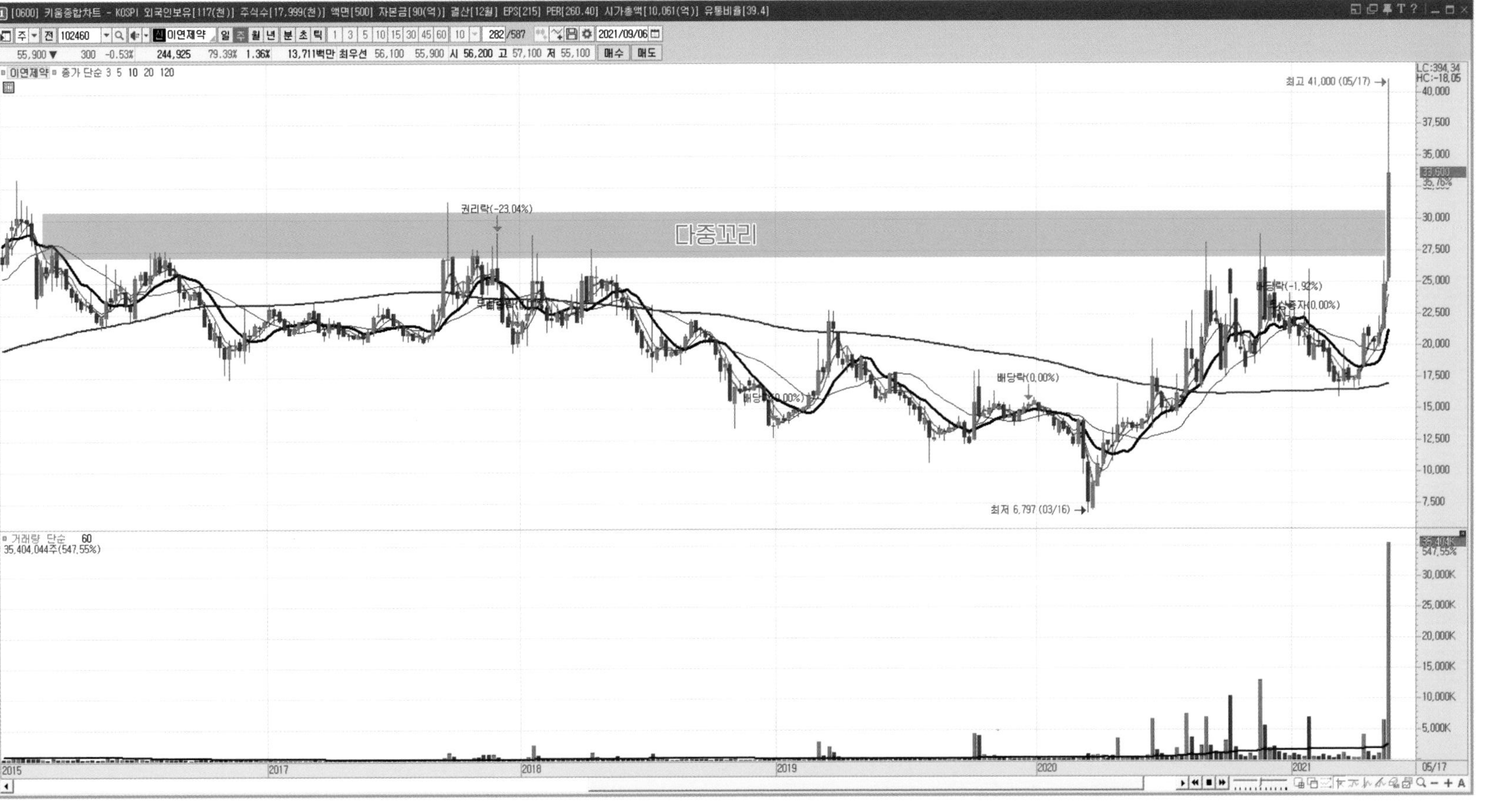
[0600] 키움종합차트 - KOSPI 외국인보유[117(천)] 주식수[17,999(천)] 액면[500] 자본금[90(억)] 결산[12월] EPS[215] PER[260.40] 시가총액[10,061(억)] 유통비율[39.4]
이연제약
2021/09/06
55,900 ▼ 300 -0.53% 244,925 79.39% 1.36% 13,711백만 최우선 56,100 55,900 시 56,200 고 57,100 저 55,100
매수
매도
이연제약 종가 단순 3 5 10 20 120
최고 41,000 (05/17) →
권리락(-23.04%)
다중꼬리
배당락(0.00%)
최저 6,797 (03/16) →
거래량 단순 60
35,404,044주(547.55%)
2015
2017
2018
2019
2020
2021
05/17

차트 23 이연제약 | 주봉

차트 24 월봉을 보면 최고가가 2015년 37,655원이다. 27,500원과 최고가 37,655원 사이에 많은 꼬리가 형성되어 있는 것을 볼 수가 있다. 매물이 첩첩산중일 수가 있다는 것이다. 그중 다행인 것은 고점에서 많은 거래량이 발생하지 않은 것이다. 이 종목은 항상 조심해야 한다. '아냐?'를 느끼는 순간 동물적으로 던져야 한다.

그 후 어떻게 되었을까? **차트 25** 일봉 600일 결과를 보면 알 수 있다. 그 후 고가놀이, 돌파, 눌림목을 계속 반복하면서 폭등하고 있다. 중점이라고 위험하게만 보아서는 안 된다. 중점에서도 많은 이익을 낼 기회가 많다. 단지 숙달된 빠른 손놀림이 필요하다. 한자성어에 '육참골단'이란 말이 있다. 무사가 승부를 겨룰 때 내 살을 베어 내주어야 상대방의 뼈를 갖고 올 수 있다는 뜻이다. 위험을 감수하고 진입하여야 수익을 낼 수 있다. 중점에서부터는 많은 위험과 숙련된 손놀림, 그리고 동물적인 느낌, 감, 촉이 필요하다. 이런 것이 없이 진입하였다가는 한두 번은 이익을 낼 수 있지만, 장기적으로는 큰 손실을 보게 된다. 한순간에 폭등에서 폭락으로 돌아설 수가 있다.

[0600] 키움종합차트 - KOSPI 외국인보유[117(천)] 주식수[17,999(천)] 액면[500] 자본금[90(억)] 결산[12월] EPS[215] PER[260.40] 시가총액[10,061(억)] 유통비율[39.4]
102460
이연제약
2021/09/01
55,900 ▼ 300 -0.53% 244,925 79.39% 1.36% 13,711백만 최우선 56,100 55,900 시 56,200 고 57,100 저 55,100
매수
매도
이연제약 종가 단순 3 5 10 20 120
최고 41,000 (2021/05) →
최저 6,491 (2011/08) →
다중꼬리
권리락(-23.04%)
무상증자 배당락(0.00%)
배당락(0.00%)
LC:440.75
HC:-14.39
40,000
37,500
32,500
30,000
27,500
25,000
22,500
20,000
17,500
15,000
12,500
10,000
7,500
72.91%
거래량 단순 20
70,451,478주(1,129.66%)
1129.66%
60,000K
50,000K
40,000K
30,000K
20,000K
10,000K
2010
2011
2012
2013
2014
2015
2016
2017
2018
2019
2020
2021
05/03

차트 24 이연제약 | 월봉

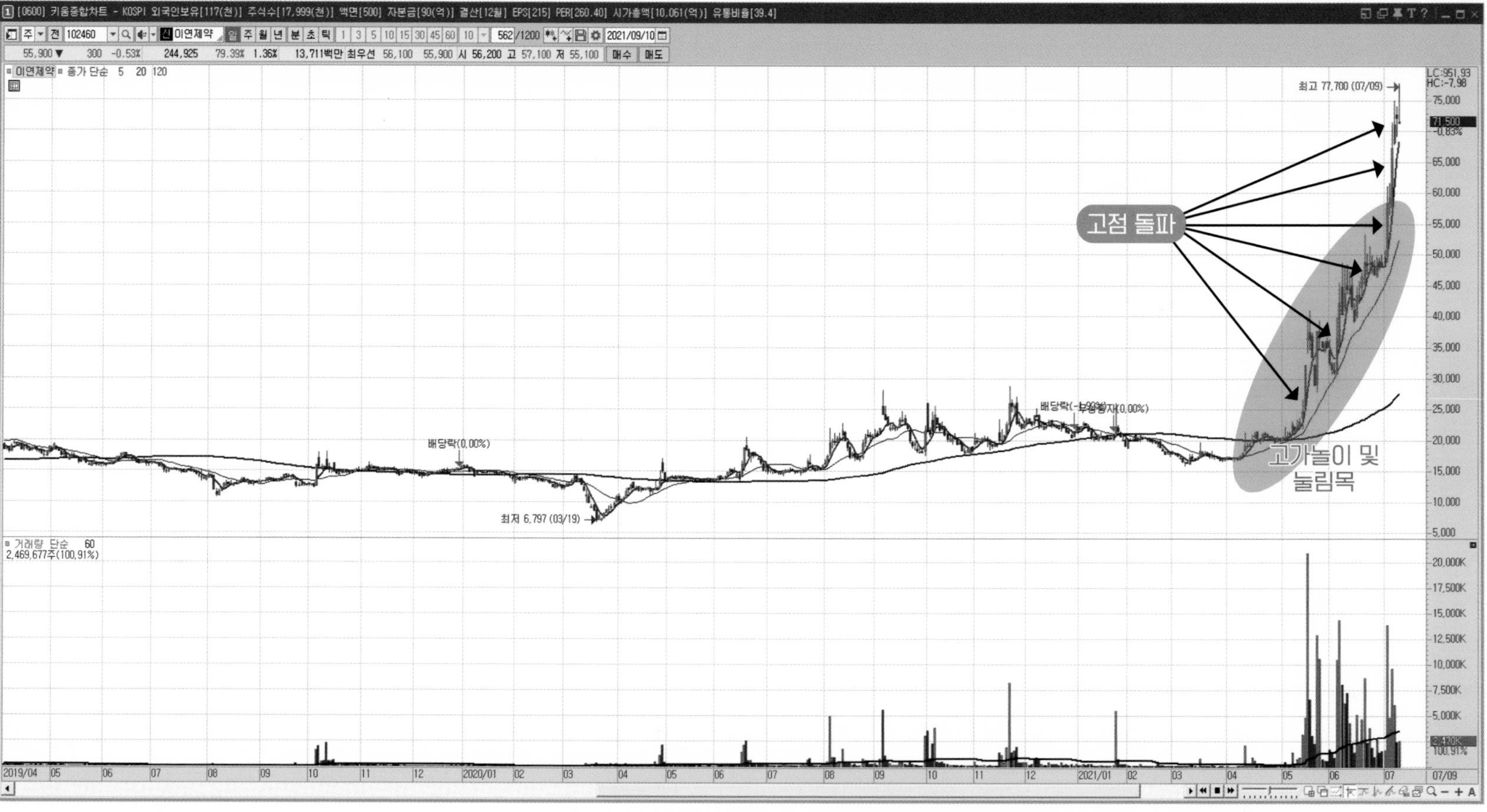

차트 25 이연제약 | 일봉 | 600

중점 돌파

차트 26 일봉 200일을 보면 2021년 1월 20일, 2020년 11월 25일 고점 돌파를 한 주식이 한 달 반 가량 눌림목을 형성하면서 바닥을 50,000원으로 다졌다. 드디어 당일, 거래량을 동반하면서 전고가인 54,900원을 강력하게 돌파하면서 9.8% 상승하였다. 차트 원바닥가 30,000원에서 50,000원으로 상승하여 저점을 지난 주식이 원바닥 대비 2배를 향하여 다소 부담스러운 상황이다. 그러나 한 달 이상 횡보를 하면서 바닥을 견고히 지켰기에 신뢰성이 높다고 볼 수 있다. 이 종목은 노리고 있다가 55,000원을 돌파하는 순간 매입해야 한다. 아울러 50,000원이 하향 돌파하는 순간 매도를 예상하고 진입해야 한다. 급등하는 주식은 수많은 기다림 속에서 단 한 번의 기회를 줄 뿐이다. 이 단 한 번의 기회가 아주 좋은 이익을 우리에게 준다. 절대 배신하지 않는다.

차트 27 일봉 483일을 보면 차트 모양이 아주 깔끔한 것을 볼 수가 있다. 원바닥, 판바닥이 명확하고 돌파와 눌림목을 만들면서 계단식으로 상승하고 있음을 알 수가 있다. 이런 주식은 돌파할 때마다 매수하고 눌림목이 형성될 때마다 추가 매수하여 물량을 확보한 후 이익을 극대화해야 한다. 위험은 상대적으로 매우 낮고 이익은 높은 아주 좋은 주식이다. 고수라면 이미 35,000원을 돌파할 때 진입한 후 돌파와 눌림 시 매도와 매수를 반복하여 여러 번 이익을 실현하였을 것이다. 당일에도 55,000원 돌파를 노리고 있다가 망설임 없이 매입해야 한다.

차트 28 주봉을 보면 최고가 87,200원이었던 것이 1/4 토막까지 난 후 반등의 반등을 하는 것을 볼 수가 있다. 2019년 8월에 형성된 강한 내리막 폭포로 인하여 한 번에 급등하지 못하고 매물을 단계별로 소화하면서 상승하고 있다.

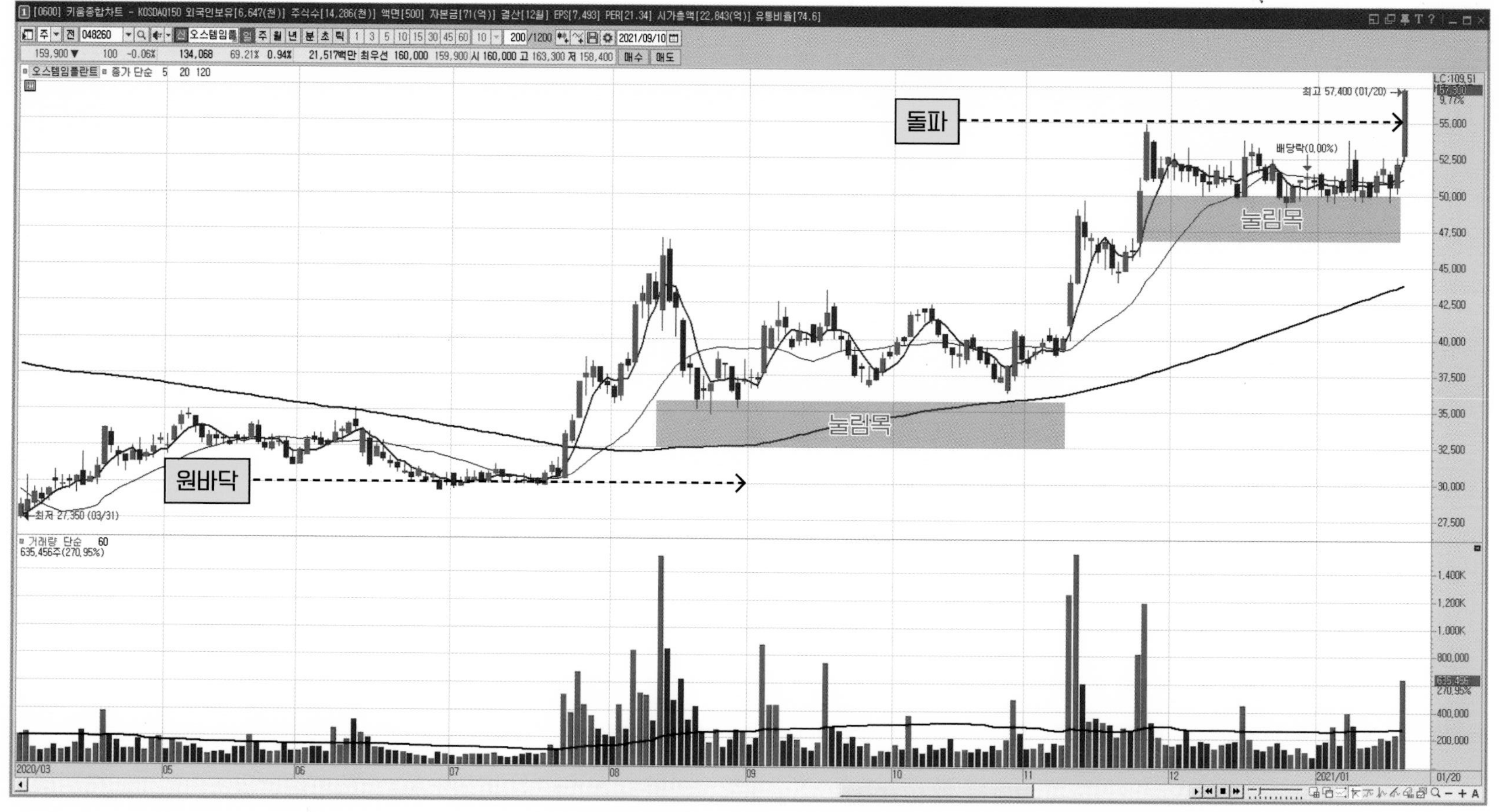

차트 26 오스템임플란트 | 일봉 | 200

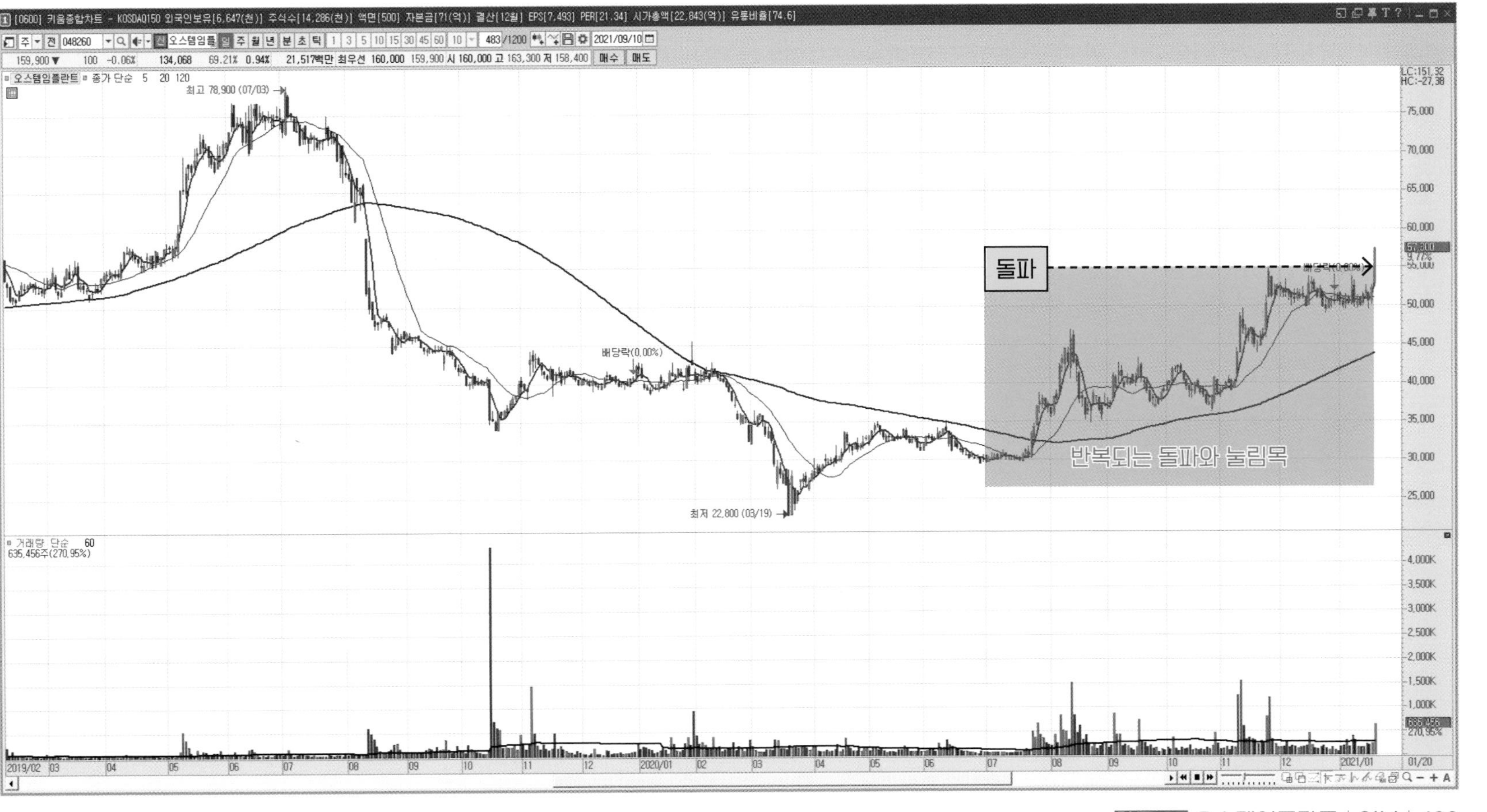

차트 27 오스템임플란트 | 일봉 | 483

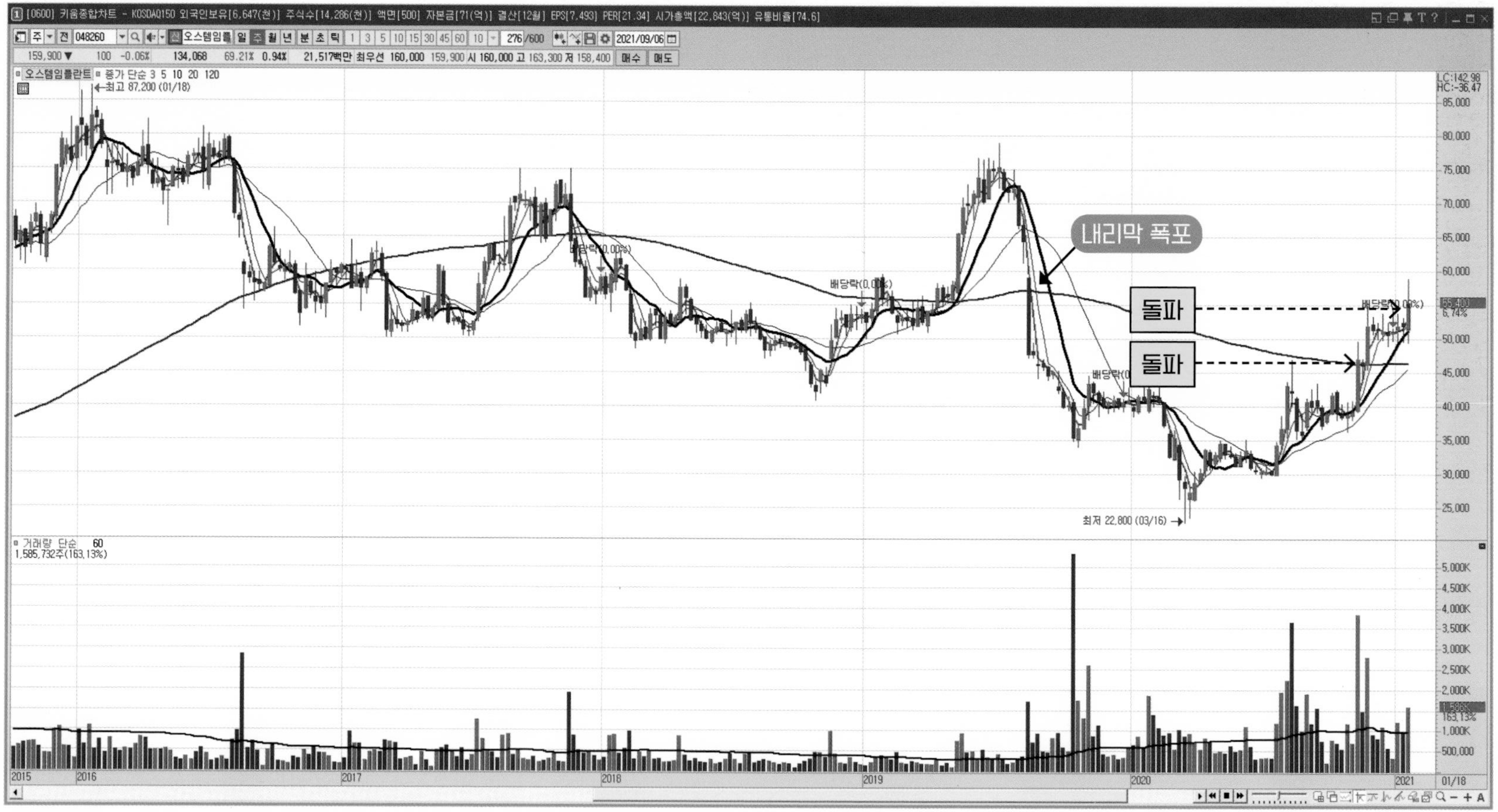

내리막 폭포

돌파

돌파

최고 87,200 (01/18)

최저 22,800 (03/16)

차트 28 오스템임플란트 | 주봉

차트 29 월봉을 보면 이 종목의 원래 과거 원바닥이 50,000원이었던 것을 알 수가 있다. 원바닥 50,000원이 하향 돌파되어 어려운 시기를 1년 반 보낸 후 다시 원바닥 위로 상승하였다. 이제 원바닥을 회복하였기에 이것이 지지가 되어 추가 상승할 것으로 예상한다.

그 후 어떻게 되었을까? **차트 30** 일봉 600일 결과를 보면 알 수 있다. 돌파와 고가놀이, 눌림목을 여러 차례 반복하면서 계단식으로 상승의 상승을 거듭하였다. 원바닥 30,000원 대비 3배, 판바닥 50,000원 대비 2배 상승하였다. 이 종목은 그야말로 황금알을 낳는 황금 종목이다. 종목의 흐름에 따라 돌파 시 이익 실현, 눌림 시 물량 확보를 반복하다 보면 어느새 계좌에 수익이 가득할 것이다. 정말로 이런 종목 만나기 힘들다. 주식 투자를 하다 보면 이렇게 안전하면서 이익을 주는 종목은 분기에 한 번 만나기도 힘들다. 그저 감사할 따름이다.

차트 29 오스템임플란트 | 월봉

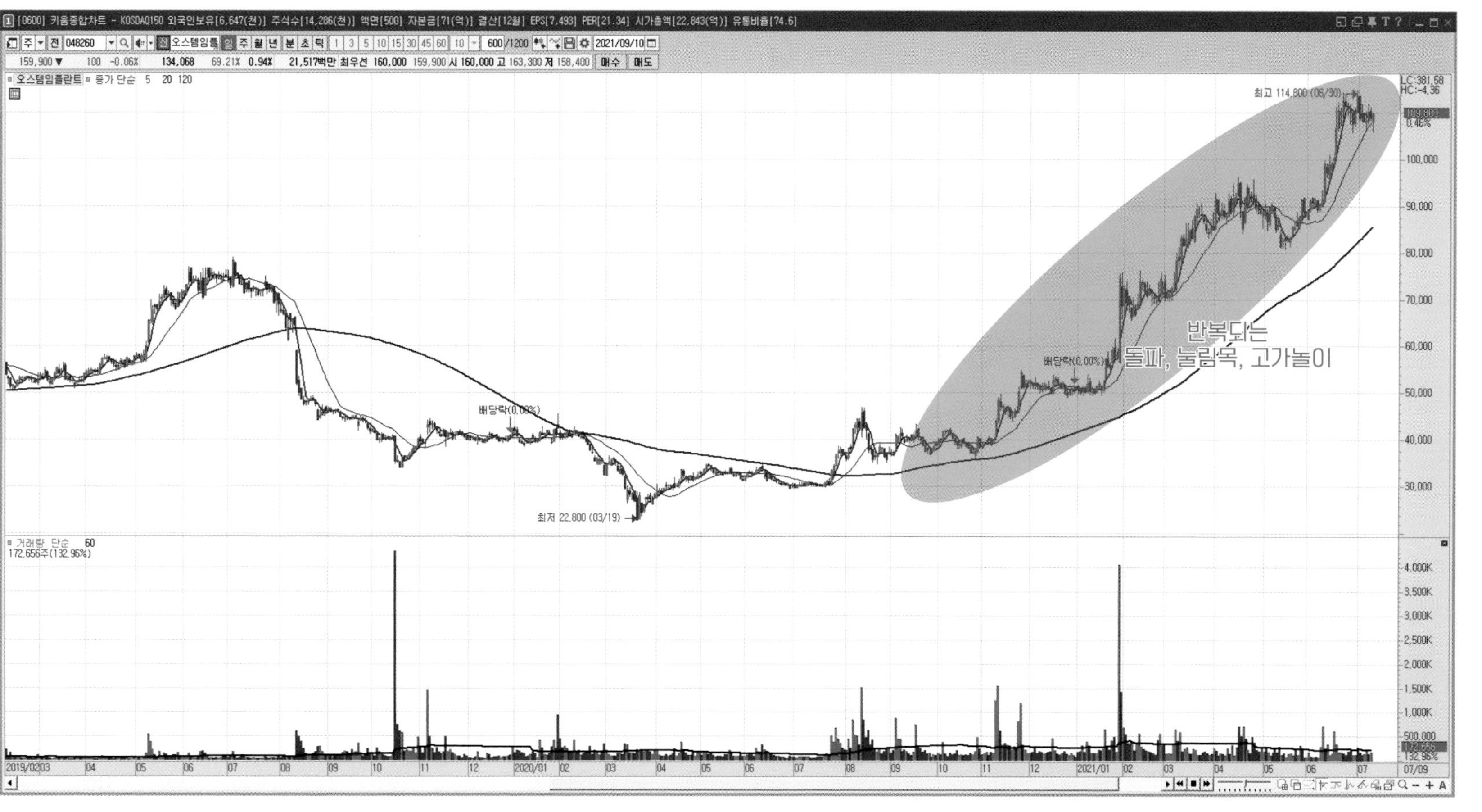

차트 30 오스템임플란트 | 일봉 | 600

중점 눌림목

차트 31 일봉 200일을 보면 2020년 11월 17일, 대량 거래량을 동반하면서 전고가인 53,400원을 가볍게 돌파하였다. 약 3달간의 횡보 구간을 거쳐서 장대양봉을 만들면서 시원하게 돌파하였다. 앞으로 상승할 일만 남은 종목 같았다. 그러나 이 주식이 바로 상승하지 못하고 계속 눌려서 눌림목을 만들고 있다. 불안한 나날이 될 수도 있다. 이미 최저가 대비 3배 이상 상승하고 원바닥 30,000원 대비 2배 이상 상승하여 혹시 앞폭탄 맞은 것은 아닌가 하고 걱정도 된다. 그러나 눌림 시 거래량이 돌파 시 거래량보다 아주 아주 적기 때문에 걱정할 필요가 없다. 오히려 많이 조정을 받으면 물량을 늘려 가야 한다.

차트 32 일봉 465일을 보면 이 종목이 코로나 사태로 인한 바닥을 친 이후 돌파와 눌림목을 반복하면서 차근히 계단식으로 상승하고 있다는 것을 알 수가 있다. 돌파 시는 대량 거래량, 눌림 시는 소량 거래량으로 그야말로 교과서적으로 상승하고 있다.

차트 33 주봉을 보면 더욱 분명하게 계단식으로 상승하고 있음을 알 수가 있다. 더욱이 상승할 때는 대량 거래량이 발생하고 눌릴 때는 거래량이 아주 적은 전형적인 모양을 만들고 있다. 언뜻 보아도 70,000원 선은 무난히 갈 것 같다.

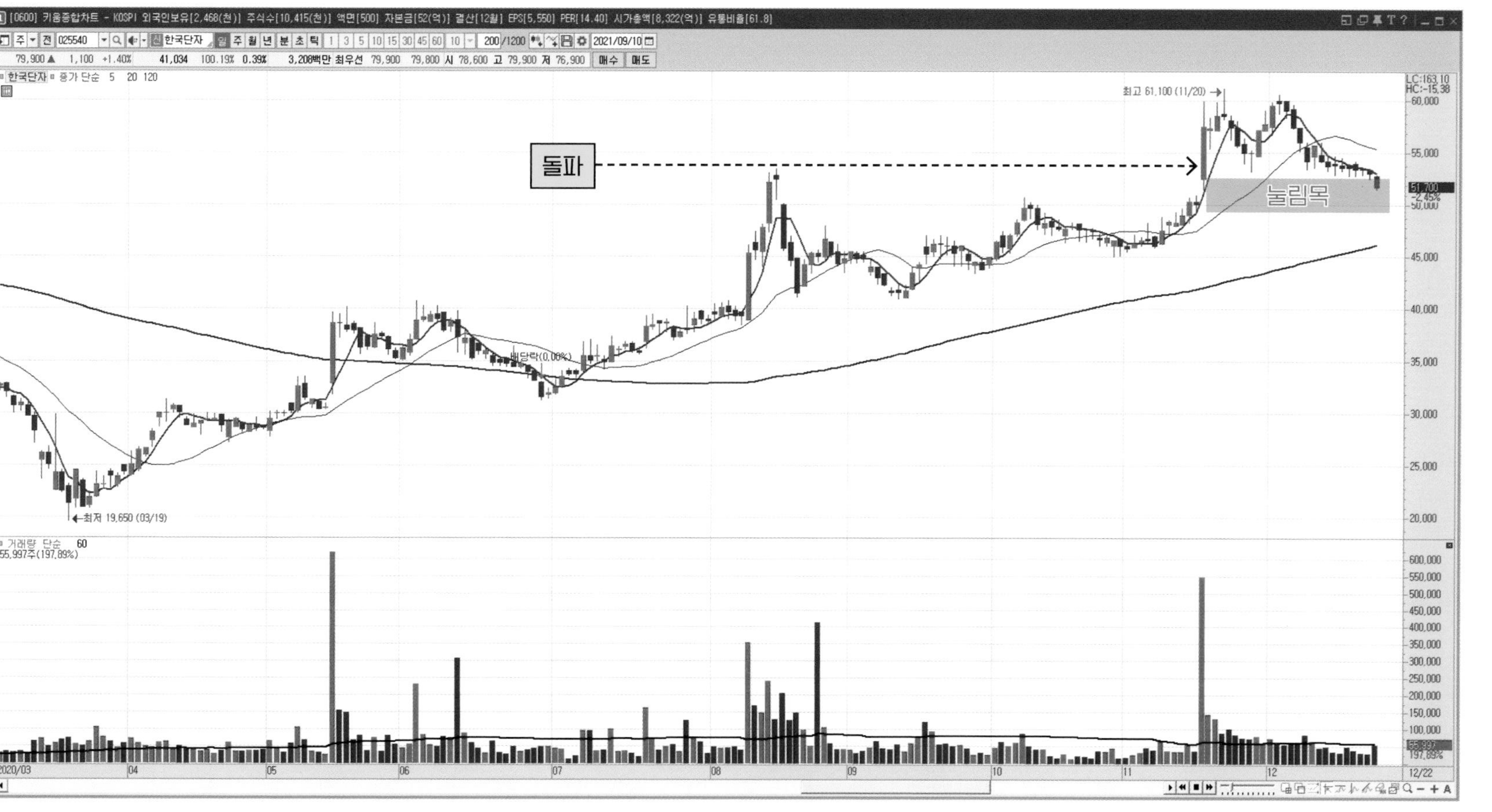

차트 31 한국단자 | 일봉 | 200

차트 32 한국단자 | 일봉 | 465

차트 33 한국단자 | 주봉

차트 34 월봉을 보면 계속 양봉을 만들면서 차분히 계단식으로 상승하고 있는 것을 알 수가 있다. 최고가 112,500원에서 무려 20,000원 선까지 하락하여 1/5 토막 난 주가가 어렵게 반등하고 있다. 드디어 턴 어라운드된 것이다. 7만 원까지 상승은 무난하고 7만 원을 힘 있게 돌파하면 추가 상승이 예상된다.

차트 35 일봉 600일 결과를 보면 알 수 있다. 6만 원에서 5만 원까지 눌렸던 주식이 강한 장대양봉을 3일 연속 만들더니 6만 원을 돌파하였다. 그 후 다시 고가놀이와 눌림, 돌파를 반복하면서 계단식으로 올랐다. 2015년의 역사적 신고가 112,500원에 가까운 111,000원까지 상승하였다. 그저 놀라울 따름이다. 봄, 여름, 가을, 겨울 계절이 순환되듯이 주가도 자연 현상과 마찬가지로 상승, 하락을 반복한다는 것을 다시 한번 실감하게 한다. 단지 조급한 인간이 기다리지 못할 뿐이다.

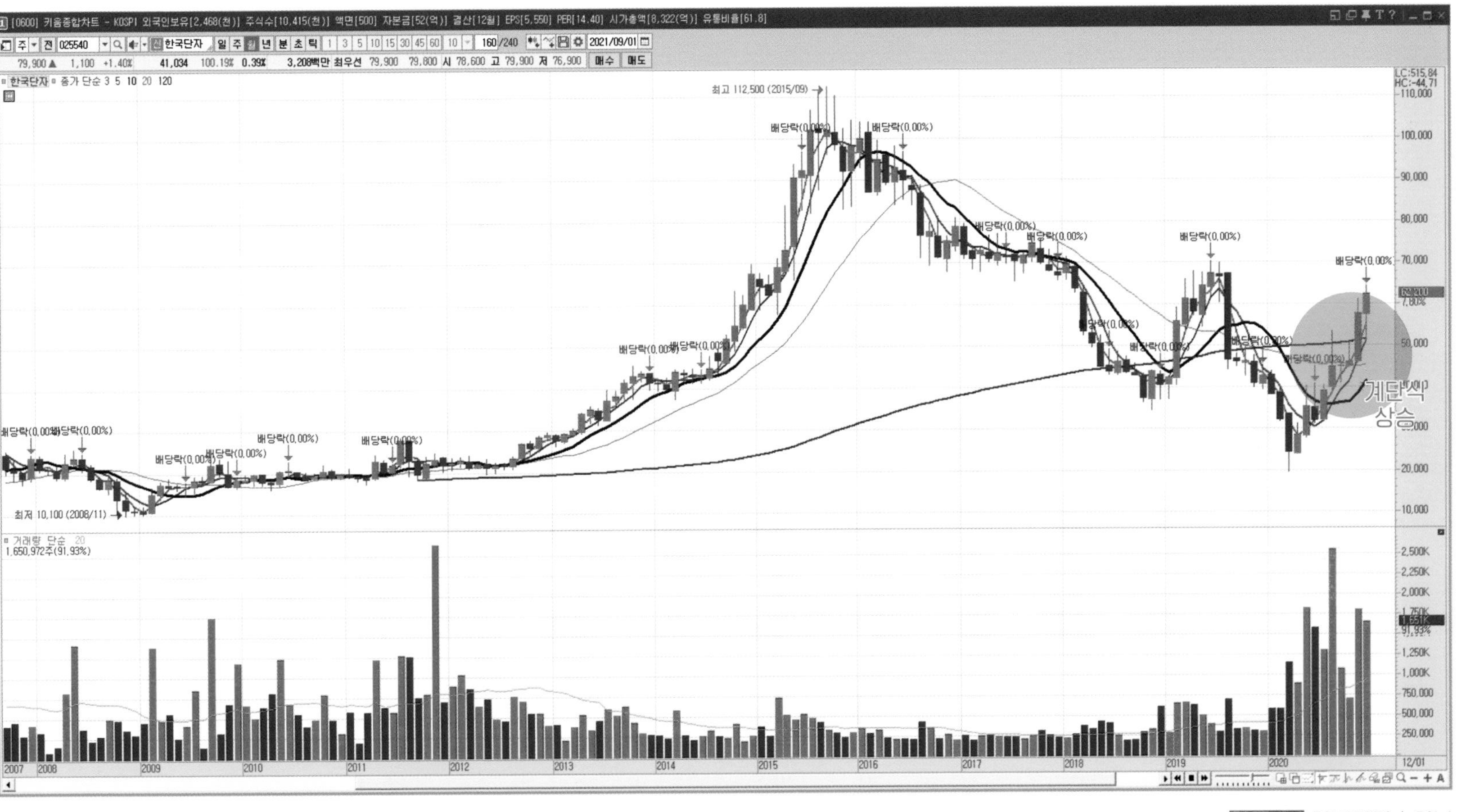

차트 34 한국단자 | 월봉

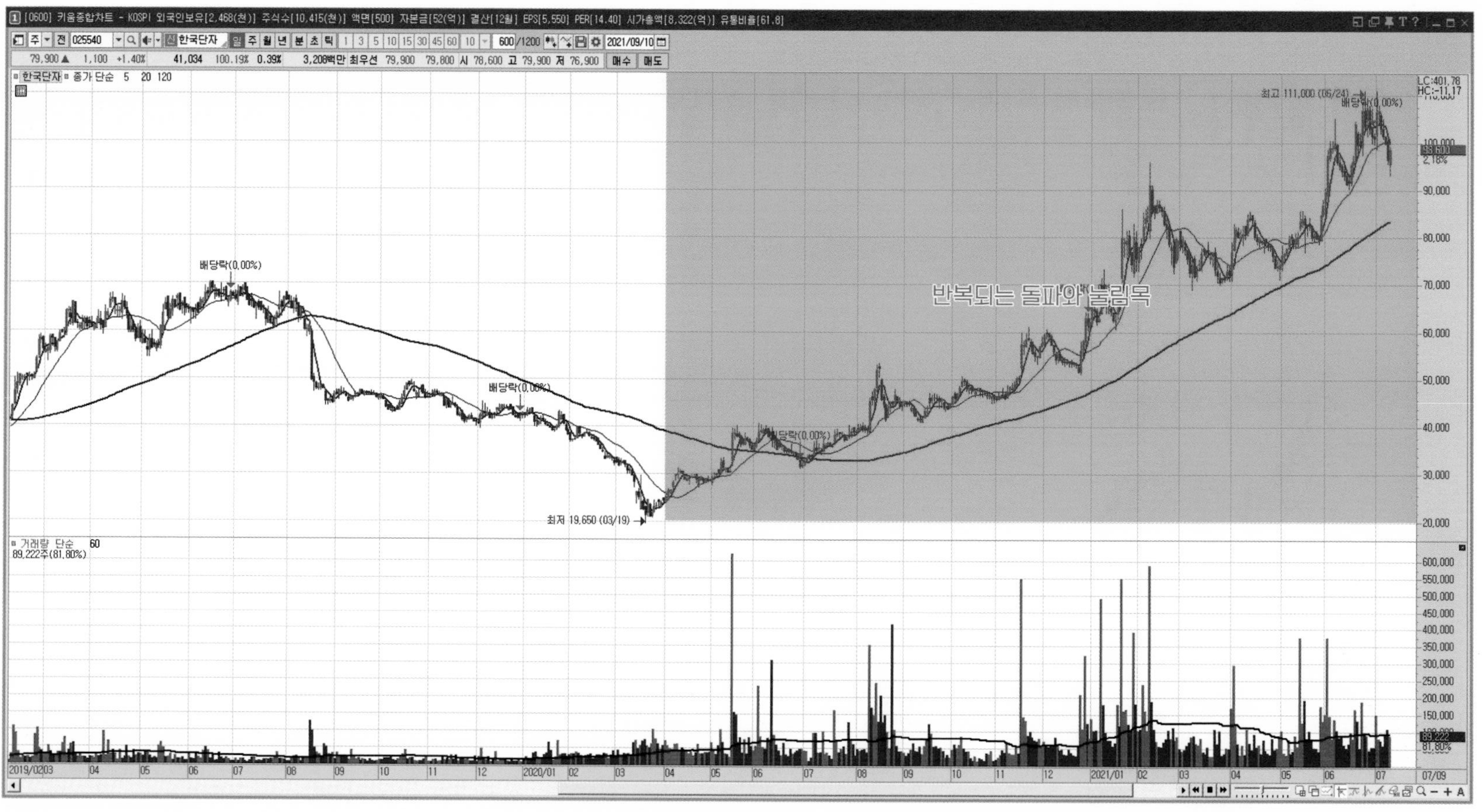

차트 35 한국단자 | 일봉 | 600

중점 고가놀이

차트 36 일봉 200일을 보면 2021년 5월 26일, 4월 12일의 전고가 7,820원을 장대양봉으로 돌파하였다. 절대 거래량은 28만 주밖에 되지 않으나 상대 거래량은 60일 평균 거래량의 3배가 넘는다. 전에 언급한 바와 같이 세상에는 거대동물인 코끼리도 살고, 작은 동물인 개미도 산다. 같이 공존하는 것이다. 전고가를 돌파한 후 눌리지 않고 계속 양봉을 만들고 있다. 돌파 후 3영업일에 3개째 양봉을 만들면서 또 돌파하였다. 그 후 계속 양봉을 만들면서 야금야금 상승하고 있다. 이렇게 어느 정도 상승한 주식이 돌파 후 계속 돌파 가격을 깨지 않고 있는 것을 필자는 '중점 고가놀이'라 이름 붙였다.

차트 37 일봉 574일을 보면 원바닥 4,000원, 판바닥 5,500원인 종목이 8,000원을 돌파하고 있어 상당히 부담스러워 보인다. 이미 주가가 바닥권을 넘어서 중위권으로 진입하여 상승하고 있다. 앞폭탄을 항상 조심해야 한다. 그런데 계속 양봉을 만들고 있다. 갈등의 순간이다. 유의할 점은 이 종목이 단기간에 급등, 폭등한 것이 아니고 장기간에 걸쳐 차분히 바닥을 다지면서 올라왔다는 점이다. '꺾이면 던진다'라는 생각으로 진입해 볼 만하다.

차트 38 주봉을 보면 주가가 이미 상당히 많이 상승했다는 것을 알 수가 있다. 그러나 보통의 주식처럼 급등락을 크게 반복하면서 상승한 것이 아니라 지속해서 꾸준히 계단식으로 상승하고 있다. 정말 신뢰가 간다고 할 수 있다.

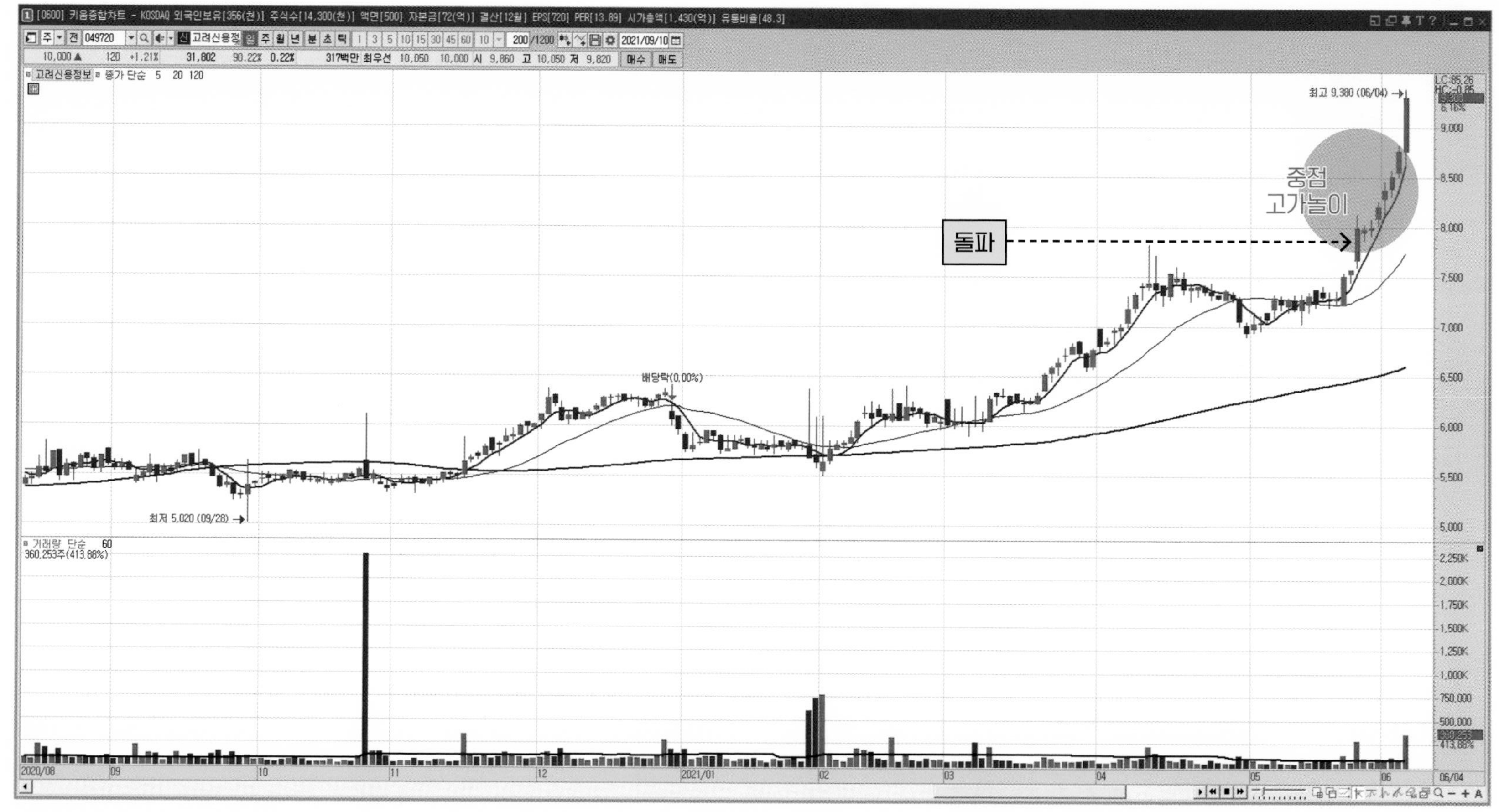

차트 36 고려신용정보 | 일봉 | 200

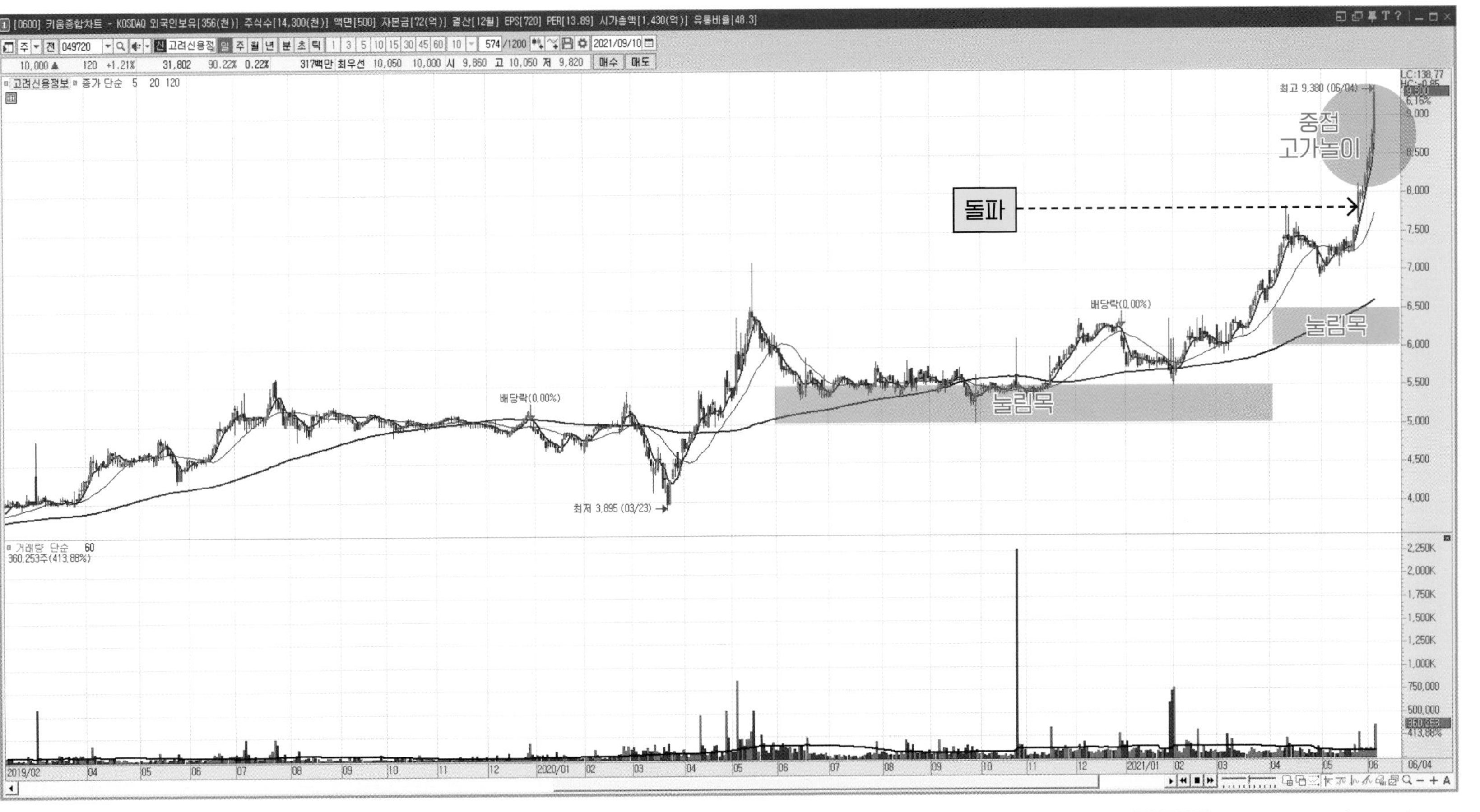

차트 37 고려신용정보 | 일봉 | 574

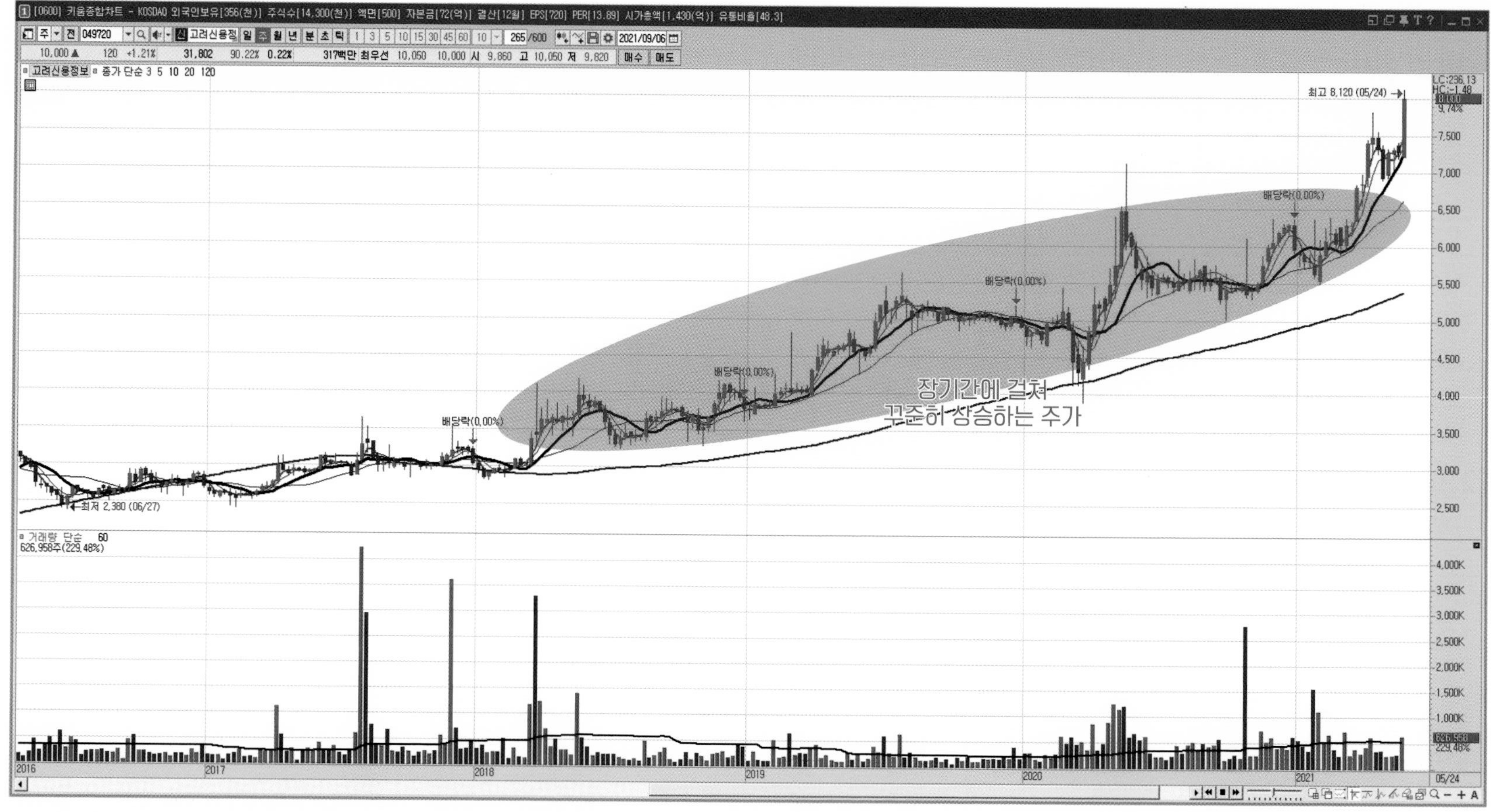

차트 38 고려신용정보 | 주봉

차트 39 월봉을 보면 더 신뢰가 간다. 천 원도 안되던 주가가 아주 장기간에 걸쳐 커다란 급등락 없이 꾸준히 상승하고 있다. 이런 주식이 다시 전고를 돌파하여 상승하고 있다는 것은 아주 반가운 일이다. 혹시 조정을 받더라도 물량을 늘려야 한다. 반드시 다시 추가 상승할 것이기 때문이다.

그 후 어떻게 되었을까? 차트 40 일봉 600일 결과를 보면 알 수 있다. 8,000원을 돌파했던 주식이 고가놀이, 돌파, 눌림목 등을 거쳐 11,750원까지 상승하여 역사적 신고가를 만들었다. 역사적 신고가를 만든 후 긴꼬리를 달고 내려와서 이제부터는 극히 조심해야 한다. 이미 며칠 전에 긴꼬리가 만들어졌었고 신고가 찍는 날도 긴꼬리를 만들어서 쌍꼬리가 되었다. 보유하고 있는 물량은 긴꼬리를 달았을 때 모두 처분해야 했고 신규진입은 하지 말아야 한다. 드디어 앞폭탄이 시작된 것 같다.

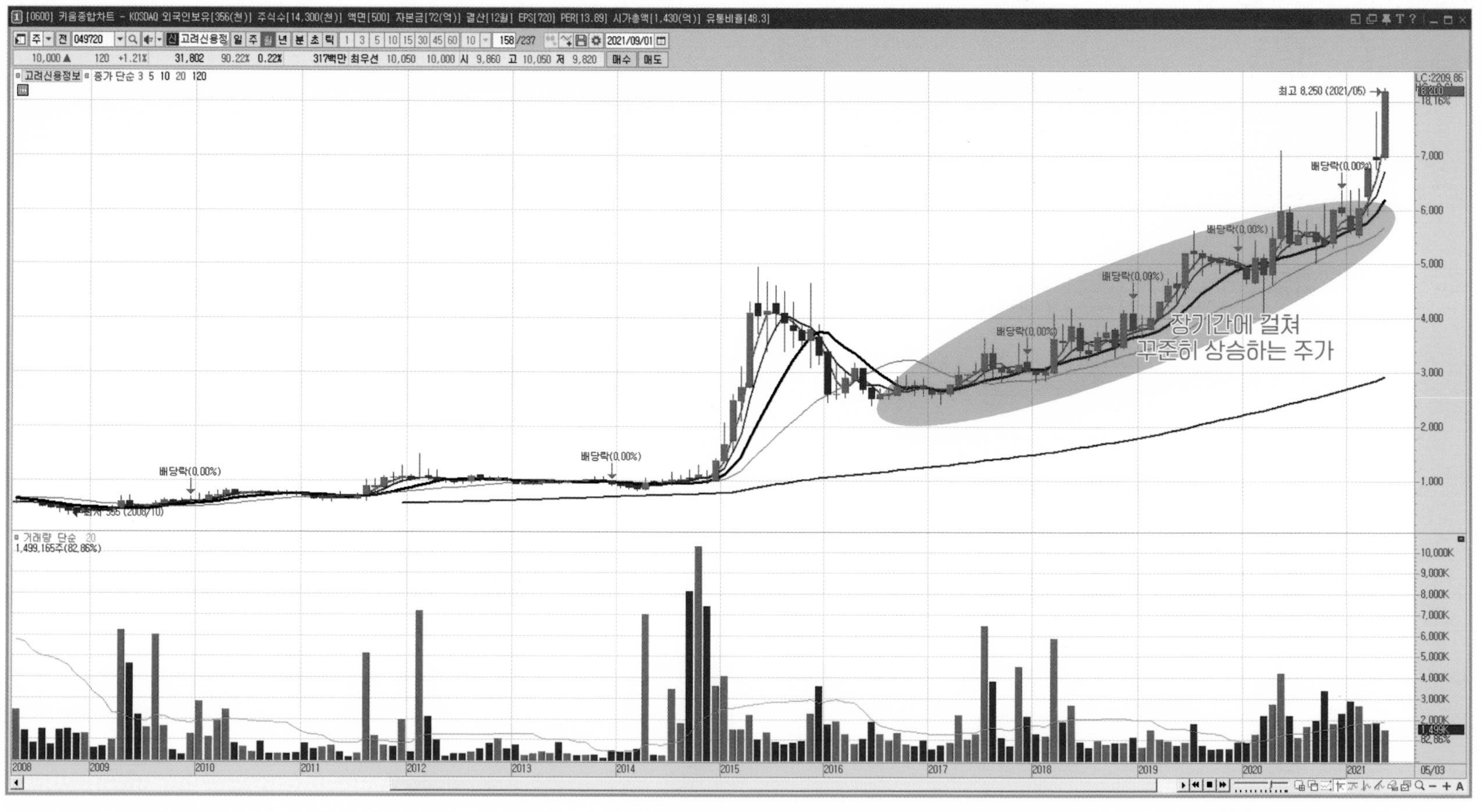

차트 39 고려신용정보 | 월봉

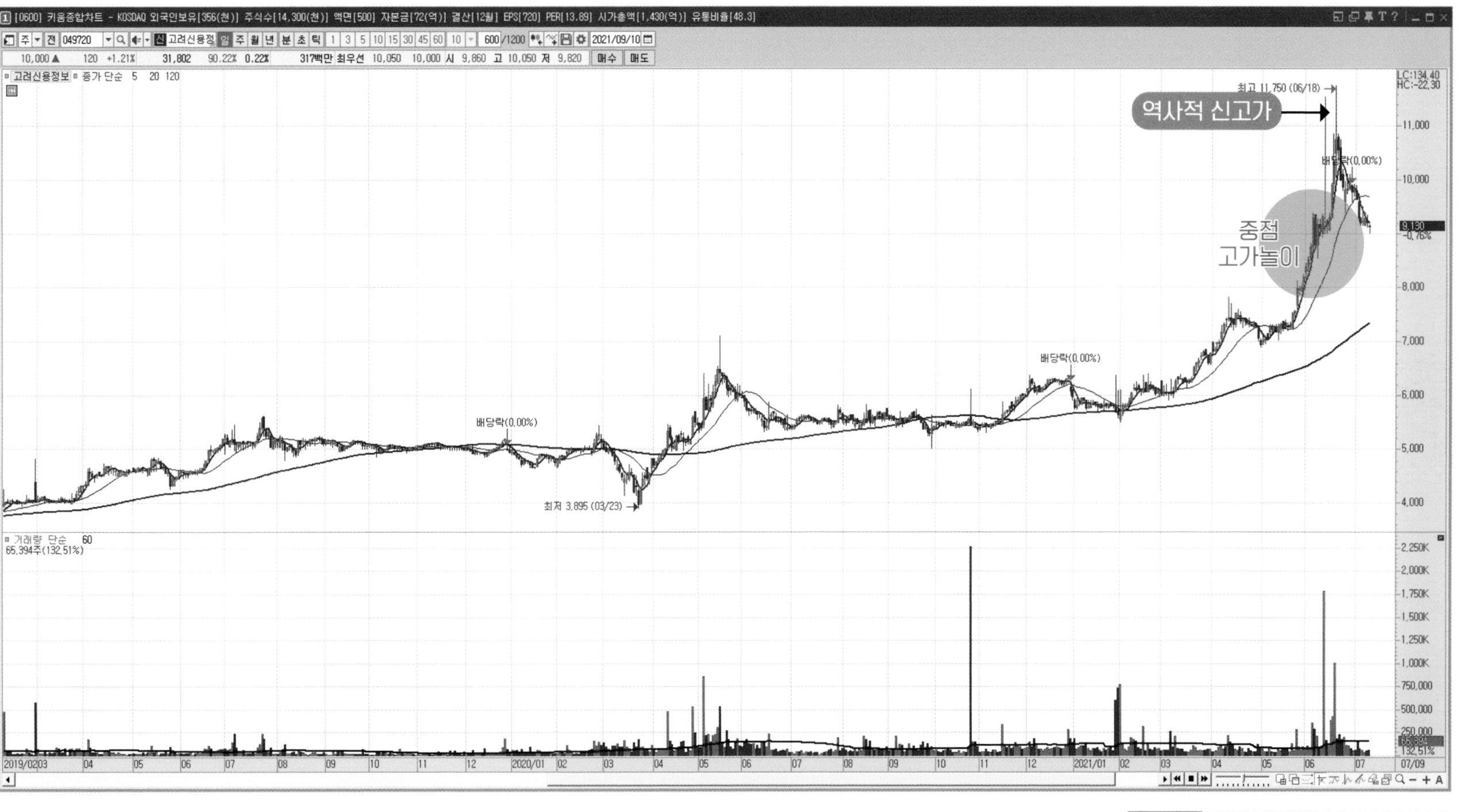

차트 40 고려신용정보 | 일봉 | 600

고점 장대양봉

차트 41 일봉 200일을 보면 2021년 6월 1일, 전일 고점인 7,440원을 뚫고 8,380원 최고가를 찍고 7% 상승한 7,830원으로 마감하였다. 이미 전전 영업일에 최대 거래량을 만들면서 전고가를 살짝 돌파하였다가 전고가 아래로 내려앉았다. 꼬리도 거의 없어 돌파가 확실해 보인다. 그러나 전고가가 확실히 강하게 돌파되는 것을 확인하고 들어가는 것이 정석이다. 왜냐하면, 이미 최저가인 2,140의 3배 이상을 상승하였기에 언제 폭탄을 맞을지 모른다. 더군다나 2월 고점이 쌍꼬리를 만들고 눌렀기 때문에 더욱 조심해야 한다. 이런 경우는 7,500원이 강한 거래량을 동반하면서 돌파되는지 확인하면서 진입하는 것이 안전하다. 특히 전전날의 장대양봉이 커다란 버팀목이다. 수호신이다. 기존 모든 거래량을 압도하고 있는데 그것을 넘어 돌파하였다. 이제 고점 장대양봉이 지지가 된 것이다.

차트 42 일봉 572일을 보면 최저가 1,370원, 원바닥 2,000원, 판바닥 3,000원인 수준 대비 주가가 크게 상승하였다. 더 상승할 수 있을지도 의문이 된다. 위험도 많다. 언제 폭탄 맞을지 모른다. 오직 믿을 수 있는 것은 전전날의 장대양봉뿐이다. 그리고 세력이 아직 이탈했다는 징후가 하나도 보이지 않는다. 대량 거래량의 장대음봉이 보이지 않는다. 장대양봉과 세력을 믿고 진입해 볼 만하다.

차트 43 주봉을 보면 바닥 2,000원 주가가 7,000원 이상으로 상승하여 3배 이상 올라 이미 고가 주식이 되었다. 언제 폭탄을 맞을지 모르는 상황이다. 그러나 상승 도중 발생한 장대양봉을 믿고 진입해야 한다. 추가 상승 시 전고가인 1만 원까지도 갈 수 있다. 물론 꺾이면 손절매 예상가에 언제든지 던진다는 각오를 해야 한다.

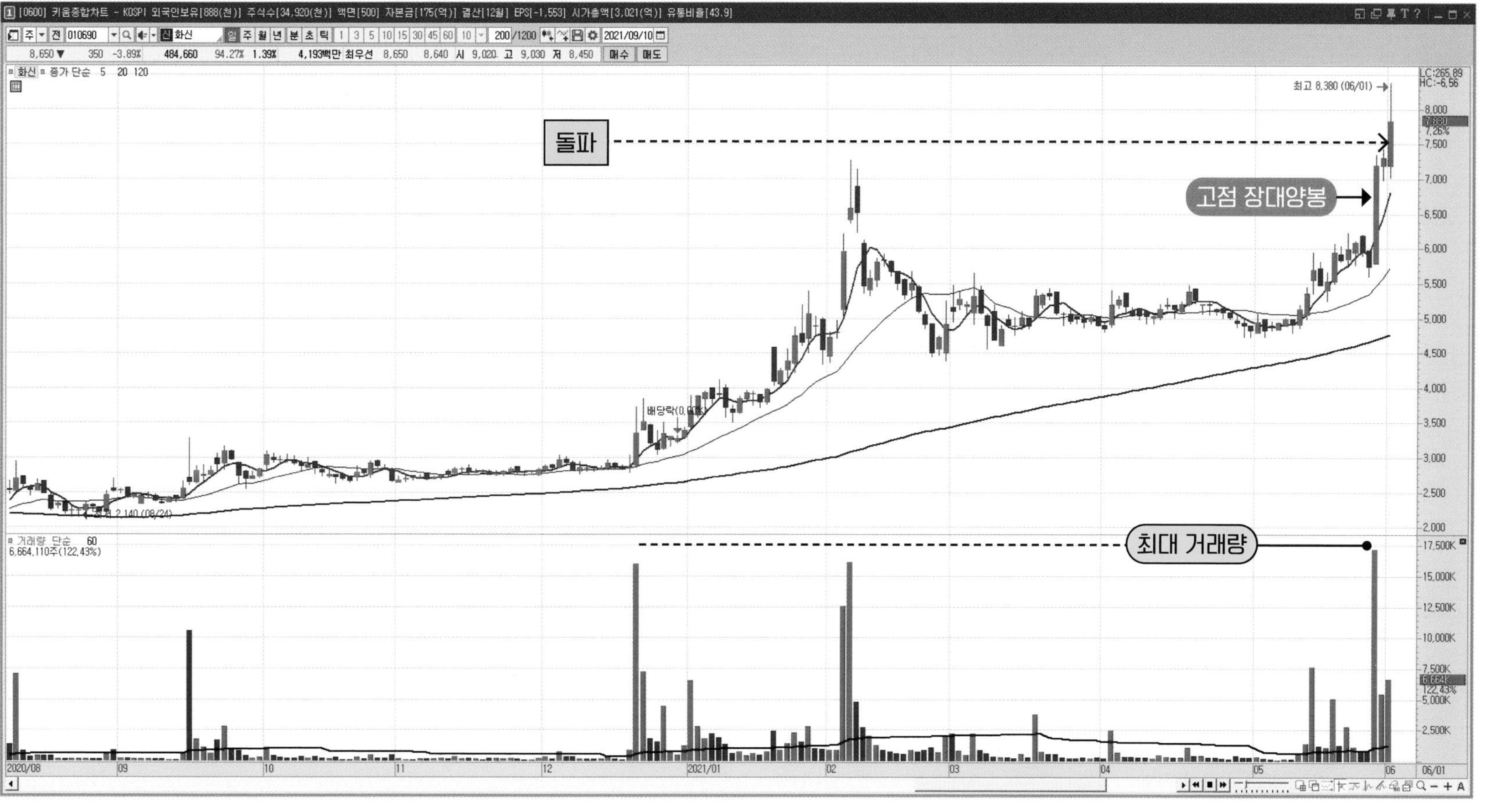

차트 41 화신 | 일봉 | 200

차트 42 화신 | 일봉 | 572

고점 돌파
원바닥
최고 10,050 (08/29)
최저 1,370 (03/23)
배당락(0.00%)
2016
2017
2018
2019
2020
2021

차트 43 화신 | 주봉

차트 44 월봉을 보면 최고가 22,700원이었던 주식이 무려 1/10 토막이 났다가 바닥을 찍은 후 다시 반등하고 있다. 비록 바닥 대비 3배 이상 올랐지만, 아직 상승 여력은 충분한 것으로 생각된다. 이전 고점인 1만 원까지는 무난히 추가 상승할 것 같다. 더군다나 거래량이 계속 붙고 있다.

그 후 어떻게 되었을까? **차트 45** 일봉 600일 결과를 보면 알 수 있다. 7,500원을 돌파한 주식이 고가놀이를 하더니 다시 돌파하고 또 돌파하여 무려 11,450원 최고가를 찍었다. 바닥 대비 무려 5배 이상을 상승한 것이다. 육참골단, 하이 리스크 하이 리턴이다. 6월, 7월에 다시 조정을 받고 있지만 10,000원을 지지 삼아 다시 돌파할 가능성이 크다. 왜냐하면, 6월 24일 돌파 시 차트상 최대 거래량을 만들었기 때문이다. 그리고 세력이 이탈했다는 증거를 찾아볼 수가 없다. 조정 시 거래량이 돌파 시 거래량에 비하여 미미한 수준이다. 역사적 신고가가 22,700원이기 때문에 어디까지 반등할지는 아무도 모른다. 세력도 모른다. 단지 갈 데까지 가는 것이다.

차트 44 화신 | 월봉

차트 45 화신 | 일봉 | 600

고점 돌파

차트 46 일봉 200일을 보면 2021년 2월 4일, 일주일 전 최대 거래량이 발생한 후 3일간 조정을 받다가 다시 양봉을 4일 연속 만들면서 전고가를 돌파하였다. 본 차트 최저가 27,300원에 비하여 별로 크게 오르지 않은 상태다. 특별한 특징도 없어 보인다. 단지 전고가를 강하게 돌파한 것 말고는 특이점이 없다. 단순히 보면 저점 돌파 내지는 중점 돌파처럼 보인다.

차트 47 일봉 494일을 보면 이야기가 전혀 달라진다. 차트 최저가 13,200원의 3배 상승한 것이었다. 전에 40,000원 돌파를 두 번 시도했다가 실패하고 긴 조정을 두 번이나 받았다. 즉 원바닥 대비 2배 이상 상승한 상태에서 앞폭탄을 2번이나 맞고 깊게 조정을 받았다. 그리고 쌍봉도 만들었다. 1년 동안 인고의 세월을 지낸 것이다. 다시는 40,000원을 돌파하지 못할 것 같은 분위기가 차트를 지배하고 있다. 그런 종목이 최대 거래량을 일주일 전에 만들었고 짧은 조정 후 다시 대량 거래량으로 4만 원을 돌파한 것이다. 그야말로 고점 돌파를 강하게 한 것이다. 이런 종목은 노리고 있다가 4만 원을 돌파하는 순간 같이 탑승해야 한다. 앞의 쌍봉이 이제는 저항이 아니라 강력한 지지가 되었다. 비록 고가이지만 아주 안전하다.

차트 48 주봉을 보면 원바닥이 10,000원인 것이 40,000원 돌파했으면 무려 4배 상승한 것이다. 보통 오른 것이 아니다. 언제 폭탄을 맞을지 모른다. 항상 조심조심해야 한다. 그러나 앞의 쌍봉을 강한 거래량으로 돌파한 것이 보인다. 에너지가 넘쳐흐른다. 앞의 쌍봉이 강력한 지지로 받쳐 줄 것이다. 자신감을 가지고 40,000원 돌파 시 동참해야 한다. 항상 폭탄에 조심하면서……

차트 46 덕산네오룩스 | 일봉 | 200

차트 47 덕산네오룩스 | 일봉 | 494

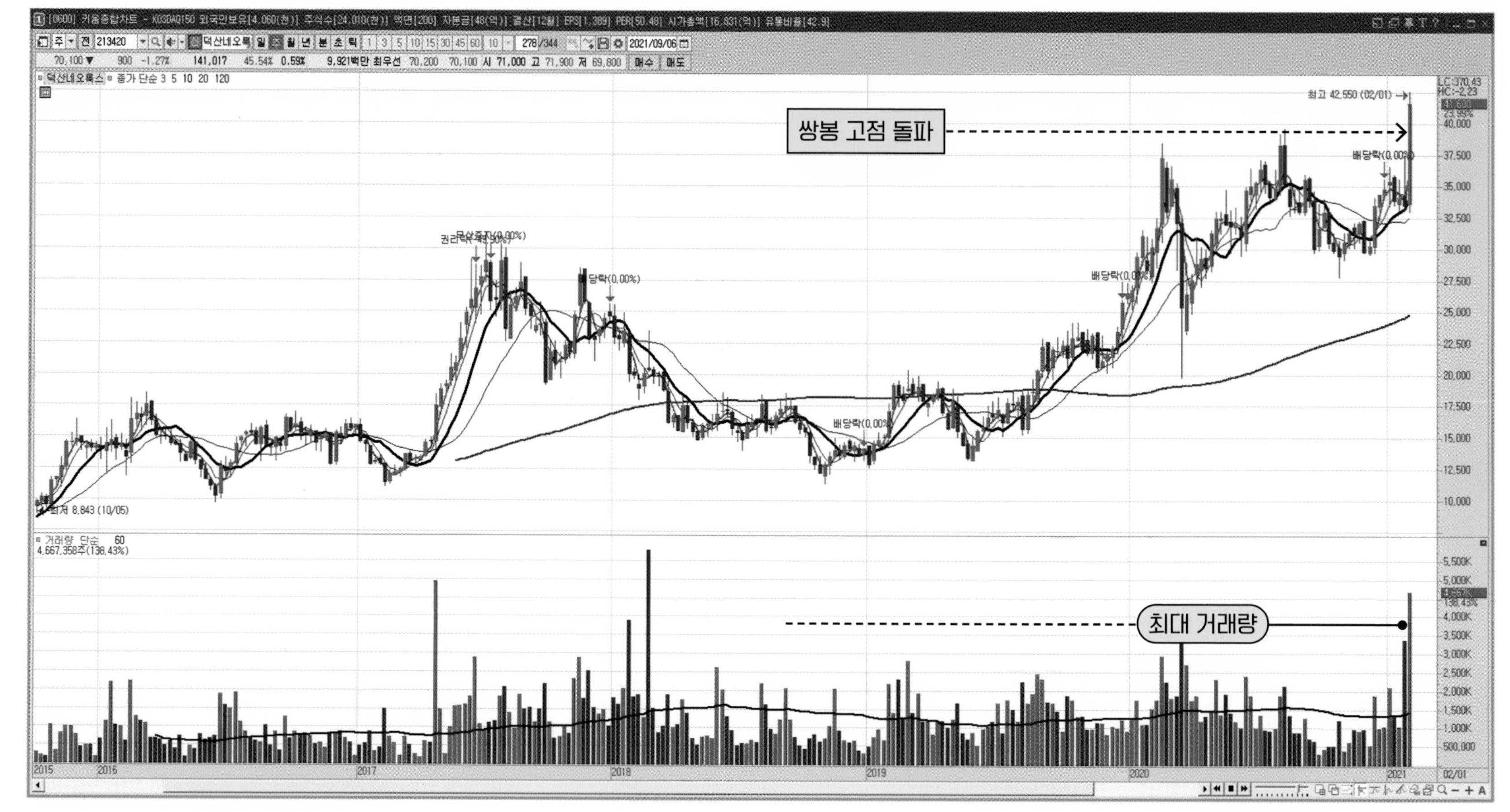

차트 48 덕산네오룩스 | 주봉

차트 49 월봉을 보면 최저가는 6,764원으로, 돌파 가격 4만 원은 무려 이의 6배를 상회한다. 엄청나게 오른 가격이다. 대단히 높은 가격이다. 현기증이 난다. 무엇을 믿고 들어가야 하나? 물리면? 망설여진다. 이때 유일하게 믿을 수 있는 것이 거래량이다. 아직 세력이 빠져나간 흔적이 전혀 없다. 세력은 결코 손해 보지 않는다는 명언을 마음속에 새기면서 동참해야 한다. 세력과 함께 세력을 따라……

그 후 어떻게 되었을까? **차트 50** 일봉 600일 결과를 보면 알 수 있다. 4만 원을 돌파한 주가가 눌림목을 만든 후, 또다시 돌파하고 눌린 후 또다시 돌파하고 해서 드디어 61,300원 역사적 신고가를 만들었다. 돌파하면 팔고, 눌리면 사고를 반복했다면 이익이 극대화되었을 것이다. 고가라고 두려워만 할 필요가 없다. 세력이 이탈하지 않았으면 세력과 함께 세력을 따라 하면 된다. 이 종목은 아직도 세력이 이탈한 흔적이 없다. 세력은 절대 배신하지 않는다. 세력이 이탈하는데도 계속 붙들고 있는 내가 문제다.

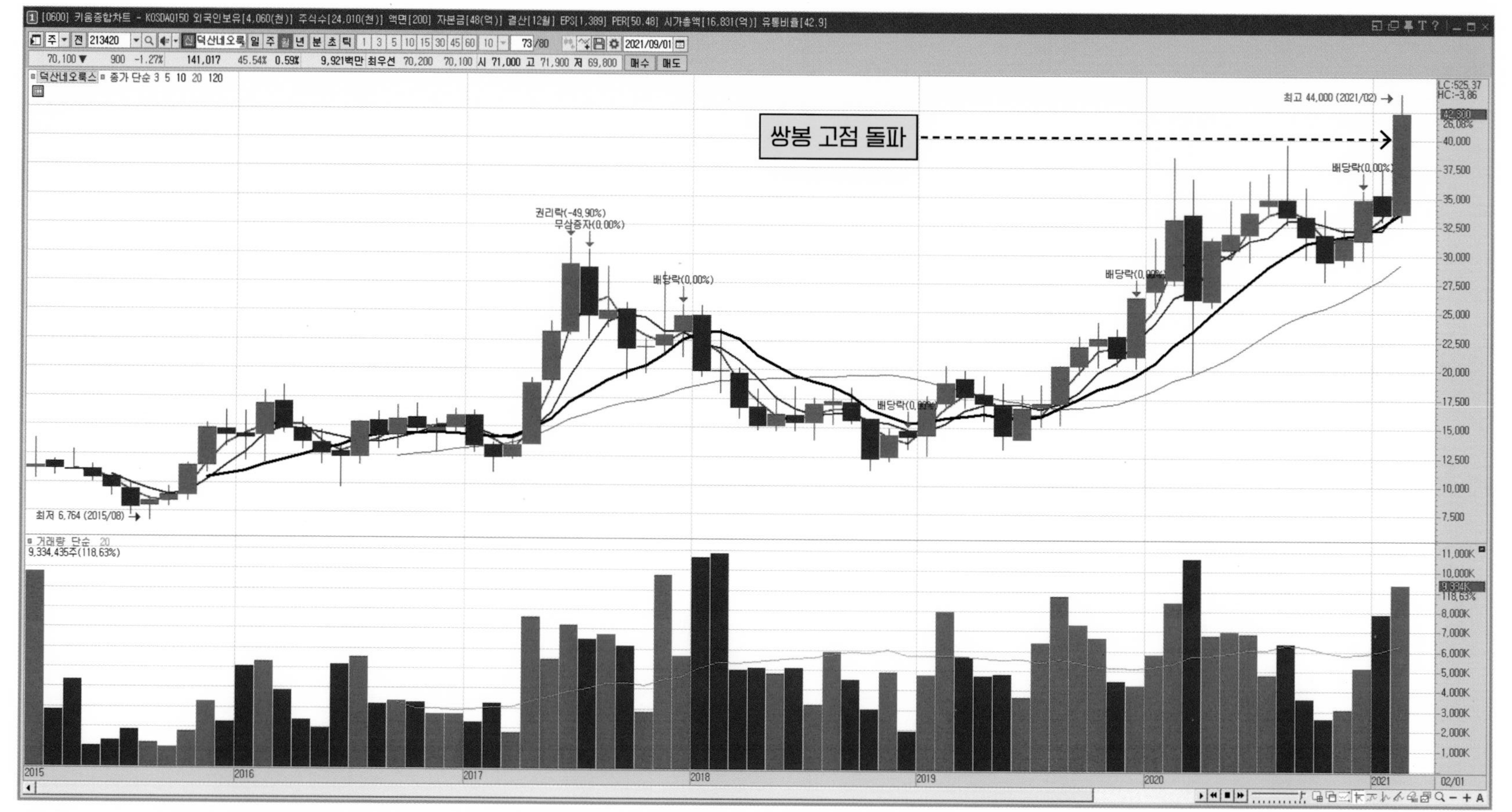

차트 49 덕산네오룩스 | 월봉

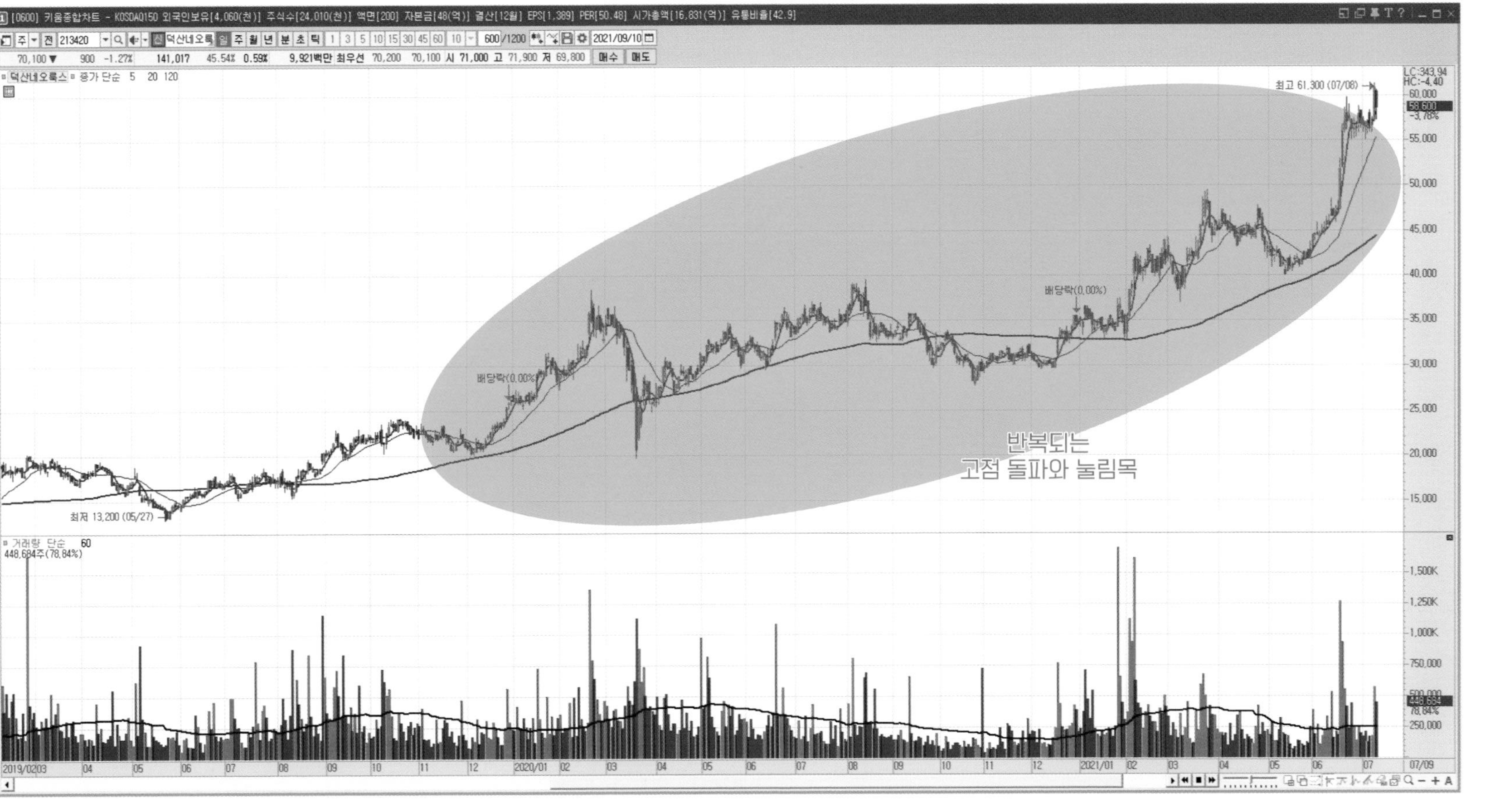

차트 50 덕산네오룩스 | 일봉 | 600

고점 눌림목

차트 51 일봉 200일에서 2021년 3월 움직임을 보면, 2월 22일 6개월간의 시간 조정을 거친 후 어렵게 돌파한 주가가 날아가지 못하고 또다시 눌림목을 형성하고 있다. 참으로 안타깝다. 2020년 8월 거대한 대량 거래량을 일으키면서 급등한 주가가 폭발하지 못하고 6개월간의 기나긴 시간 조정을 받았는데 또다시 언제 끝날지 모르는 조정에 들어간 것이다. 이런 때는 어떻게 해야 하나? 심리적 지지선인 24,000원이 지지가 되는 한 물량을 늘리면서 기다려야 하나? 아니면 손절매해야 하나? 답은 거래량에 있다. 눌림목 형성 시 거래량이 돌파 시 거래량보다 아주 적은 소량이기 때문에 세력이 아직 떠나지 않은 것이다. 세력을 믿고 버텨야 한다.

차트 52 일봉 547일을 보면 어렵게 쌍봉을 돌파한 주가가 급등하지 못하고 눌림목을 만들고 있는 것이 보인다. 차트 최저가 8,070원의 3배 이상 오른 주가가 비실비실하고 있느니 불안하다. 잘못하면 폭탄 맞고 폭락할 수도 있다. 이 순간에도 믿을 수 있는 것은 거래량뿐이다. 세력이 이탈했다는 징후는 어디서도 찾아볼 수가 없다. 대량 거래량의 장대음봉이 없는 것이다. 단지 세력이 크게 사지 않으니 호가창 공백으로 자연스럽게 내려오고 있다. 주가는 사지 않으면 내려오게 되어 있다. 물이 위에서 아래로 내려오듯이 주가는 가만히 두면 자연의 법칙에 따라 내려온다. 그 정도의 하락만 있는 것이다. 이런 하락에 손절매해서는 절대 안 된다.

차트 53 주봉을 보면 2018년에 25,000원과 30,000원 사이에 엄청난 매물대가 형성되어 있는 것을 볼 수가 있다. 이 매물대 때문에 제대로 상승하지 못하고 있다. 3년 전에 물린 비자발적 장기 투자자가 아직 많은 것이다.

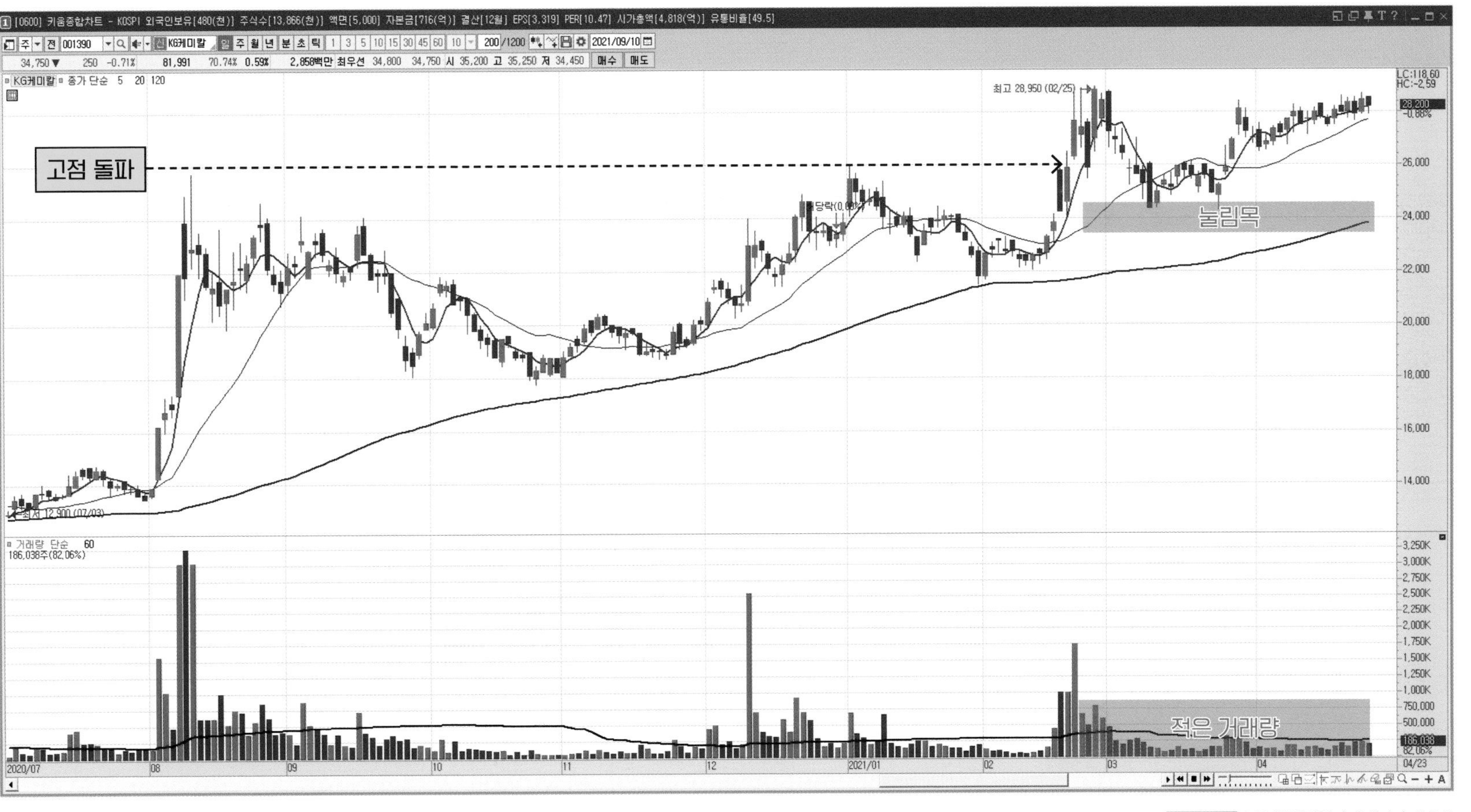

차트 51 KG케미칼 | 일봉 | 200

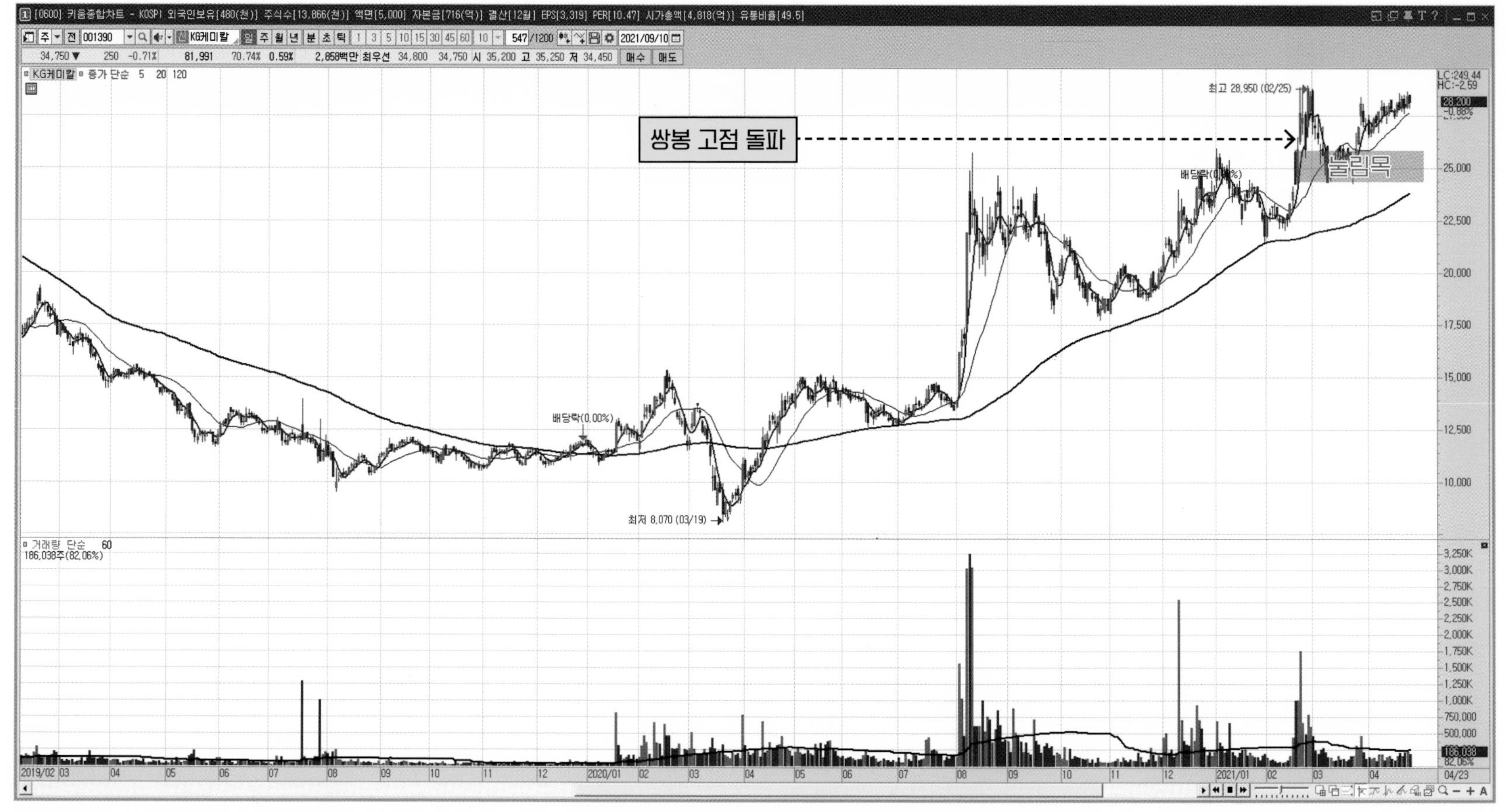

차트 52 KG케미칼 | 일봉 | 547

차트 53 KG케미칼 | 주봉

차트 54 월봉을 보면 30,000원이 심리적 저항선이다. 이 가격만 돌파하고 33,200원을 넘어서면 역사적 신고가를 쓰면서 날아갈 수 있을 것이다. 그런데 이미 차트 최저가 대비 10배 수준으로 올라 위험하다. 언제 폭탄이 터질지 모른다. 역시 믿을 수 있는 것은 세력과 거래량뿐이다.

차트 55 일봉 600일 결과를 보면 알 수 있다. 2달 동안 눌림목을 형성한 후 전고가를 돌파하였다. 또다시 고점 눌림목을 형성한 후 32,500원을 돌파하고 전 역사적 신고가 33,200원을 강력하게 돌파한 후 45,700원까지 가서 역사적 신고가를 다시 썼다. 다시 한번 고점 눌림목이 큰돈을 벌 좋은 기회라는 것을 실감할 수가 있다. 세력이 이탈하지 않고 남아 있는 한 주가는 반드시 다시 상승한다. 기억하라! 세력은 결코 손해 보지 않는다.

차트 54 KG케미칼 | 월봉

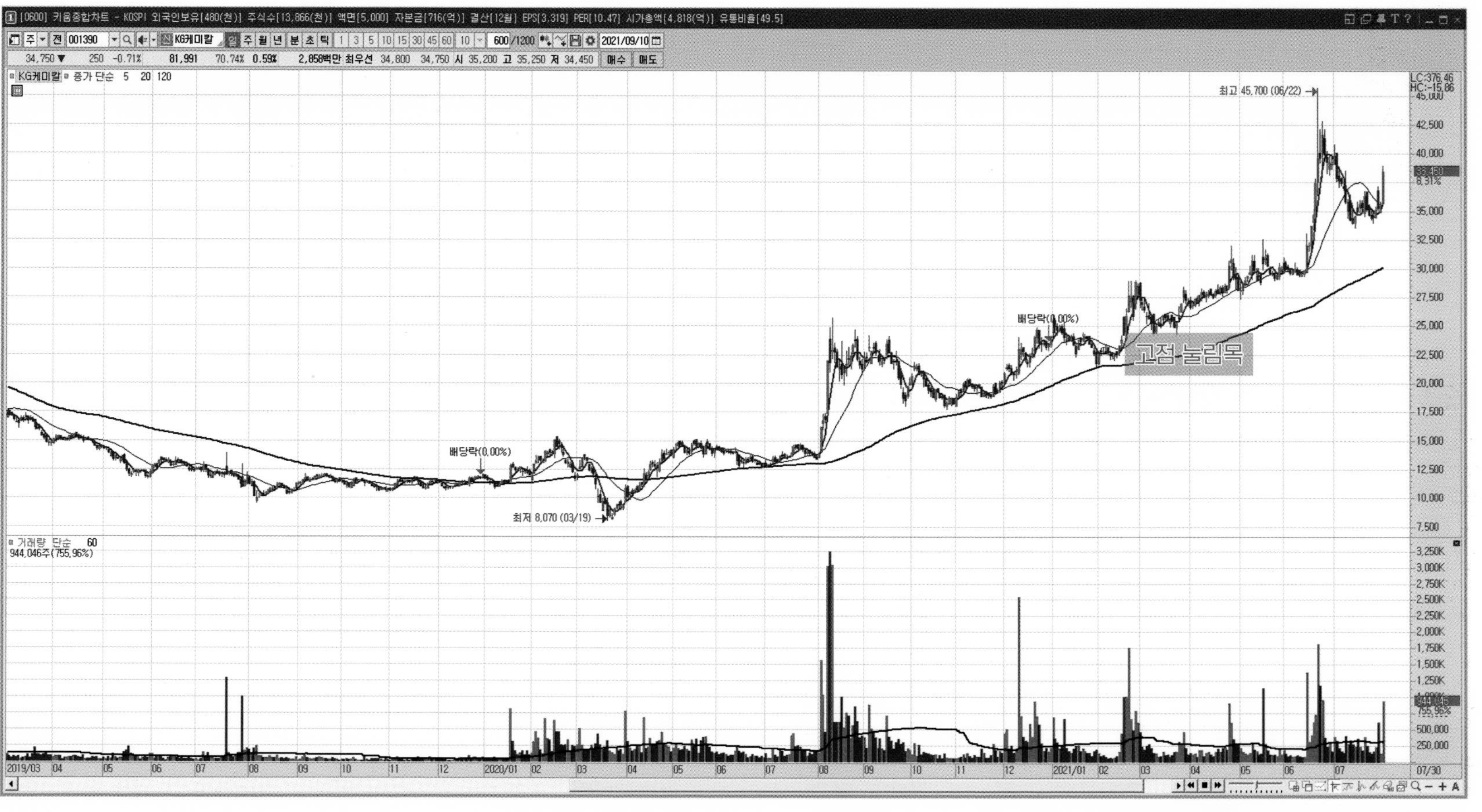

차트 55 KG케미칼 | 일봉 | 600

고점 고가놀이

차트 56 일봉 200일을 보면 2021년 5월 20일, 전고가를 가볍게 돌파하고 역사적 신고가를 만들었다. 역사적 신고가 이후 주가가 30,000원 밑으로 밀리지 않고 계속 그 이상을 유지하고 있다. 거래량도 신고가 만들 당시 발생한 거래량보다 적은 거래량이 발생하여, 차트상의 최저가 11,900원의 3배 정도 오른 주가가 조정받고 있다는 생각이 전혀 들지 않는 그런 분위기다. 이것은 상승 당시 발생한 최대 거래량이 지지 역할을 튼튼하게 해주고 있기 때문이다. 이때 진입한 세력이 아직 정리할 마음이 전혀 없는 것이다. 이런 세력의 의도를 많은 주식 투자자가 알고 있기에 개미들도 팔지 않고 있다. 이렇게 고가임에도 불구하고 주가가 강한 지지를 깨지 않고 지지 위에서 가격을 계속 형성하는 것을 필자는 '고점 고가놀이'라고 이름 붙였다. 이런 주가는 앞으로 역사적 신고가를 계속 작성할 가능성이 매우 크다.

차트 57 일봉 569일을 보면 원바닥 10,000원 대비 3배 이상 주가가 상승하여 매우 높은 수준을 유지하고 있다. 고점이기 때문에 언제 폭탄을 맞을지 모른다. 위험하다는 생각도 든다. 그러나 거래량을 보면 2만 원에서 주가가 급등할 때 역사적 최대 거래량을 만들었고, 그 후 세력이 나갔다고 생각할 만한 대량 거래량 장대음봉도 없기에 아직은 안전하다고 볼 수 있다.

차트 58 주봉을 보면 주가가 22,500원을 돌파하면서 30,000원에 이르는 사이에 엄청난 거래량을 만들면서 상승하였다. 아주 강한 에너지가 뒷받침하고 있다는 증거다. 그리고 22,000원 수준까지 조정받을 때 큰 거래량이 없어 세력이 이탈했다는 징후도 없다. 이런 주식이 역사적 신고가를 쓰면서 돌파하면 향후 큰 상승을 할 수 있음을 직감하고 30,000원 돌파 시 함께 타야 한다.

차트 56 에스엘 | 일봉 | 200

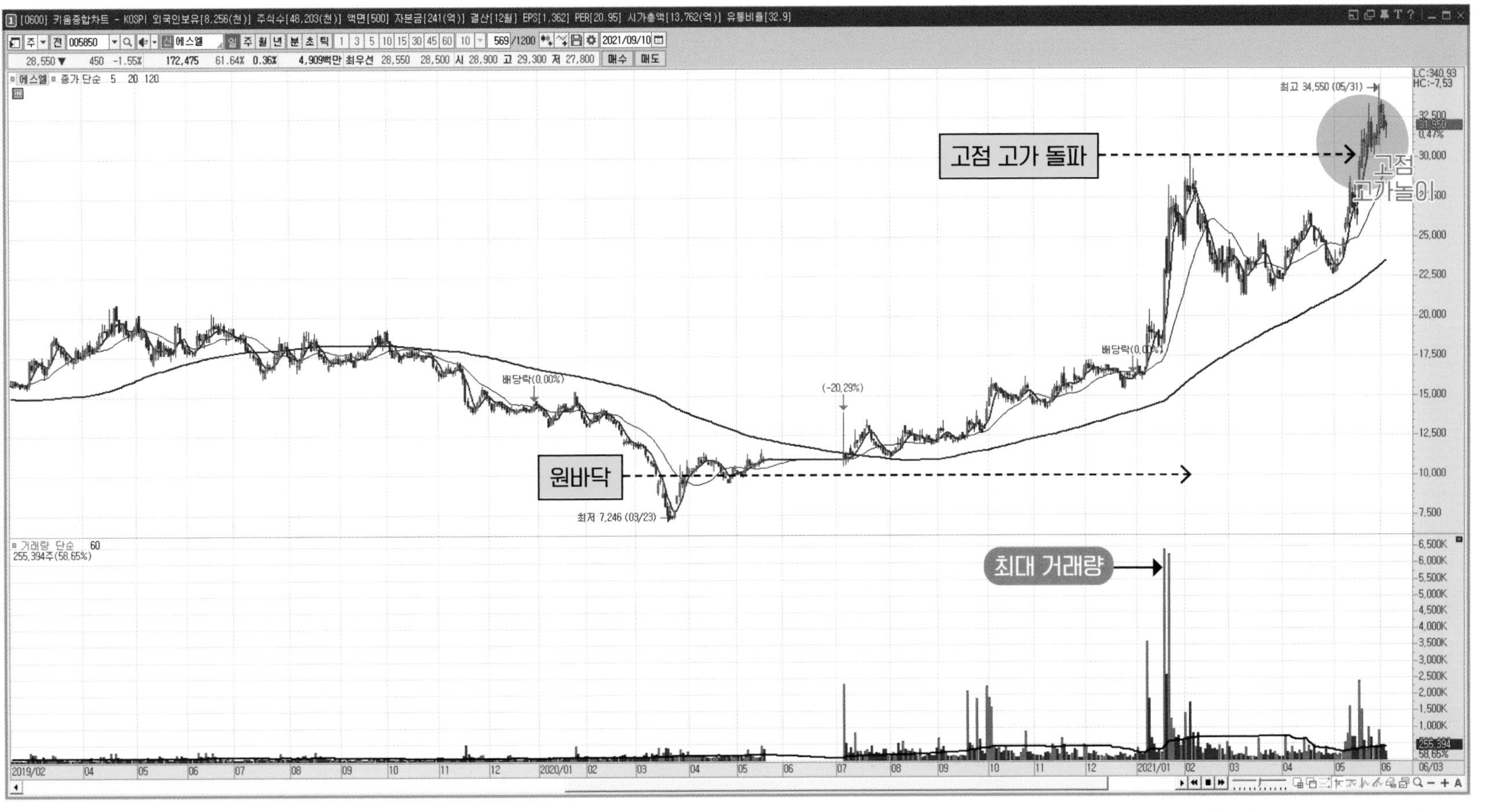

차트 57 에스엘 | 일봉 | 569

[0600] 키움종합차트 - KOSPI 외국인보유[8,256(천)] 주식수[48,203(천)] 액면[500] 자본금[241(억)] 결산[12월] EPS[1,362] PER[20.95] 시가총액[13,762(억)] 유통비율[32.9]
005850 에스엠 2021/09/06
28,550 ▼ 450 -1.55% 172,475 61.64% 0.36% 4,909백만 최우선 28,550 28,500 시 28,900 고 29,300 저 27,800 매수 매도
에스엠 종가 단순 3 5 10 20 120
최고 33,350
고점 고가놀이
고점 고가 돌파
배당락(0.00%)
(-20.29%)
최저 7,246 (03/23)
거래량 단순 60
2,738,045주(56.61%)
최대 거래량
2016
2017
2018
2019
2020
2021
차트 58 에스엠 | 주봉

차트 59 월봉을 보면 역사적 신고가의 위용을 더욱더 느낄 수 있다. 1월과 2월의 강한 거래량이 지지를 해주면서 30,000원을 시원하게 돌파한 모습이 보인다. 이 주식은 당분간 고점 돌파와 고가놀이, 고점 눌림목 발생 등을 반복하면서 계속 상승할 가능성이 아주 커 보인다.

그 후 어떻게 되었을까? **차트 60** 일봉 600일 결과를 보면 알 수 있다. 고점 돌파, 고점 고가놀이, 고점 눌림목 등을 반복하면서 38,250원으로 역사적 신고가를 다시 쓰고 또다시 눌림목을 만들고 있다. 눌림목 형성 시 음봉 거래량이 상대적으로 적어 세력이 이탈한 징후를 전혀 발견할 수 없다. 앞으로 다소 시간이 걸리더라도 역사적 신고가를 계속 쓰면서 상승할 가능성이 매우 크다.

[0600] 키움종합차트 - KOSPI 외국인보유[8,256(천)] 주식수[48,203(천)] 액면[500] 자본금[241(억)] 결산[12월] EPS[1,362] PER[20.95] 시가총액[13,762(억)] 유통비율[32.9]
005850
에스엘
2021/09/01
28,550 ▼ 450 -1.55% 172,475 61.64% 0.36% 4,909백만 최우선 28,550 28,500 시 28,900 고 29,300 저 27,800
에스엘 종가 단순 3 5 10 20 120
최고 34,550 (2021/05)
고점 고가 돌파
고점 고가놓이
최저 1,530 (2008/11)
배당락(0.00%)
(-20.29%)
거래량 단순 20
13,513,668주(220.06%)
최대 거래량

차트 59 에스엘 | 월봉

차트 60 에스엘 | 일봉 | 600

5

하루 만에 깨치는

종목 선정 필살기

1.

단순한 화면 세팅

주식 투자를 시작하고 시간이 흐르면 흐를수록 화면 수가 많아지고 항목도 복잡해져 갔다. 점점 공부하는 양이 많아지고 의욕이 앞선 결과이다. 그러나 7년이 지나면서부터는 화면이 극도로 단순화되었다. 대부분의 화면이 필요 없어졌다. 불필요한 화면은 과감히 없애 버렸다. 보조지표도 최소한만 남겨 두고 모두 없애 버렸다. 보조지표는 모두 과거 자료를 바탕으로 산출되는 것이라 미래를 예측하는 데 도리어 방해가 되었다. 아직도 있는 봉 차트의 이동평균선은 지금은 아예 보지 않고 있다. 유일하게 보는 보조지표는 거래량 60일 평균뿐이다.

"복잡함보다는 단순함". 이 한마디를 깨닫는 데 정말 많은 시간과 노력이 들었다. 화면을 단순화하고 모든 보조지표를 지우고 나니 오히려 주가를 예측하는 동물적 느낌, 감, 촉이 더 예리해지는 것을 느꼈다.

결과적으로 남은 차트는 다음과 같다. 독자 여러분이 필자는 혹시 아주 특별한 차트 및 차트 구성을 갖고 보는 것이 아닌가 하는 의문이 많을 것 같아서 현재 실제로 사용하는 화면을 공개한다. 필자도 초보 시절에 고수들은 특별한 것이 있지 않나 하는 궁금증이 많았다.

종목을 고르기 위한 차트 7개

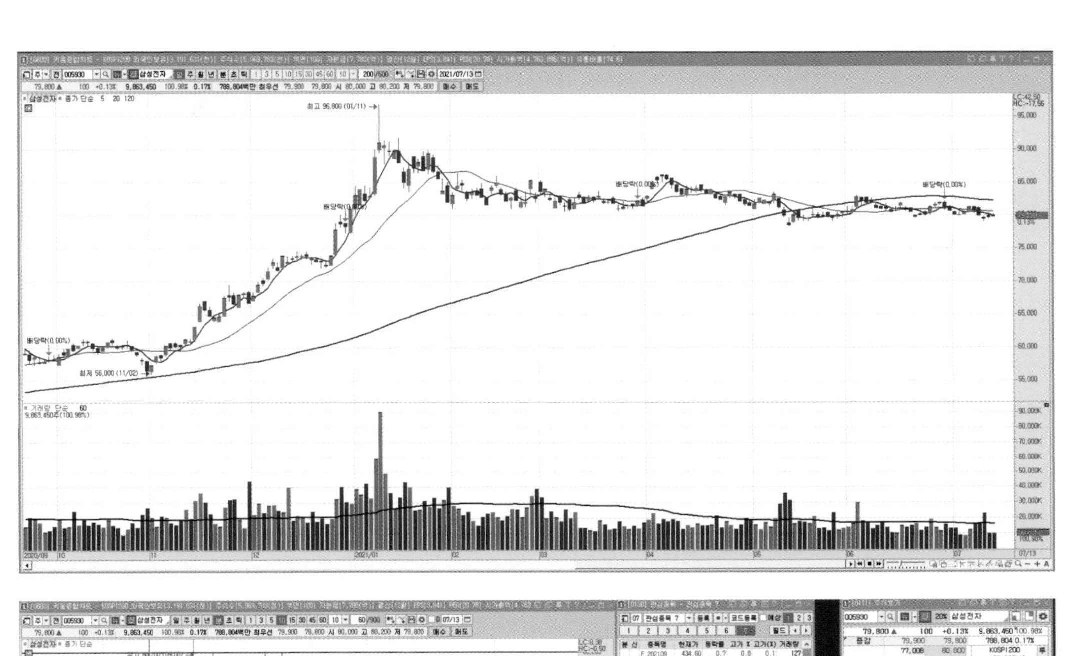

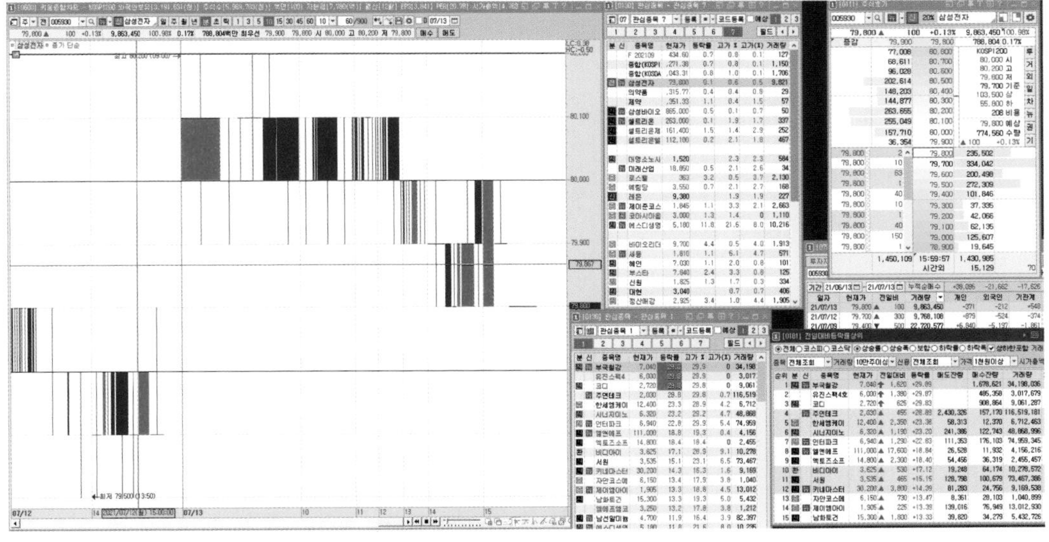

종목 선정 시 사용하며 많은 시간 할애

시황을 보기 위한 차트 9개

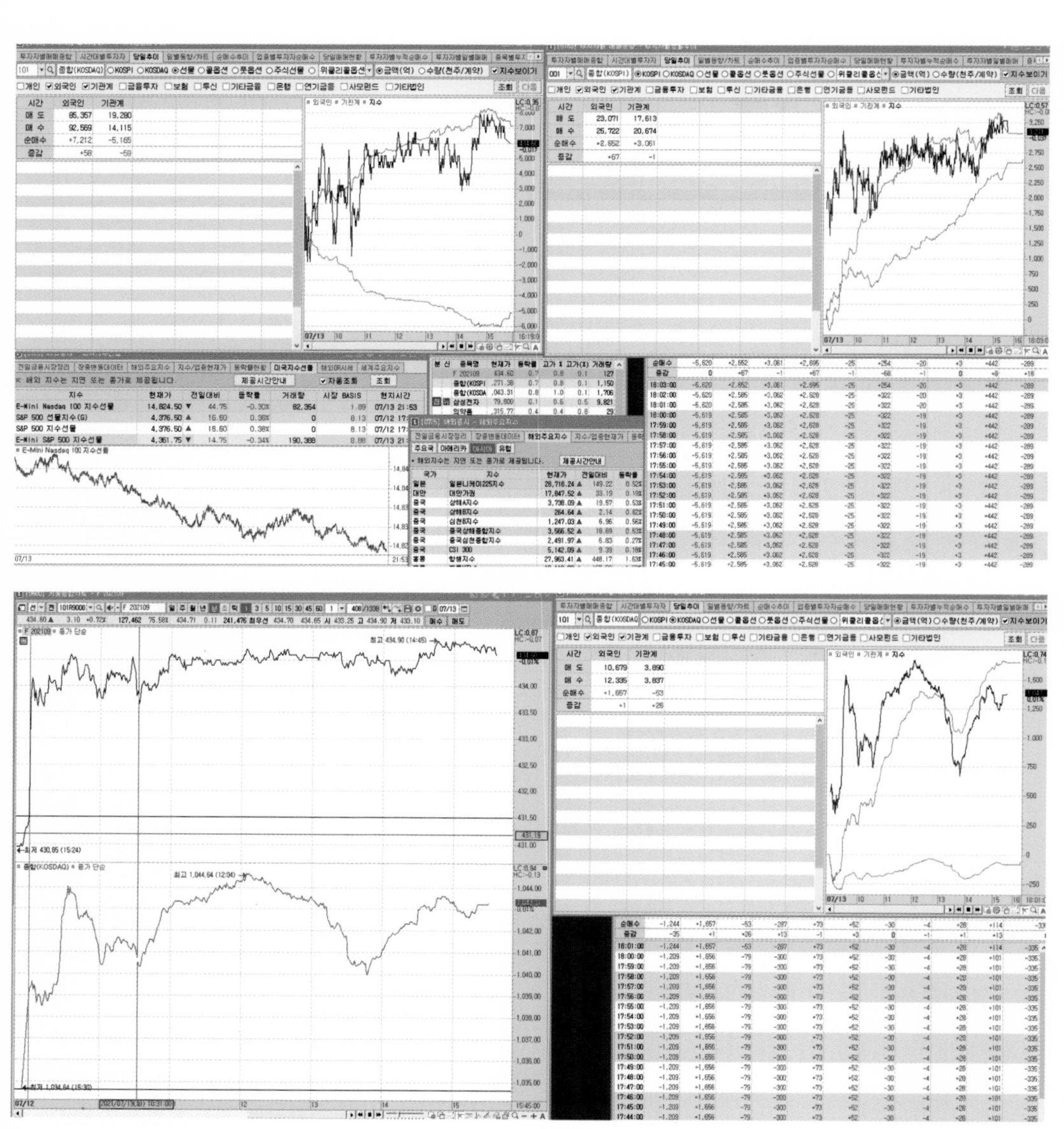

장초반, 장종반, 급등락 시에만 사용

거래를 하기 위한 차트 4개

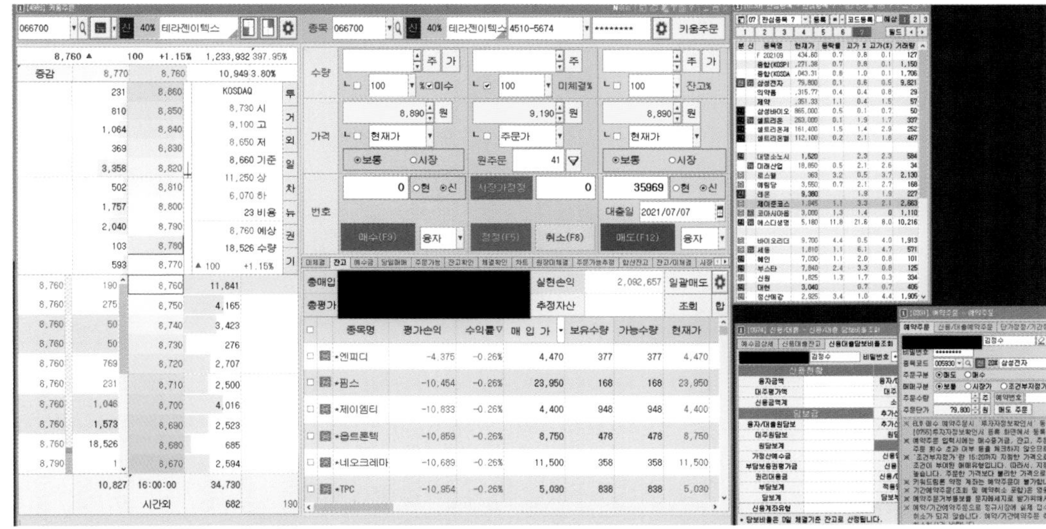

거래 시에만 사용

2.

캔들볼륨 차트

캔들볼륨 차트는 봉 차트의 일종으로, 일반 봉 차트에 거래량을 추가해 '가격×거래량'을 기준으로 만든 차트이다. '가격×거래량'은 결국 거래된 돈이다. 얼마나 많은 돈이 그 시간에 왔다갔다 했는지를 나타낸다. 즉 에너지를 뜻한다. 이 캔들볼륨 차트는 진입과 이탈을 결정하는 데 아주 중요한 차트임에도 개인 투자자 중 사용하는 사람이 아주 드물다.

필자는 캔들볼륨 차트 중에서 10분 봉을 주로 사용하고 있다. 거시적인 것은 일반 봉 차트로 보고 당일의 진입과 이탈을 결정할 때는 반드시 캔들볼륨 차트를 보고 결정한다. 독자 여러분도 캔들볼륨 차트를 보는 데 익숙해지길 바란다. 많은 실수를 줄일 수 있다. 즉, 내 피와 같은 돈을 아끼고 이익도 극대화할 수 있다.

10분 봉 캔들볼륨 차트는 스윙 진입을 위한 시기에 따라 크게 3가지 유형이 있다.

전강 후약

장 초반 시가가 상승으로 시작하여 큰 거래량을 터트리면서 가격을 급등시킨 후 점점 하락하는 경우다. 아이마켓코리아를 보면 시가가 8.6% 상승하여 출발한 후 대량 거래량을 수반하면서 최고가 27%를 9시 40분에 찍고 계속 하락하여 종가 8.1%로 마감하였다. 결국엔 긴꼬리를 달고 장대음봉을 만들었다. 이런 경우는 장 초반 강한 돌파가 나올 때 진입하거나, 장 종반에 진입해야 한다. 어중간하게 장 중반에 최고가 대비 많이 떨어졌다고 진입하였다가는 크게 물린다. 장 중반에 진입하는 경우는 9시 40분대에 형성된 아주 큰 음봉을

돌파하여야 하는데 그보다 더 큰 봉을 만들기는, 다시 말해 그때의 거래대금보다 더 큰돈이 들어오는 건 현실적으로 불가능하다. 그래서 단지 최고가 대비 10% 이상 하락하였으니 괜찮겠지 하고 호가창이 조금 위로 움직일 때 진입하면 틀림없이 물린다. 진입하고 싶으면 기다리고 또 기다려서 종가나 종가 근처에서 진입해야 한다.

전보 후보

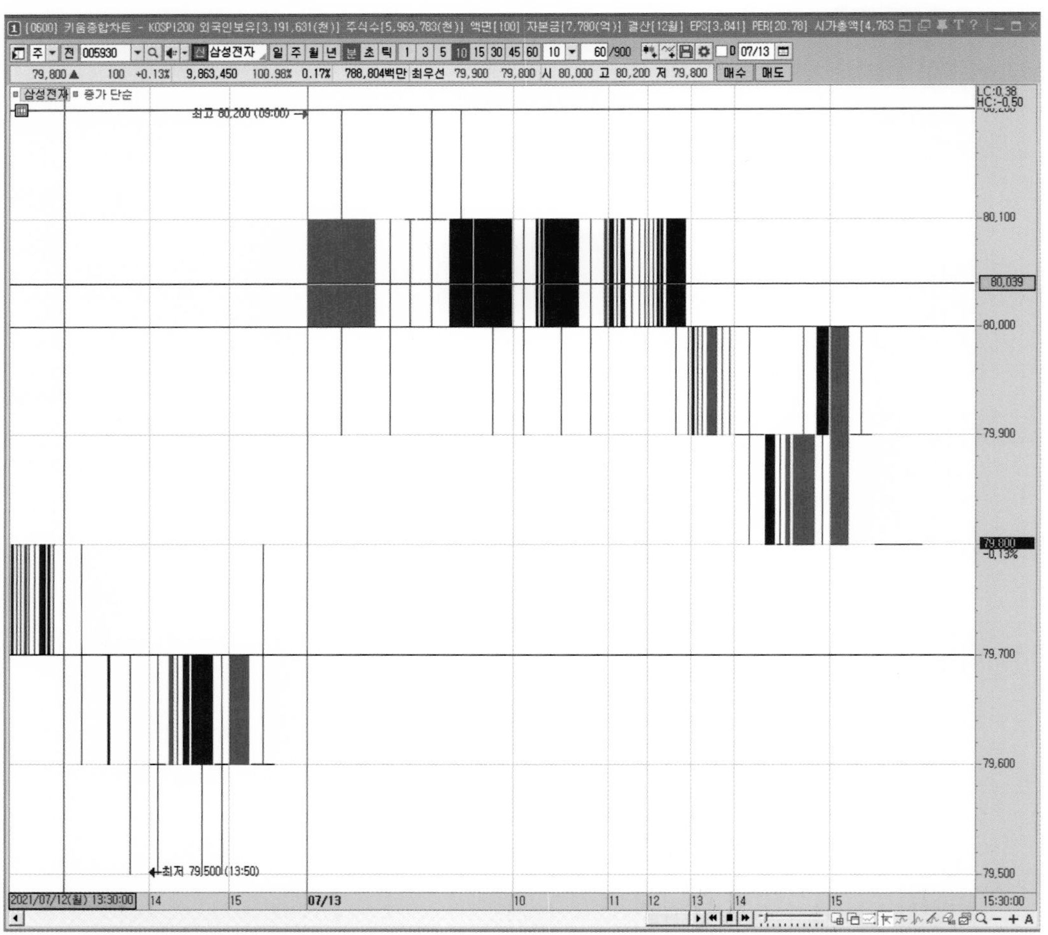

장 초반·중반·후반 모두 비슷한 가격으로 횡보하는 경우다. 온종일 큰 가격 변동이 없다. 이런 경우는 진입은 아무 때나 해도 상관없다. 삼성전자 주가를 보면 가격이 79,800원에서 80,200원 사이에서 온종일 횡보하였다. 큰 변동이 일어나지 않았다.

전보 후강

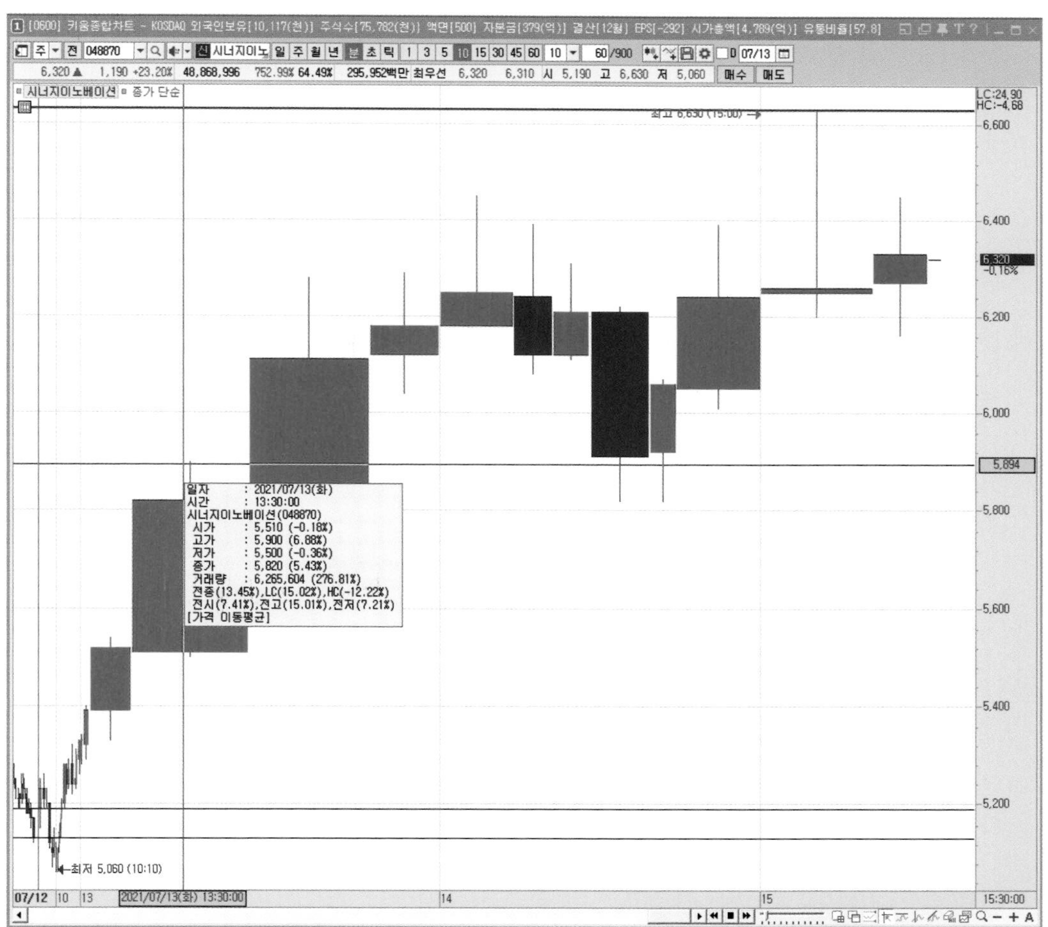

장 초반 보합으로 시작하였으나 시간이 갈수록 강해져서 장 종반에 커다란 장대양봉을 만들고 끝나는 경우다. 진입 시기는 거래 행태에 따라 다르다. 스윙의 경우 장 초반에 진입하거나, 장 종반에 비싸게 주고 진입해야 한다. 장 중반에 진입하는 경우 폭탄을 맞을 수 있기 때문이다. 시너지이노베이션을 보면 시가 +1.15로 시작하였으나 장 초반 -1.3%까지 하락한 후 다시 상승하여 최고 29%까지 상승한 후 23% 상승한 종가로 마감하였다. 장 초반에 진입하였으면 최상이다. 그러나 차트에서 보는 바와 같이 장중 최고가 대비 10% 조정을 받았기에 장중에 진입하는 것은 큰 위험이 따른다. 장 종반 확실한 상승세를 확인하고 진입하는 것이 확률적으로 더 안전하다. 주식은 비싸게 사서 비싸게 팔아야 한다.

3.

STEP

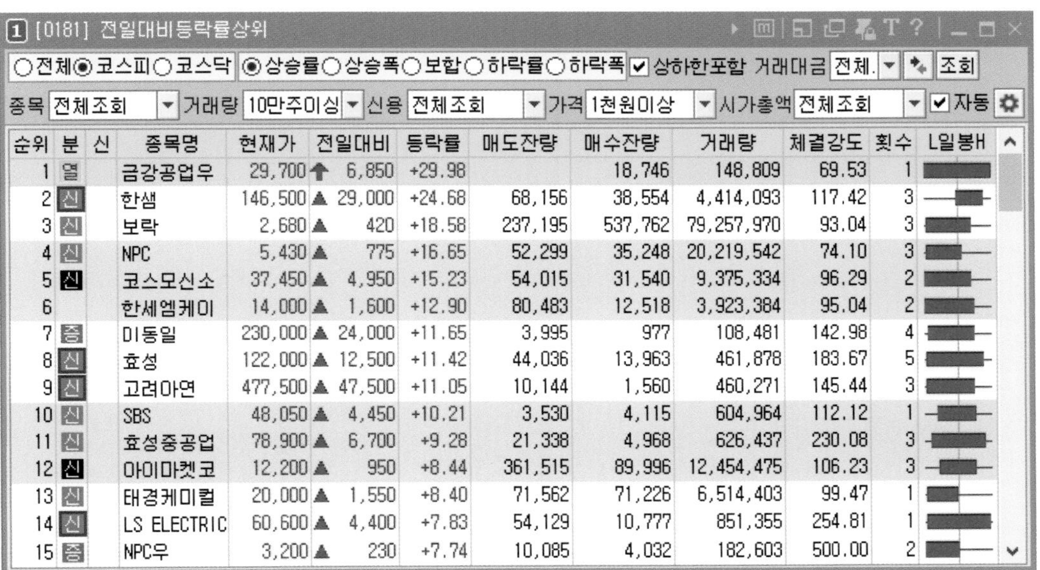

[0181] 전일대비등락률상위

○전체 ◉코스피 ○코스닥 ◉상승률 ○상승폭 ○보합 ○하락률 ○하락폭 ☑상하한포함 거래대금 전체. 조회

종목 전체조회 거래량 10만주이상 신용 전체조회 가격 1천원이상 시가총액 전체조회 ☑자동

순위	분	신	종목명	현재가	전일대비	등락률	매도잔량	매수잔량	거래량	체결강도	횟수	L일봉H
1	열		금강공업우	29,700	↑ 6,850	+29.98		18,746	148,809	69.53	1	
2	신		한샘	146,500	▲ 29,000	+24.68	68,156	38,554	4,414,093	117.42	3	
3	신		보락	2,680	▲ 420	+18.58	237,195	537,762	79,257,970	93.04	3	
4	신		NPC	5,430	▲ 775	+16.65	52,299	35,248	20,219,542	74.10	3	
5	신		코스모신소	37,450	▲ 4,950	+15.23	54,015	31,540	9,375,334	96.29	2	
6			한세엠케이	14,000	▲ 1,600	+12.90	80,483	12,518	3,923,384	95.04	2	
7	증		미동일	230,000	▲ 24,000	+11.65	3,995	977	108,481	142.98	4	
8	신		효성	122,000	▲ 12,500	+11.42	44,036	13,963	461,878	183.67	5	
9	신		고려아연	477,500	▲ 47,500	+11.05	10,144	1,560	460,271	145.44	3	
10	신		SBS	48,050	▲ 4,450	+10.21	3,530	4,115	604,964	112.12	1	
11	신		효성중공업	78,900	▲ 6,700	+9.28	21,338	4,968	626,437	230.08	3	
12	신		아이마켓코	12,200	▲ 950	+8.44	361,515	89,996	12,454,475	106.23	3	
13	신		태경케미컬	20,000	▲ 1,550	+8.40	71,562	71,226	6,514,403	99.47	1	
14	신		LS ELECTRIC	60,600	▲ 4,400	+7.83	54,129	10,777	851,355	254.81	1	
15	증		NPC우	3,200	▲ 230	+7.74	10,085	4,032	182,603	500.00	2	

[0181] 전일대비등락률상위

○전체 ○코스피 ◉코스닥 ◉상승률 ○상승폭 ○보합 ○하락률 ○하락폭 ☑상하한포함 거래대금 전체. 조회

종목 전체조회 거래량 10만주이상 신용 전체조회 가격 1천원이상 시가총액 전체조회 ☑자동

순위	분	신	종목명	현재가	전일대비	등락률	매도잔량	매수잔량	거래량	체결강도	횟수	L일봉H
1	신		인터파크	9,020	↑ 2,080	+29.97		2,783,675	114,379,693	99.97	3	
2	증		디지아이	5,660	↑ 1,300	+29.82		830,441	2,524,836	97.22	1	
3	신		딜리	2,595	▲ 480	+22.70	115,844	16,186	32,754,416	81.77	3	
4	증		씨티씨바이	11,300	▲ 2,030	+21.90	82,146	35,329	12,431,052	111.52	4	
5	환		비디아이	4,295	▲ 670	+18.48	53,383	29,224	13,969,658	92.98	3	
6	신		영풍정밀	12,200	▲ 1,700	+16.19	134,156	61,470	8,869,517	105.13	1	
7			한일단조	5,300	▲ 720	+15.72	181,425	113,246	68,057,685	91.98	1	
8			오하임아이	4,435	▲ 565	+14.60	6,533	23,465	4,409,464	101.82	3	
9	신		에코마케팅	28,300	▲ 3,550	+14.34	86,669	31,914	3,933,532	146.53	3	
10	증		APS홀딩스	17,850	▲ 2,150	+13.69	37,910	3,961	705,512	198.96	2	
11	신		이지케어텍	38,900	▲ 4,600	+13.41	6,681	1,323	556,806	119.83	4	
12	신		시스웍	2,685	▲ 295	+12.34	691,323	310,915	122,214,243	96.53	1	
13	신		디와이피엔	31,950	▲ 3,450	+12.11	9,782	3,367	359,579	179.22	2	
14	신		플레이위드	13,200	▲ 1,350	+11.39	82,609	19,318	1,265,498	127.10	1	
15	신		대주전자재	57,100	▲ 5,700	+11.09	41,880	21,793	2,690,277	137.25	4	

등락률 상위종목 조회

1 '메뉴툴바 보이기'에서 '전일대비 등락률 상위종목' 100개를 조회한다. 12시 30분에 1차 조회를 한다.

2 코스피를 선택한다. 5·6을 실행한 후 100개가 조회되면 관심 종목으로 옮긴다.

3 코스닥을 선택한다. 5·6을 실행한 후 100개가 조회되면 관심 종목으로 옮긴다.

4 총 200개를 관심 종목에 등록한다.

5 종목은 '전체 조회', 거래량은 '10만 주 이상', 신용은 '전체 조회', 가격은 '1천 원 이상', 시가 총액은 '전체 조회'를 선택한다(313p 참조).

6 '조회'를 누른다.

1차 종목 선정

관심 종목에 등록된 200개의 종목을 하나하나 눌러 종목을 검토한다. 앞서 설명한 '화면 세팅'을 활용한다. '종합 차트' 일수는 600일을 먼저 본다. 우측의 「절대 사지 말아야 할 종목 유형」과 「반드시 사야 할 종목 유형」을 참고하여 체크한다.

처음 체크할 때는 시간이 많이 소요되나 숙달되면 한 종목당 1초면 볼 수 있다. 부적합한 종목은 바로바로 삭제한다.

1차를 다 체크하면 200개 중 약 20~40개가 남는다. 과거 거래를 마친 종목도 관심 종목에 등록하여 계속 추적 관찰한다. 시간 날 때마다 조회하여 쓸 만한 것을 고른다.

	절대 사지 말아야 할 종목 유형	반드시 사야 할 종목 유형
1	앞폭탄	저점 장대양봉
2	뒤폭탄	저점 돌파
3	내리막 폭포	저점 눌림목
4	내리막 계단	저점 고가놀이
5	내리막 외봉	중점 장대양봉
6	톱니바퀴	중점 돌파
7	다중턱	중점 눌림목
8	다중봉	중점 고가놀이
9	다중꼬리	고점 장대양봉
10	쌍봉	고점 돌파
11	쌍꼬리	고점 눌림목
12	고점 횡보	고점 고가놀이

2차, 3차 선정 후 최종 선정

1차 선정 종목과 과거 거래 종목 중 다시 선정한 종목을 대상으로 심층 분석한다. 종목이 마땅치 않거나 시황이 급변하는 경우 앞의 「1차 종목 선정」을 2시에 다시 한다. 고르고 골라, 추리고 추려 2차로 약 3~5개로 압축한다. 2차부터는 일봉 200일, 일봉 600일, 주봉, 월봉, 캔들볼륨 차트 등을 모두 보아야 한다. 본인 포지션이나 장세, 기타 상황 등을 고려하여 3차로 최종 1~2개로 압축한다. 최종 압축한 종목을 2시 30분 이후 호가창을 보고 낮은 가격에 매수 주문을 해 놓고 저가매수 하거나, 종가나 종가 근처에서 매수한다.

낮에 시간을 내기 힘든 분들을 위한 TIP

1 장마감 후 편한 시간에 편안한 마음으로 위 Step을 따라 종목 선정을 한다.

2 금일 종가로 예약 매수를 걸어 놓는다.

3 매수가 되면 매수 금액의 +5%~+10%에 예약 매도를 걸어 놓는다.

4 이렇게 해도 수익률에는 차이가 없다.

하루 1000개 이상 차트 검토, 개당 단 1초에 파악

12시 반부터 시작된 1차 작업, 2시부터 다시 시작된 2차 작업, 과거 거래 종목 추적 관찰 등등 하루에 약 1000개 이상의 차트를 보아야 한다. 처음에는 엄두가 나지 않겠지만 점차 숙달되면 종목 하나 검토하는 데 1초면 충분하다. 물론 종목이 압축될수록 심사숙고하느라 시간이 좀 더 걸린다. 가수 김희철은 전주 1초만 들으면 어떤 노래인지를 맞출 수 있다. 주식 투자자도 주식으로 돈을 벌려면 1초 만에 이것이 내가 원하는 주식인지 아닌지 골라낼 수 있어야 한다.

동물적 느낌 · 감 · 촉

주식 투자 초기에는 각종 재무제표와 뉴스, 재료와 수급, 보조지표 등을 고려하여 종목을 선정하려고 큰 노력을 기울였다. 경력이 쌓일수록 이 모든 것이 과거의 자료에 불과하며 미래를 예측하는 데 큰 도움이 안 되는 것을 깨달았다. 심지어는 자료에서 비롯된 선입관념 때문에 오히려 그릇된 판단을 하는 경우도 많았다. 그래서 이 모든 것을 버리기로 했다. 오직 거래량만을 믿고 판단하기로 한 후, 산더미같이 많던 모든 보조지표도, 자주 애용하던 일목균형표도 지웠다. 거래량과 오직 나 자신만의 동물적 느낌, 감, 촉만을 믿기로 하였다.

본인의 동물적 느낌, 감, 촉이 제일 중요하다. 이를 찾기 위해 그 멀고 먼 길을 돌고 돌았다. 동물적 느낌, 감, 촉의 완성을 위해 많은 분석법을 수없이 공부하고 수많은 시행착오를 겪으면서 혹독하게 실전 매매하는 것이다. 그렇게 해도 겨우 완성될까 말까 한다. 나 자신만의 동물적 느낌, 감, 촉이 생기기 시작하면서 돈이 벌리기 시작했다.

애매한 경우 대처법

차트를 보다 보면 애매한 경우가 많다. 이럴 것도 같고, 저럴 것도 같고…… '이런 경우에는 어떻게 해야 하나?' 하고 많은 시행착오를 했고 수업료도 많이 냈다. 최종 결론은, 모호한 경우는 무조건 덮고 더 이상 보지 않는다. 종목에 대한 유혹을 뿌리치기 위한 방편이다. 좋은 종목은 많고 또 많다. '미련을 버리자'라고 결론 내렸다.

하루 한 개도 많다

하루 1000개 이상의 차트를 본 결과는 무엇일까? 초심자일 때는 하루에 많은 종목을 고르려고 온갖 노력을 하였다. 그러나 경력이 쌓일수록 하루 한 개도 너무 많다는 생각이 저절로 들었다. 하루 한 개면 1년이면 240개인데, 이 많은 종목을 다 매수할 수가 없다. 이미 기존에 매수한 종목에 돈이 잠겨 있기에, 좋은 종목이 나온다고 해도 기존 보유 종목이 매도가 되고 자금이 생겨야 매수할 수 있다. 하루 한 개의 종목 선정도 너무 많다. 다 소화할 수가 없다. 개미들의 영원한 과제인 사고 싶은 좋은 종목이 넘쳐나는 것이다.

종목이 없어 못 사는 것이 아니라, 돈이 없어 못 산다

대부분의 주식 투자자는 좋은 종목을 고르지 못하여 발을 동동거린다. 그래서 주식리딩방이나 주식 전문가들이 판을 친다. 나의 경우는 매일 좋은 종목을 평균적으로 하루 1개 이상 고를 수 있기에 종목이 차고 넘친다. 종목은 좋은데 돈이 없어 놓치는 안타까운 경우가 매일 반복되고 있다. 주식 투자자라면 최소한 본인이 투자할 종목은 본인이 고를 수 있는 능력을 갖추어야 한다. 그래야 종목 구걸도 하지 않고 돈도 저절로 벌리기 시작한다.

4.

매수 타이밍

너무 간단하다. 2시 반 이후 호가창을 보고 낮은 가격에 미리 주문을 내어 저가 매수하거나 종가나 종가 근처에서 매수한다. 아무리 조급해도 단기 매매(SWING)는 2시 반까지 기다려야 한다. 주식 시장은 영원하다. 오늘 하루만 매매하고 끝나는 것이 아니다. 장기적인 이익을 극대화하기 위해서는 확률적으로 2시 반 이후 매수하는 것이 최선이다. 내가 5만 건 이상 매매한 결과로 검증한 것이다.

시장의 절대 비책은 기다림이다. 주식은 '기다림의 미학'이다. 가치 투자든 기술적 분석의 투자든 승자의 비책은 기다림이다. 때가 올 때까지 기다리면 살고 기다리지 못하면 죽는다. 장기 투자와 중기 투자는 분할 매수하기 위해 기다려야 하고, 스윙 이하는 매수하기 위하여 기다려야 한다. 특히 스윙과 단타는 매수해서 기다리는 것이 아니라 매수하기 위해 기다리는 것이다. 스윙과 단타는 매수해서 오르기를 기다리는 것이 아니라 '오르는 구간'을 찾아 기다려서 매수해야 한다.

때가 올 때까지 기다리는 사람은 반드시 성공한다. 때가 올 때까지 기다릴 수 있는 시스템을 만들어야 한다. 때가 올 때까지, 분할 매수 시점까지 떨어지기를 기다려야 한다. 매수 후에도 매도를 위해서는 장기 투자는 3년, 중기 투자는 6개월, 스윙 5일, 단타 3시간, 초단타 30초를 평균적으로 기다려야 한다. 기다림을 배워라. 인내는 역전이요 상황의 반전이다.

이 시장에서 성공한 사람과 그렇지 못한 사람과의 차이는 아주 미세한 곳에서 발생한다. 돈의 많고 적음의 차이가 아니다. 누가 더 때를 기다릴 수 있는가 하는 '인내의 차이'다. 개별 종목은 개별 종목대로, 전체 포지션은 전체 포지션대로 기다릴 수 있어야 한다. 시간이 흘러도 대폭락이 와도 죽지 않고 버티고 기다릴 수 있느냐가 문제다. 인내, 기다림을 기계적, 자동적으로 할 수 있는 시스템을 개발해야 한다.

5.

비중, 분할 매수, 자금 관리

비중

처음부터 종목당 4번에 분할 매수할 생각으로 비중을 정한다. 나는 처음에는 종목이 아무리 좋아 보여도 잔고의 최대 3%만 들어간다. 전체 종목 수는 10개를 넘지 않으려고 한다. 10개를 넘으면 필사적으로 줄인다. 왜 하루 한 개 종목 선정도 많은지 실제 투자해 보고 운용해 보면 저절로 알 수 있다. 한 종목당 비중은 최대 10%로 제한하고 있다.

포지션 사이징 전략(보유종목 수, 비중, 1회 매입금액 전략)을 개발해야 한다. 포지션 사이징은 단기적으로 최악의 상황에도 살아남을 수 있고, 장기적으로 기대수익을 극대화할 수 있는 수준에서 결정되어야 한다.

전체 종목 수를 '몇 개'로 해야 이익을 극대화하면서 시스템을 돌릴 수 있나? 한 종목의 비중은 최대 '얼마'로 해야 최적인가? 한 번 베팅에 '얼마' 들어가야 최적인가? 한 번 배팅에 '얼마' 들어가야 위험은 줄이고 이익은 극대화할 수 있나?

이러한 포지션 사이징이 목표를 달성하느냐, 못하느냐를 결정짓는다. 나는 수많은 시행착오 끝에 위와 같이 종목 수 10개, 한 개 종목에 비중 최대 10%, 한번 베팅에 잔고의 최대 3% 매입이 최적화된 답이라는 것을 검증하였다.

분할 매수

물타기와 분할 매수는 전혀 다르다. 물타기는 처음에는 분할 매수 계획이 전혀 없다가 물려서 평균 단가를 낮추기 위해 비자발적으로 물량을 늘리는 것이다. 분할 매수는 처음부터 주가가 하락할 것에 대비해서 1차 매수한 후 주가가 하락하면 계획에 따라 추가 매수하는 것이다.

물타기는 단기 매매에서는 있을 수 없다. 단기 매매의 가장 안 좋은 습관 중의 하나가 물타기다. 내가 손실이 발생했기 때문에 물타기를 통해 기필코 수익을 내고 나오겠다는 생각은 어쩌다 한 번, 두 번은 성공하겠지만 결국 실패하게 된다. 그리고 물타기를 하다가 추가 하락하여 손실이 더 발생할 때는 보통의 손실을 뛰어넘는 대형 사고가 난다. 따라서 단기 매매에서 이유 없는, 원칙 없는 물타기는 절대 해서는 안 된다. 물타기의 최고 성공은 본전이다. 그리고 그 성공 확률은 10% 미만이고 실패 확률이 90% 이상이다.

하지만 분할 매수는 의미가 다르다. 기법에 따라 분할 매수가 필요한 때도 있고, 이 경우 보통 1차 매수 후 상황에 따라 2~4차 매수를 한다. 손절매보다는 분할 매수를 원칙으로 한다면 ❶ 모든 매수 원칙에 맞는 종목 선정이 절대적이고 ❷ 원칙에 따라 미리 정한 하락률에서 2~4차 매수를 해야 한다. 2~4차 매수는 기법의 자리에 따라 차이가 있겠으나 필자의 경우는 단순화하기 위해 -10%, -20%, -30%에서 분할 매수하고 있다. 이유 있는, 원칙 있는 분할 매수만이 살길이다.

어떤 투자자든 주가가 -10에서 -30% 이상 하락하는 것을 보고 있으면 불안하고 조급해진다. 그래서 대부분의 투자자가 미리 계획한 분할 매수 가격보다 더 일찍 매수한다. 인내를 빼고 주식 시장에서 살아남을 수 있는 사람은 단언컨대 절대 없다. 이 상황은 단기 매매자에게도 무조건 해당한다. 주식 투자에서 인내란 '역전'이고 '상황을 반전'시킬 수 있는 가장 중요한 버팀목이다.

역전의 순간, 상황의 반전. 나는 이런 상황에서 가장 짜릿함을 느꼈다. 나는 분할 매수를 4차까지 하는 종목에서 거액의 이익을 낸 경험이 많다. 분할 매수 금액이 커질수록 이익 금액도 커진다. 인내할수록 손실은 작아지고 이익은 커진다. 1차 매수 후 주가가 오르면 바로 이익을 실현할 수가 있어 좋고, 주가가 내리면 분할 매수로 추후 큰 이익을 낼 수 있어 좋다. 주가가 오르든 내리든 모두 좋은 것이다.

자금 관리

주식 시장에서는 '어떻게 해야 더 버느냐'보다, '어떻게 해야 살아남느냐'가 더 중요하다. 돈 너무 빨리 벌려고 애달아서 하지 말라. 돈 좀 더 빨리 벌려고 하다가 나처럼 깡통 12번 찬다. 조금 더 빨리 버는 것보다 최악의 상황에 대비한 안전하고 철저한 자금 관리, 현금 확보가 제일 중요하다. 나중에 자본금과 실력이 늘면 지금 매월 벌려고 애쓰는 돈, 잠깐이면 다 벌 수 있다. 조급해하지 말고 크고 길게 멀리 봐라.

종목 선정, 매수, 매도, 일 매도액, 일 매수액 등, 내가 정하는 것 같아도 모두 시장이 정해

준다. 특히 내가 주도적으로 정하는 것 같은 종목 선정도 결국 시장이 정해주는 것이다. 내 기준과 원칙에 맞고 승률과 손익비를 맞출 수 있는 종목은 아주 극소수이기 때문이다. 나는 단지 시장이 정해준 것을 발견할 뿐이다. 이 사실을 오랜 시행착오와 실패를 통하여 깨달았다. 그 후로는 시장에 대하여 더욱 겸허한 마음으로 순응하면서 살고 있다.

철저한 자금 관리를 위해서는 다음 사항을 결정해야 한다. ❶ 총 포지션 ❷ 여유 자금(완충 자금, 한도 관리): 현금 확보 ❸ 총 포지션 중 신용융자 비중 ❹ 포지션 사이징(한 번 투자 시 투자 건당 투자 금액). 철저한 자금관리는 가장 중요한 방어술이고, 마인드를 유지하고, 계좌 관리를 잘하기 위한 필수 조건이다. 단기 매매에서도 그렇다.

주식 시장의 유일한 진리는 주가는 오르지 않으면 내리고 내리지 않으면 오르는 것이다. 단지 거래량이 폭발한 종목이 상승 폭, 하락 폭이 크고 빨리 회전한다. 주식 시장에서 내가 할 수 있는 유일한 일은 현금 확보, 자금 관리하면서 기다리는 것이다. 이것이 시장 절대 비책, 승자의 비책이다. 주가 폭락기에도 살아남아 기다릴 수 있도록 자금관리를 설계하고 운영해야 한다.

고수와 하수의 가장 극명한 차이는 '자금 관리'다. 시세 예측은 '신의 영역'이다. 하지만 자금 관리는 인간이 통제 가능한 '인간의 영역'이다. 대박을 맞을 때까지, 안전한 선순환 복리 구조에 진입할 때까지 생존하기 위한 방법이 바로 자금 관리다. 최악의 상황에 대비해 충분히 현금을 확보해 놓고 마음 편하게 즐기면서 매매하라.

최고의 투수는 타자를 보지 않고 볼 배합을 본다. 최고의 투자자는 주식을 보지 않고 자금을 본다. '주식'을 보지 말고 '자금'을 봐라. '자금 관리'에 총력을 기울여라. 꾸준한 수익은 자금 관리에서 나온다. 성공하고 싶으면 여유 자금을 충분히 확보하자.

수익의 확정과 손절매의 자유를 확보하지 못하면, 진입과 이탈이 자유롭지 못하면, 자금이 여유롭지 못하면 시장에 농락당한다. 자금 확보를 충분히 해야 시장에 농락당하지 않고 자유롭게 매매할 수 있다. 자금 관리 실패로 손실을 감당하지 못하면 결국 모든 것을 잃는다. 주식 투자의 최대 위험은 '도산'이다. 도산하면 재기의 기회마저 없어진다.

돈 조금 더 버는 것보다 도산 당하지 않는 것이 더 중요하다. 도산 당하면 모든 것이 끝난다. 정말이다.

돈을 날리고 궁지에 몰렸을 때의 절박한 심정, 그 고통이 얼마나 처절하고 매우 급한가? 하지만 얼마 남지 않아 하찮게 여겨지는 그 돈이 나를 살릴 수 있는 마지막 돈이다. 정작 어느 정도 깨달았을 때는 종잣돈이 없어 매매를 못 하고 신세 한탄만 하는 최악의 상황을 맞을 수도 있기에, 돈을 잃으면 잃을수록 더욱더 종목 선정과 매매에 신중해야 한다. 9개의 깡통을 차고서도 10번째 깡통에서 재기해서 크게 성공할 수 있는 것이 주식 투자다. 나는 9개를 넘어 12개의 깡통을 차고 나서야 성공하였다.

독자 여러분도 끝까지 포기하지 말라. 포기하고 싶은 순간이 가장 성공에 가까운 때다.

6.

단 하나의 이익 실현 기준

가벼운 종목은 +10%, 무거운 종목은 +5%를 원칙으로 한다. 장세에 따라 적절하게 대처한다. 주식은 '사는 것이 10%, 파는 것이 90%'라는 이야기가 있다. 주식은 '사는 것은 기술이요, 파는 것은 예술이다.'라는 이야기도 있다. 모두 맞는 말이다. 정말 파는 것이 어렵다. 그것도 이익을 극대화하면서……. 물론 어렵게 산 종목 2배 이상 먹고 나오고 싶은 마음도 간절하다. 그러나 많은 시행착오와 실제 5만 건 이상 매매해 본 결과 내가 하는 투자 패턴에서는 위 원칙이 장기적으로 이익을 극대화한다는 것을 검증하였다.

나는 그동안 단기 매매의 수익실현 방법을 제대로 깨우치지 못하여 얼마나 많은 고난과 고통을 겪어 왔는지 모른다. 실망, 좌절, 분노, 비참, 참담, 배신, 치욕, 수모, 모욕, 피 말리는 고통…… 모든 문제의 원인은 나에게 있고 해결책도 나에게 있다. 수익을 극대화하지 못하는 습관, 시세를 줄 때까지 충분히 기다리지 못하는 습관, 조금만 수익이 나면 이 수익을 챙기지 못할 것 같은 불안감에 짧게 수익을 내고 마는 습관…… 모두 나의 나쁜 습관이다.

주식을 매수할 때와 같이 매도할 때에도 기다림의 과정이 필요하다. 주식에서 성공하기 위해서는, 이유 있는 자리에서 매수해 놓고도 조금만 상승해도 금방 매도하는 조급증을 반드시 버려야 한다. 전업 투자자로서 항상 모니터를 보고 있다 보니 주가의 순간적인 오르내림, 실시간 변하는 가격에 민감하므로 이런 문제가 생긴다. 현재가 움직임에 매몰되어 '충동 매도'를 하게 된다.

두려움 때문에 기법을 원칙대로 실행하지 못하는 사람에게 적용되는 기법은 없다. +10% 이상 상승하지 못할 것이라는 두려움과 불안 때문에 기다리지 못한다면 더 기댈 기법이 없다. 오로지 내가 얼마나 원칙에 맞는 종목을 선택하였는가만을 생각하라. 원칙에 맞는다면 흔들려서는 안 된다. 원칙에 맞는 종목은 반드시 10번 중 9번 이상은 +10% 이상 상승이 나온다. 이는 내가 5만 건 이상의 매매로 검증한 데이터와 통계에 근거한 것이다. 모든 기준에 맞는 종목을 선정하고 수익이든 손실이든 원칙에 맞게만 한다면 두려워할 필요가 전혀 없다. 원칙에 맞는 종목은 두려움 없이 강하고 고집스럽게 밀고 나가야 한다.

자기 자신에 대한 믿음이 없다면, 자신감과 배짱이 없다면 그 어떤 확률 높은 기법도 말짱 도루묵이다. 강한 심리로 자신을 무장하고 기법의 확률을 믿고 계속 전진하자. 수익의 길은 바로 여기에 있다. 스스로를 믿고, 검증된 데이터와 통계를 믿고, 세력을 믿고, +10% 이상 상승할 것이라는 자신감을 갖고 두려워하지 말고 '매도 조급증'을 이기자. 나는 나의 나쁜 습관인 '매도 조급증'만 이기면 수익이 저절로 생긴다.

수많은 시간의 번민과 Data 검증 후 나는 스스로 깨달았다. 나에게 '매도 조급증'이 있다는 것을. 그리고 스스로 해결책을 얻었다. +10% 이상 상승할 때까지 기다리기만 하면 된다는 것을.

수많은 시행착오와 검증 끝에 만든 단 하나의 이익 실현 기준,

가벼운 종목은 +10%에서, 무거운 종목은 +5%에서 매도한다.

7.

단 하나의 손절매 기준

손절매 기준은 100가지도 넘는다. 나도 교과서에 나온 손절매 기준을 모두 다 해본 것 같다. 모두 실패했다. 나는 나의 최대 약점이 손절매를 잘 못하는 것이라는 것을 깨달았다. 그래서 고심을 거듭한 결과 '처음부터 손절매를 하지 않는다'라는 전략으로 시장에 접근하기로 했다. 정말로 기존에는 없었던 혁신적인 생각이었다. 생명을 건 일종의 도박에 가까운 모험이었다. 나의 최대 약점을 최대 장점으로 돌리고자 하는, 상상하기도 힘든 도전이었다.

일반적으로 단타, 또는 단기 매매에서 손절매 기준은 대체로 다음과 같다.

1 초보: 매수가
2 중수: 손절매 예상가
3 고수: 아냐? 바로 매도
4 초고수: 적당량의 베팅 조절로 손절매 최소화

주식 투자의 세계에서 개인이 가장 큰 손실을 보는 원인 중 하나는 손절매다. 손절매할 구간이 아닌데 손절매하는 잘못된 습관이다. 잘못된 손절매는 투자자를 살리는 것이 아니라 오히려 망칠 수 있다. 손실 없이, 마이너스 구간 없이 주식하는 것은 불가능하다. 그럴 때 손절매를 하느냐 아니면 임시 손실 구간을 버티느냐에 대해 미리 생각하고 들어가야 한다. 아무런 전략 없이 들어가니 손실 구간에서 당황하는 것이다.

손실, 즉 확정 손실, 임시 손실을 다루는 전략, 기술이 가장 중요하다. 손실에도 전략이 필요하다. 손실을 바라보며 흔들리지 않는 경지에 올라야 한다. 주식 투자에서 피할 수 없는 손실을 다루는 법을 알아야 한다. 수익이 발생하면 수익 실현하는 것은 누구나 할 수 있다. 가장 어려운 것은 손실 관리를 어떻게 하느냐이다.

매수만 잘하면 손절매 문제는 저절로 해결된다. 진입 시점이 좋아야 손절매하지 않게 된다. 다시 한번 다짐하자. 주식은 진입이 가장 중요하다.

자유로운 손절매를 위해서는 자신의 매매 기법에 따라 손절매 방법, 손절매가 등을 최적화하여야 한다. 이렇게 하기 위해서는 많은 데이터를 축적하고 검증 절차를 거쳐야 한다. 나의 최대 약점은 손절매를 잘하지 못하는 것이다. 그래서 손절매하지 않을 종목에 진입하는 것이 무엇보다 중요하다. 이런 종목에 진입하여야 손절매의 공포에서 벗어날 수가 있다.

개인 투자자 중 나보다 많은 깡통을 차고, 나보다 많은 손절매를 한 사람도 많지 않을 것 같다. 12번의 깡통, 헤아릴 수 없이 많은 손절매, 하루 최대 손절매액 5억 4천만 원, 누적 손절매액 11억 원……. 나는 5만 건 이상의 매매 끝에, 내가 산 종목이 비록 손실 상태일지라도 99% 이상이 살아서 돌아왔고 반드시 +10% 이상 상승했다는 검증된 데이터와 통계를 갖게 되었다. 이를 근거로 '손절매하지 않을 종목' 즉, '물려도 살아날 수 있는 종목'에 진입하고, '적당량의 베팅 조절'로 '무손절매가 최고의 손절매'라는 초고수의 경지에 도전하고 있다.

피 말리는 많은 고통을 겪은 후 만든 단 하나의 손절매 기준,

세력이 이탈했을 때만 손절매한다.

epilogue

더 높은 꿈과 희망을 위하여

내 인생에서 가장 힘들었던 일 : 악순환

이 책을 쓰면서 이런 생각이 들었다. 내 인생에서 가장 힘들었던 일이 무엇이었을까? 65년 동안 살면서 여러 번 몹시 어려운 일을 겪었다. 그 당시는 그것이 가장 나를 힘들게 하고 좌절하게 했지만, 대부분은 시간이 자연스레 해결해 주었다. 그러나 시간도 해결해 주지 못하는 일이 있었다. 바로 경제적 자유를 획득하는 것이었다. 개인차는 있지만, 대학교 진학은 대부분 2~3년 열심히 공부하면 가능하다. 사법고시 합격은 몇 년 열심히 공부하면 가능하다. 취직도 몇 년 열심히 준비하면 가능하다. 그러나 경제적 자유를 획득하는 데는 아주 긴 시간이 걸리고, 시간이 지날수록 더 어려워진다.

나는 대학교 때부터 우리 집이 매우 가난하다는 것을 알고 가난에서 벗어나기 위해 나름대로 열심히 일하였다. 그러나 정해진 월급으로 많은 식구를 먹여 살리기에 급급하였을 뿐 상황은 점점 악화하였다. 강제 퇴직 후 몇 년이 지나 60세를 넘어서자 더욱 초조해졌다. 이대로 가다간 죽을 때까지 경제적 자유를 얻지 못하는 것이 아닌가 하는 불길한 생각이 나를 괴롭혔다. 대부분의 가난한 사람들은 평생을 가난에서 헤어나지 못한다. 그들의 사고와 행동이 '가난'이라는 질병에 걸려 있기 때문이다. 나도 가난이라는 질병에서 벗어나려고 평생을 노력했지만, 그냥 이대로 끝나는 것 아닌가 하는 불안이 나를 짓눌렀다.

그러나 올해 드디어 악순환에서 벗어나 선순환으로 들어섰고, 쓰는 돈보다 버는 돈이 훨씬 많아지니 세상의 모든 것이 변하는 것 같았다. 예를 들어 매월 천만 원 벌어서 천만 원 쓰는 사람은 평생 가난을 떨쳐내지 못한다. 게다가 예상치 못한 지출이 불쑥불쑥 생기기 때문에 상황은 더욱더 악화된다. 그러나 만약 매월 1억 원을 벌어 천만 원을 쓰면 그때부터는 이야기가 완전히 달라진다. 돈이 자동으로 모이게 되고 예상치 못한 큰 지출이 생기더라도 전혀 부담되지 않는다. 나는 드디어 내가 꿈에서도 그리던 돈이 돈을 벌고, 돈이 저절로 벌릴 수밖에 없는 선순환 복리 구조 시스템을 구축하였다.

나는 이 상태에 이르기까지 무려 40년 이상이 걸렸다. 정말 정말 힘들었다. 하지만 평생 이루지 못할 것 같았던 경제적 자유를 얻고 나니 그 행복은 이루 말할 수 없었다. 이제 다시는 평생 나를 괴롭혀 온, 지긋지긋한 과거인 경제적 악순환으로 돌아가지 않아도 된다는 안도감이 나를 너무 너무 행복하게 만들었다. 긴 한숨이 저절로 나왔다. 이미 이룬 사람들에게는 별것 아니겠지만, 평생을 허덕거리면서 산 나에게는 천지가 개벽한 것이다. 세상이 달라 보였다. 눈 앞에 펼쳐진 세상이 일순간에 바뀌었다. 흑백의 세계에서 컬러의 세계로, 2차원의 세계에서 3차원의 세계로, 지옥에서 천당으로…… 그 순간 이런 말이 생각났다.

가난은 생각보다 잔인하고, 부는 생각보다 행복하다. 부를 경험해 보지 못한 사람은 결코 모른다. 돈으로 행복을 살 수 없다는 이야기는 큰돈을 가져 보지 못한 가난한 사람들이 하는 이야기다.

경제적 악순환에 있는 사람들은 경제적 선순환에 있는 사람들을 전혀 이해하지 못한다. 아니, 이해할 수가 없다. 나도 그동안 전혀 이해하지 못하고 평생을 살아왔다. 그 행복감은 직접 경험해 보지 않고는 절대로 모른다.

독자 여러분도 각자의 방법으로 빨리 악순환에서 벗어나 선순환으로 진입하여 진정한 경제적 자유를 누리시길 진심으로 바랍니다.

내 인생 최대 장애물 : 드림 킬러

인생에서 성공을 거머쥐기 위해서는 '꿈과 희망'을 갖고 전심전력으로 목숨을 건 노력을 해야 한다. 아니, 성공이 아닌 그 어떤 조그마한 소망이라도 현실로 만들려면 이와 같은 태도가 필수다. 나아가고 성취하기 위해서는 주변 사람들의 협조와 격려가 있어야 도움이 되지만, 상황이 반대인 경우가 많다. 하려는 일마다 방해를 하고, 발목을 잡고, 사기를 꺾는다. 그것도 아주 가까운 주변 사람들이 말이다.

그들 대부분은 스스로 꿈을 실현한 경험도 없다. 무조건 안될 이유만 들어서 반대한다. 10가지 중의 9가지가 긍정적이고 1가지가 부정적이라면 부정적인 1가지만 이야기한다. 결정적인 순간에는 결정적인 방해를 해서 되는 일도 안되게 만든다. 그들 대부분은 '가난'이라는 질병에 걸려 있고 본인들이 그 병에 걸려 있는 것조차 모른다. 그들 대부분은 스스로 무엇을 성취해 본 적이 없기에 도전하는 것 자체를 두려워한다. 그저 하루하루 상황이 더 나빠지지는 않을까 전전긍긍하면서 살아간다.

그들은 나의 성공을 바라지 않는다. 아니, 두려워한다. 그들이 반대하는 이유 중 하나는 실제로 내가 꿈을 실현할까 봐 두렵기 때문이다. 나의 성공은 그들의 그동안의 반대가 틀렸음을 증명하는 것이나 마찬가지기 때문이다. 절대 주변 사람들의 부정적인 소리에 꿈과 희망을 포기해서는 안 된다. 그들의 먹잇감이 되어서는 안 된다. 절대 쉽진 않겠지만, 성공하기 위해서는 이 모든 것을 극복해야 한다.

같은 쳇바퀴를 돌려도 벗어날 수 있다는 '꿈과 희망'을 갖고 돌리는 것과 체념하고 마지못해 돌리는 것은 하늘과 땅 차이다. 나는 드림 킬러들과는 달리 계속해서 쳇바퀴 위를 달리면서도 나의 꿈과 희망을 잃지 않았다. 비록 하루하루 고통스럽고 괴로웠지만, 나의 꿈과 희망을 생각하면서 희망차고 보람있게 살았다.

힘들 때 나를 지켜준 것이 '꿈과 희망'이다.
'꿈과 희망'은 나에게 있어서 생명의 은인이다.
'꿈과 희망'이 나를 살렸다.

그런데 이런 꿈과 희망을 드림 킬러가 바로 옆에서 계속 파괴하고 있다면, 어떻게 해야 하겠는가?

1년에 100억 이익, 100세에 1조 주식 자산

경제적 자유를 획득한 순간, 나는 과거 주식 시장에 입문했을 당시의 꿈과 희망을 되감아 보았다. 단순한 개미에서 벗어나 일단 매년 100억 이상 벌고, 100세에는 1조 이상의 주식을 보유하겠다는 원대한 목표가 다시 떠올랐다. 이제 다시 이 원대한 꿈과 희망을 달성하기 위하여 한 걸음, 한 걸음 나아가리라 결심했다. 마법의 복리 법칙을 활용하면 가능하다는 확신이 섰다.

워런 버핏도 재산의 90% 이상을 65세 이후 축적하였다. 2008년 만 78세 나이에 처음으로 「포브스」가 선정한 세계 갑부 리스트에 이름을 올렸다. 이 모든 것은 워런 버핏이 장수하였기 때문에 가능했다. 나도 올해 65세지만 절대 늦지 않았다고 생각한다. 워런 버핏은 90세가 넘은 지금도 현역으로 왕성하게 활동하고 있다. 나 또한 그처럼 100세가 넘어도 현역으로 왕성하게 활동할 수 있다는 자신감이 있다. 나는 더 높은 나의 꿈과 희망을 달성하기 위하여 하루하루 최선을 다하면서 살 것이다.

돈은 자유다. 운동은 행복이다. 루틴은 과정과 실행이다. 돈과 운동, 루틴은 나에게 자유와 행복, 그리고 삶의 강력한 에너지를 준다. 나는 돈 벌 때와 운동할 때 최고의 희열을 느낀다. 나는 돈보다도 돈 버는 과정 그 자체, 운동보다도 운동하는 과정 그 자체가 너무너무 즐겁고 재미있고 행복하다. 나는 매일 매일 최고의 희열을 느끼면서, '꿈과 희망'을 차근차근 달성해 가면서, 지금 바로 이 순간 행복을 누리면서 즐겁고 재미나게 살아갈 것이다. 아울러 워런 버핏과 같이 통 큰 기부도 할 것이다.

개미들을 위한 투자 컨설팅

필자가 주식 실력이 늘어나면서 주변에서 가끔 주식에 관한 문의를 해 오는 경우가 늘어났다. 상담하면서 상대방에게 내가 도움이 된다는 사실에 기뻤다. 나에게 또 하나의 기쁨을 주는 대목이다. 또한, 일종의 재능 기부라는 생각도 들었다. 언제부터인지 상대방이 어떤 종목을 보유하고 있는지를 알면 그 사람의 주식 실력을 대충 짐작할 수 있게 되었다. 상대방 실력에 맞추어 상담하다 보니 효과도 있었고 나 스스로도 만족스러웠다. 앞으로 시간이 되는 한 주식 투자 컨설팅을 늘릴 예정이다. 주식 시장에서 고통받는 개인 투자자를 돕는 것을, 내가 할 수 있는 재능 기부로 여기고 열심히 할 예정이다.

좋은 종목, 개미들과 공유하기

나의 주특기는 종목 선정이다. 지금도 하루에 차트 1000개 이상을 보고 있다. 내 경험상 하루 평균 2개 정도 좋은 종목이 나온다. 하루에 2개씩만 좋은 종목을 골라도 1년이면 500개나 된다. 좋은 종목은 넘쳐나는데 돈이 없어 못 사는 경우가 많다. 많은 좋은 종목을 흘려보내고 있음에도, 아직도 좋은 종목 선정에 목말라하는 개미가 많다. 안타까운 현실이다. 나의 넘쳐나는 좋은 종목을 어떻게 하면 무리 없이 많은 개미와 공유할 수 있을까 고민 중이다. 그동안 종목 추천을 하고 감사하다는 말도 들었지만 좋지 않은 말도 많이 들었다. 손해를 보아도 절대 원망하지 않겠다고 맹세해 놓고, 관계까지 끊는 사람들도 있었다. 그래서 더욱 고민이 된다.

같은 종목을 추천했음에도, 왜 다른 결과가 나올까 많이 생각해 보았다. 차이는 개인 성격과 성향상 기다릴 수 있느냐 아니냐였다. 주식은 '기다림의 미학'이다. 사기 전에 기다려야 하고 사고 나서도 기다려야 한다. 내가 주식 매매를 하면서 제일 어려운 것 중의 하나가 기다리는 것이다. 기다리는 것이 쉬울 것 같아도 결코 쉽지 않다. '기다려라. 또 기다려라. 죽도록 기다려라!'가 나의 주식 좌우명 중 하나다. 주식 속담에 "주식은 천장 3일, 바닥 100일"이라는 명언이 있다. 조급해하지 않고 기다릴 수 있는 개미들과 좋은 종목을 공유하고 싶다. 이 또한 사회에 대한 나의 재능 기부라고 생각한다. 많은 개미에게 선한 영향력을 발휘하고 싶다.

100세 현역 활동을 위한 건강 증진

앞으로 나 자신의 건강 관리를 위해 매년 바디 프로필을 촬영할 계획이다. 인간은 목표가 있어야 게을러지지 않고 활기차게 살게 된다. 지난번 바디 프로필 사진 촬영 이후 다행히 요요 현상을 겪지는 않았지만, 많이 느슨해진 나 자신을 발견할 수 있었다. 100세에도 현역 활동을 하기 위해서는 건강이 제일 중요하다. 살다 보니 100세가 되는 것과 처음부터 100세 이상 산다는 생각을 하고 사는 것과는 삶의 질에 있어서 천지 차이인 것 같다. 호서대학교 설립자이신 강석규 선생님은 95세 생일날 65세 정년퇴직 이후 30년간 인생을 덧없이 보낸 것에 대하여 아주 큰 후회를 하셨다. 65세까지 열심히 일하고 은퇴하셔서 너무 자랑스러운 마음으로, 내가 살면 얼마나 더 살겠나 하는 마음으로 하루하루를 보내다 보니 어느덧 95세를 맞이하셨다고 한다. 결국 95세 나이에 무엇이라도 더 배워야겠다는 일념으로 어학 공부를 다시 시작하셨고 105세 넘어 별세하셨다. 나는 비록 국민 약골이지만 '100세 이상 반드시 산다'라는 마음으로 오늘도 건강하게 살고 있다.

끝으로, 내 묘비명에 다음과 같이 쓰고 싶다.

끝까지 포기하지 않고
꿈과 희망을 이루다.